公共治理评论

2014（2）

上海财经大学公共政策与治理研究院
公共治理研究中心

上海财经大学出版社

图书在版编目(CIP)数据

公共治理评论.2014(2)/上海财经大学公共政策与治理研究院,公共治理研究中心编.—上海:上海财经大学出版社,2014.12

ISBN 978-7-5642-2047-1/F·2047

Ⅰ.①公… Ⅱ.①上… Ⅲ.①公共管理-文集 Ⅳ.①D035-53

中国版本图书馆 CIP 数据核字(2014)第 259740 号

□ 责任编辑 江 玉
□ 封面设计 张克瑶
□ 责任校对 林佳依

GONGGONG ZHILI PINGLUN
公 共 治 理 评 论
2014(2)
上海财经大学公共政策与治理研究院
公共治理研究中心

上海财经大学出版社出版发行
(上海市武东路 321 号乙 邮编 200434)
网 址:http://www.sufep.com
电子邮箱:webmaster @ sufep.com
全国新华书店经销
上海华教印务有限公司印刷装订
2014 年 12 月第 1 版 2014 年 12 月第 1 次印刷

787mm×1092mm 1/16 10.25 印张(插页:1) 242 千字
定价:32.00 元

前　言

近年来，“雾霾”成为海内外关注中国的一个热点词汇，也成为促使中国政府郑重“宣战”环境问题、向全国全世界人民表明“铁腕治污”“铁规治污”决心的关键词。改革开放三十多年来，中国经济高速发展，在带来国力增强、物质丰裕的同时，也让蓝天白云、青山绿水离我们渐行渐远。尽管可持续发展的口号一直不绝于耳，但粗放式的增长模式、暴发户式的消费模式始终没有得以遏制，环境问题日益恶化，中国的环境问题已经到了威胁国民生存的严重地步，因而今年的“两会”将环境治理、环境保护问题列为最为重要的议题，并在政府工作报告中显示了从全社会经济发展的角度来统筹应对的决心。

“环境治理”也是公共治理中的一个重要议题，因此，本期《公共治理评论》的专题讨论定为“环境治理与公共政策”，以呼应目前的社会热点讨论。环境问题的形成以及治理途径的探索都需要从多方面的视角进行分析，本期收集了四篇分别从理论和实践两个全然不同的侧面来阐述这一问题的论文。其中，《政治均衡下的环境政策选择和影响》及《环境政策决定的诱因与环境改善的可能性》是两篇高度抽象化的纯理论文章，作者所采用的都是将环境问题的政治学分析引入经济学的理论框架，虽然前者所设想的是一个政党竞争的制度模式，而后者则分析类似中国这样的层级政府间博弈关系，但是其中所反映出的环境决策的复杂性和艰巨性是一致的；《环境污染治理下的“工、商、住”共存——日本川崎地区产业升级与转型的案例》及《传播与实践环保理念的草根力量——介绍上海市徐汇区凌云街道“绿主妇”组织》则是两篇现实案例的介绍，前者叙述了曾经是日本工业重污染区的城市如何通过企业自身转型实现制造业与环境友好城市共生共存的经验，后者则生动地呈现了获得“全国科普示范小区”“全国社会工作服务示范社区”等荣誉的上海市徐汇区凌云街道建设绿色社区的草根运动。我们十分期待这次“象牙塔”与“下里巴人”的奇妙组合能够给读者带来有趣的体验和思考。

在本期《公共治理评论》的传统栏目“公共财政”中，《我国省级经营性国有资产透明度调查报告》及《中国省级财政透明度的变化趋势、原因及建议》是上海财经大学公共管理学科的重点研究项目“中国省级政府财政透明度报告”的部分成果，这项研究已经持续六年，并在全社会引起强烈的反响，也成为该学科服务社会、反哺社会的拳头产品之一；另外三篇文章则分别探讨了美国、日本和中国的一些比较具体的财政政策或措施。最后的“公共管理”栏目所收录的文章都是针对中国目前出现的公共管理现实问题的深度思考，希望这三篇十分接地气的文章也能够给读者带来各种启示。

本期《公共治理评论》的出版，依然得到了校内外许多同行的大力支持和帮助，尤其是研究院院长胡怡建教授在主题设计等多方面给予指导，出版社江玉老师在各个细节方面严格把关。然而,受限于我们的能力,本期在内容编排等方面一定还存在许多不足,期待读者不吝指出,以便我们进一步提高本杂志的水平。

宋健敏　郑春荣

2014 年 11 月 8 日

公共治理评论

PUBLIC GOVERNANCE REVIEW

目　录

CONTENTS

PUBLIC

GOVERNANCE

专题讨论：环境治理

REVIEW

政治均衡下的环境政策选择和影响*

宋健敏**

摘　要： 本文设计了一个有不同类型选民、游说团体向参选候选者双方进行政治献金的理论模型，用以考察在企业生产活动对消费者产生负外部性的情况下，政策影响型游说活动所达到的政治均衡的性质以及不同管制政策手段产生的社会福利效果。结论为，在政策影响型游说活动下的政治均衡中，游说团体事实上可以决定候选者的有关环境政策；从社会福利来看，数量管制与价格管制的利弊取决于单位生产所发生的外部性的"边际生产力"。同时，本文还揭示了政治均衡中数量管制与价格管制在四个方面的效果相同。

关键词： 政治均衡　政策影响型游说活动　informed voter　uninformed voter

一、导言

解决环境问题的重要性已经不言而喻，但无论国内还是国外，对环境管制的政策手段选择仍然是困难重重。从理论上看，环境管制政策手段可以抽象为数量管制和价格管制两种类型，在信息完全、且管制当局的目标函数是社会福利最大化的情况下，这两种手段并无差别。但是，正如 Weitzman[1] 所指出的，当信息出现不对称时，这种等同性将会消失。此外，Finkelshtain and Kislev[2] 将政治过程导入后也分析得出这一结果。为什么现实中环境问题越来越受到重视却难以得到解决？政治过程对环境政策的选择会产生怎样的影响？针对这样的问题，本文试图通过将政治过程引入一个两阶段的博弈模型来进行分析。

将政治过程引入分析政府经济政策的早期研究中，主要有两种模型：选举模型和游说模型。前者聚焦于政府或议会的形成过程，即选举活动，其特点是关注投票者的政策偏好如何影响政策决定，如 Lindbeck and Weibull[3] 和 Dixit and Londregan[4][5]；后者则是分析游说团体的政治献金对既有政府的政策如何产生影响，如 Becker[6] 和 Grossman and Helpman[7]。上述 Finkelshtain and Kislev 正是用 Grossman and Helpman 的游说模型分析了在一个完全竞争市场中，由于生产要素的使用而产生负外部性的情况下，数量管制与

---

* 本文为作者博士论文的部分内容，其主要结论曾发表于日文版《經濟学雜誌》"[12]。

** 作者简介：宋健敏，上海财经大学公共经济与管理学院副教授。

价格管制的效率性问题。此外，Schleich[8]也用这一模型来分析国内政策以及带来负外部性的贸易政策的效率性问题。与这些单纯的游说模型不同，本文则借鉴了 Grossman and Helpman 的另一个导入候选者间竞争、综合了选举竞争和游说两方面因素的选举—游说模型[9]。不过，本文所设想的市场为非完全竞争市场。

本文分析的焦点是针对产生负外部性的企业生产进行管制的环境政策在政治均衡下的效果。在引进政治过程时，笔者借鉴了 Baron[10]的方法定义候选者的当选概率。文章首先假定一个垄断企业对消费者产生负的外部性，而对这一企业的管制政策则由在竞选中获胜的候选者决定。但是，在选民投票者中，既有十分了解候选者政策意图的明智的投票者，又有只是受选举活动宣传影响的非明智投票者。对政治家来说，获得前一类投票者需要符合社会福利最大化的政策，但同时，为了获得后一类投票者的支持，政治献金又举足轻重。模型中，提供政治献金的是代表企业利益的游说团体，其提供献金的决策取决于当选候选者的政策能够带来的期待利润。其结果是，候选者必须获得两类投票者的支持，间接地在社会福利最大化和企业利益最大化之间的平衡中作出决策。

文章的结构大致为：第二部分构筑一个理论模型；第三部分对政治均衡下的不同管制政策进行分析；第四部分概括本文的结论。

二、模型

在本文的理论模型中，有以下主体参与一个两阶段的博弈：对消费者产生负外部性的垄断企业，两种不同类型的选民投票者（informed voter 和 uninformed voter），两位参与竞选的政治家候选者，以及游说团体。下面我们描述一下模型的基本构造。

（一）垄断企业与负外部性

假设一个给消费者带来负外部性的垄断企业，其成本函数为：

$$C=cQ$$

并且，此企业所面临的需求函数为：

$$P=a-bQ \tag{1}$$

这里，C、c 和 Q 分别为企业的总成本、边际成本以及生产量，P 为市场价格，a 和 b 为企业所面对的市场参数。如上所述，本文设定企业的生产活动将对消费者产生负的外部性，下面对这一外部性进行定式化处理。

首先，为了便于分析环境技术的改善效果，我们特意设定企业污染物“生产函数”$\nu(Q)$ 为：

$$\nu(Q)=eQ^2/2$$

其中，$e>0$。并且，还假定因污染物的排放，消费者受到的负外部效果 $G(\nu)$ 为 $G(\nu)=\nu(=eQ^2/2)$。由此，消费者剩余 Cs 则是：

$$Cs=(b-e)Q^2/2 \tag{2}$$ ①

① Finkelshtain and Kislev(1997)把随着生产量增加消费者剩余增加的现象定义为正的外部性；相反，随着生产量增加而消费者剩余减少时，则称为负外部性。本文中，在 $b>e>0$ 情况下，只要企业的生产给消费者剩余带来损失，就存在负外部性。

因 $d(G/Q)/dQ=d(\nu/Q)/dQ=e/2$，所以，我们将 e 称为每单位生产量而产生的负外部性，也可以称为负外部性的边际生产力①。

（二）关于选民与政策的类型

本文中设定选民投票者有两种类型，即 informed voter 和 uninformed voter，暂且分别称为“明智的投票者”和“非明智的投票者”。前者是指其投票行为取决于对候选人宣称的政策意向；后者则是指其投票行为只取决于候选人的选举宣传规模。

关于候选者的政策，我们借用 Grossman and Helpman(1996)中的分类，即有“外生性政策”和可修正的“内生性政策”两种②，并且将对外部性进行管制的政策定义为“内生性政策”。此外，关于“外生性政策”，假定候选者 i 拥有 z_i 的政策主张，且 $z_1\in[0,1/2]<z_2\in(1/2,1]$。

所谓明智投票者 informed voter，是指准确理解候选者的政策意图，并以此为基础选择候选者投票的选民。为了分析的方便，我们假定所有 informed voter 对于环境管制政策的认知为同质的③，即 informed voter 对于候选者管制政策的判断标准只是政策给社会福利带来的影响。另外，关于外生性政策，任何一个 informed voter j 都有自认为最佳的政策主张 $x_j\in[0,1]$，且 x_j 的分布为：

$$f(x_j)=\begin{cases}1 & \text{if} \quad 0\leqslant x_j\leqslant 1\\ 0 & \text{if} \quad x_j<0 \text{ or } x_j>1\end{cases}$$

进一步，我们假设 informed voter j 从候选者 i 的外生政策 z_i 中获得 $-(z_i-x_j)^2$ 效用，则 j 支持候选者 1 的条件为：

$$x_j\leqslant\eta+\mu(W_1-W_2)$$

这里的 W_i 是候选者 i 的管制政策带来的社会福利，且 $\eta\equiv(z_1+z_2)/2\in(1/4,3/4]$是两候选者外生政策的中点，$\mu\equiv1/[2(z_2-z_1)]>0$。由于 x_j 在 $[0,1]$区间内为均匀分布，因而在 informed voter 中支持候选者 1 的比例 ρ_1 为：

$$\rho_1=\eta+\mu(W_1-W_2) \tag{3}$$

支持候选者 2 的比例 ρ_2 为：

$$\rho_2=1-\eta+\mu(W_2-W_1) \tag{4}$$

也就是说，当候选者们的管制政策有差异($W_2\neq W_1$)时，候选者各自的管制政策所能带来的社会福利的大小影响 informed voter 的投票，在这种情况下可以发现，候选者之间外生性政策的差异越小，μ 越大，管制政策上的不同对于获得 informed voter 支持的效果越强；而当候选者间管制政策相同($W_2=W_1$)时，候选者获得 informed voter 的支持比例由外生性政策的中点 η 决定。很显然，η 越大，候选者 1 所获得的支持越多。在下文中，笔者把 $\eta>1/2$($\eta<1/2$)时的“候选者 1(候选者 2)”的外生性政策称作更具人气的政策。

① 严格来说，e 是单位产量带来的“平均外部性”的边际生产力指标。

② 以贸易政策为研究对象的 Riezman and Wilson[11]也将候选者的政策分为“贸易政策”和贸易政策之外的“外生政策”。

③ informed voter 关于管制政策认知同质是指，这些选民既是消费者又同比例拥有企业的股票，因而，他们对消费者剩余和利润的评价相同。但为了方便分析，这里假设 informed voter 拥有股票而获得利润在整个总利润中所占比重非常小，因而可以忽视。

接下来笔者对非知情选民 uninformed voter 进行定义。简单而言,这是对候选者政策主张不了解的选民群体[①],其投票行为完全被选举宣传所左右。因此,对候选者来说,要获得这样群体的支持,无需考虑政策主张,而只需重视选举宣传活动的资金。Baron(1994)和 Hillman and Ursprung(1988)等假设候选者 i 获得 uninformed voter 的期待比例依存于其获得的政治献金比例,本文则借鉴 Grossman and Helpman(1996)的模型,假设候选者 i 所获 uninformed voter 的期待比例为:

$$\theta_i = \frac{1}{2} + h(L_i - L_j) \quad i \neq j, i、j = 1、2 \tag{5}$$

其中,θ_i 和 L_i 分别为各个候选者 i 获得 uninformed voter 的期待比例以及因此而付出的宣传费用金额。$h>0$ 是参数。

笔者进一步假设 uninformed voter 和 informed voter 在选民总数中所占比例分别为 τ 和 $1-\tau$,因此,候选者 i 的当选概率 s_i 则为:

$$s_i = \tau\theta_i + (1-\tau)\rho_i \text{②} \tag{6}$$

下面笔者将 τ 叫作"政治献金的生产力"、$(1-\tau)\mu$ 叫作"管制政策的生产力"。

(三)候选者与游说集团

在本文的模型中,候选者的目标是实现自身当选概率 s 最大化,而且管制政策由当选的候选者决定。因此,为了让自身利益体现在政策中,企业主组成的游说集团具有向候选者提供选举资金的动机,而候选者为了获得 uninformed voter 的支持,也有获得政治献金的需要。[③]不过,我们这里假设游说集团向双方候选者提供政治献金。如果候选者 i 的政策能够给企业带来的期待利润为 π_i 的话,那么,游说集团的目标函数为:

$$V = s_1\pi_1 + s_2\pi_2 - L_1 - L_2 \tag{7}$$

很显然,这是一个两阶段博弈模型:首先,游说集团决定向各个候选者的政治献金计划;其次,两候选者同时决定各自的政策,游说集团根据政策支付政治献金来支持选举宣传活动。选举结束后,当选者根据选举活动中的公约,实施管制政策。

(四)自由放任与"理想的管制"

在本文中,对负外部性进行管制有数量管制和价格管制两种手段。前者是指管制当局对企业生产量进行直接控制;后者则是通过税率来间接影响产量。因此,在数量管制的情况下,社会总福利为:

$$W = \pi + Cs \tag{8}$$

在价格管制下,社会总福利为:

$$W = \pi + Cs + tQ \tag{9}$$

其中,t 表示税率,π 表示垄断企业税后利润。下面笔者就来分析自由放任以及理想的管制下的社会福利变化情况。

---

① 也有文献假定 uninformed voter 知晓外生性政策,如 Grossman and Helpman(1996)。

② 从形式上看,(6)式是候选者 i 获得支持选民的比例,并非是候选者 i 的"当选概率"。这里本文同 Baron(1994)一样,将(6)式作为候选者 i 当选概率的特殊形式。

③ 假定存在 free-rider,游说活动只有企业的大股东实施。

首先，在没有管制时，企业将按下面的方式决定其生产产量，即：

$$\max_{\{Q\}} \pi=(P-c)Q$$

利用(1)式，并求导得出一阶条件式，则可以得到自由放任时企业的生产量 Q^n 为：

$$Q^n=(a-c)/(2b) \tag{10}$$

然后再由(1)式、(2)式和(8)式，我们可以得到价格 p^n、消费者剩余 Cs^n、利润 π^n 以及社会福利 W^n 分别为：

$$p^n=(a+c)/2$$

$$Cs^n=(b-e)(a-c)^2/(8b^2)$$

$$\pi^n=(a-c)^2/(4b) \tag{11}$$

$$W^n=(3b-e)(a-c)^2/(8b^2) \tag{12}$$

很显然，当负外部性比较大的时候($e>b$)，消费者剩余为负值，并且当负外部性非常大时($e>3b$)，社会福利也为负值。这说明存在市场失败的情况，需要政府管制的介入。

其次，我们来观察不考虑政治过程的“理想管制”情况。

当数量管制作为政策手段时，根据(8)式、(1)式和(2)式，“理想”管制当局将按下面的方式进行决定产量：

$$\max_{\{Q\}} W=\pi+Cs=(a-c)Q-(b+e)Q^2/2 \tag{13}$$

结果，最佳产量 $\hat{Q}$、价格水平 $\hat{p}$、消费者剩余 $C\hat{s}$、利润 $\hat{\pi}$ 以及社会福利 $\hat{W}$ 分别为：

$$\hat{Q}=(a-c)/(b+e)\gtreqless Q^n \leftrightarrow b\gtreqless e \tag{14}$$

$$\hat{p}=(ea+bc)/(b+e)\gtreqless p^n \leftrightarrow b\lesseqgtr e$$

$$C\hat{s}=(b-e)(a-c)^2/[2(b+e)^2]>Cs^n$$

$$\hat{\pi}=e(a-c)^2/(b+e)^2<\pi^n \tag{15}$$

$$\hat{W}=(a-c)^2/[2(b+e)]>W^n \tag{16}$$

接下来再来观察价格管制政策的情况。如果这时的税率为 t，则企业利润为：

$$\pi=(p-c-t)Q$$

企业在给定 t 的情况下决定生产量，这时利用(1)式，并进行求导得出一阶条件，则可获得生产量和利润分别为：

$$Q=(a-c-t)/(2b) \tag{17}$$

$$\pi=(a-c-t)^2/(4b) \tag{18}$$

需要说明的是，这里所设想的是一个两阶段博弈。企业在某个给定税率下进行最优选择，而管制当局则根据(9)式[或者(13)式]进行 $W(t)$ 最大化来决定最佳税率，即：

$$\hat{t}=(e-b)(a-c)/(b+e)\gtreqless 0 \leftrightarrow e\gtreqless b \tag{19}$$

在理想状态下，当负外部性非常大($e>b$)时，数量管制将直接限制企业生产量至 $\hat{Q}$ ($<Q^n$)，价格管制则通过税率 $\hat{t}>0$ 将企业生产量诱导至 $\hat{Q}$；当负外部性比较小($e<b$)时，

因消费者剩余更加被重视，扩大生产量的数量管制以及补贴政策（$\hat{t}<0$）将被采用。但是，在理想状态下，以社会福利的评价标准来看，数量管制与价格管制并没有差异。[①] 也就是说，在没有政治因素的介入情况下，管制手段的选择对于社会福利水平来说是中立的。

三、政治均衡与管制政策

在现实世界，上述理想管制几乎是不存在的，尤其是在一个通过竞选获胜而实施政策决定的社会，管制政策的决定必然会受选举政治因素的影响。下面我们将政治因素引入模型，来进一步深入分析博弈主体的行为与环境管制政策之间的关系。

（一）候选者的最大化问题

首先，我们考察候选者的决策行为。由于两位候选者根据游说团体所提示的献金在同一时间决定各自的管制政策 K_i（ただし，$K=Q, t$、$i=1$、2），因而候选者 j 一方面需要揣摩游说团体的献金表，另一方面又要将竞争对手的管制政策 K_i、$i \neq j$ 作为既定条件，通过最大化自身的当选概率来决定自身的管制政策。如果游说团体向候选者提示的献金表为：

$$L_i = L_i(K_i) \quad i=1,2$$

社会福利依存于候选者的管制政策（$W_i = W(K_i)$），则候选者 1 的最大化问题为：

$$\max_{\{K_1\}} s_1 = \tau h L_1(K_1) + \tau\left[\frac{1}{2} - hL_2(K_2)\right] + (1-\tau)[\eta - \mu W(K_2)] + (1-\tau)\mu W(K_1) \tag{20}$$

显然，候选者 2 则是将 $1-S_1$ 最大化。

（二）政策影响型游说活动

其次，我们来观察游说团体的决策行为。游说团体所面临的最优化问题是决定能够使得目标函数(7)式最大化的献金表。确定这一献金表既需要考虑自身因素，又需要考虑接受政治献金的候选者的因素。因为候选者如果接受政治献金并实施对游说团体有利的政策，则存在失去 informed voter 的可能性，所以，游说团体的最大化问题中存在一个"候选者接受政治献金并实施对游说团体有利政策时的当选概率大于候选者拒绝政治献金时的当选概率"这样严格的参入制约条件。

根据(20)式可以看出，当候选者 1 拒绝游说团体要求，即 $L_1=0$ 时，管制政策将如下式被决定：

$$\max_{\{K_1\}} s_1 = \tau\left[\frac{1}{2} - hL_2(K_2)\right] + (1-\tau)[\eta - \mu W(K_2)] + (1-\tau)\mu W(K_1)$$

很显然，这时候选者的政策决定与"理想状态下的管制"相同，因此，根据(16)式可以得出候选者 1 拒绝游说团体时的当选概率 $\hat{s}_1$ 为：

$$\hat{s}_1 = \tau\left[\frac{1}{2} - hL_2(K_2)\right] + (1-\tau)[\eta - \mu W(K_2)] + (1-\tau)\mu \hat{W}$$

---

① 将(19)式代入(17)式，便很容易确认理想状态下价格管制与数量管制对社会福利的影响完全一致。

同样，候选者 2 拒绝游说团体要求时的当选概率 $\hat{s}_2$ 为：

$$\hat{s}_2=\tau[\frac{1}{2}-hL_1(K_1)]+(1-\tau)[1-\eta-\mu W(K_1)]+(1-\tau)\mu\hat{W}$$

也就是说，对游说团体来说，要让候选者的政策能有利于自己，则需要以下的制约条件：

$$s_1\geqslant\hat{s}_1\quad s_2\geqslant\hat{s}_2$$

或者

$$L_1\geqslant\gamma[\hat{W}-W(K_1)]、L_2\geqslant\gamma[\hat{W}-W(K_2)] \tag{21}$$

这里，$\gamma\equiv(1-\tau)\mu/(\tau h)>0$，我们将其解释为“政治献金的生产力与管制政策的生产力的相对大小”。从(20)式可以看到，当上述两个制约条件都处于严格的绷紧状态(称为“binding”)时，候选者的当选概率$\bar{s}_i$ 与其管制政策相独立，分别为：

$$\bar{s}_1=\tau/2+(1-\tau)\eta\qquad\bar{s}_2=1-\bar{s}_1 \tag{22}$$

换句话来说，就是游说团体只要提供能够使得(21)式的制约处于 binding 状态的政治献金，则两方候选者都能接受其要求，并使得候选者的当选概率独立于其管制政策。这实际上意味着，当制约条件处于 binding 时，游说团体的最优化选择问题的解直接导致政治均衡，也就意味着游说团体不仅决定自身的政治献金表，同时还决定本来应该由候选者来决定的管制政策。Grossman and Helpman(1996)把这样的政治献金称为“影响动机(influence motive)”，本文则将这样的游说活动称为“政策影响型游说活动”，我们的分析将限定内解点存在的状况。

(三)政策影响型游说活动与数量管制

最后，我们分别分析政策影响型游说活动下各项管制政策的特点。我们先来看数量管制政策，然后再分析价格管制政策。

在政策影响型游说活动存在的情况下，如果数量管制被作为政策手段，则根据(7)式和(21)式，游说团体的最大化问题转化为：

$$\max_{\{Q_1,Q_2,L_1,L_2\}}V=s_1\pi(Q_1)+s_2\pi(Q_2)-L_1-L_2$$

$$\text{s.t. }L_1=\gamma[\hat{W}-W(Q_1)]$$

$$L_2=\gamma[\hat{W}-W(Q_2)]$$

很显然，L_i 只是依存于Q_i，因而上述最大化问题可以改写为：

$$\max_{\{Q_i,L_i\}}V_i=\bar{s}_i\pi(Q_i)-L_i$$

$$\text{s.t. }L_i=\gamma[\hat{W}-W(Q_i)]\quad i=1,2$$

进而简化为：

$$\max_{\{Q_i\}}V_i=\bar{s}_i\pi(Q_i)+\gamma W(Q_i)-\gamma\hat{W}$$

也就是说，当游说活动限定为政策影响型时，各个候选者通过将社会福利与利润的加权平均作为自己的目标函数进行最大化来决策。[①]

将上述最大化问题求解，得到游说团体对候选者 i 所要求的最佳生产量 Q_i^q 以及这一生产量水平下的价格水平 p_i^q、消费者剩余 Cs_i^q、利润 π_i^q、社会福利水平 W_i^q 以及政治献金额，分别为：

$$Q_i^q=(\bar{s}_i+\gamma)(a-c)/m_i>0 \quad i=1,2 \tag{23}$$

$$p_i^q=[(b\bar{s}_i+\gamma e)a+b(\bar{s}_i+\gamma)c]/m_i>0 \quad i=1,2$$

$$Cs_i^q=(b-e)(\bar{s}_i+\gamma)^2(a-c)^2/(2m_i^2)\gtreqless 0 \quad \leftrightarrow b\gtreqless e \quad i=1,2 \tag{24}$$

$$\pi_i^q=(\bar{s}_i+\gamma)(b\bar{s}_i+\gamma e)(a-c)^2/m_i^2>0 \quad i=1,2 \tag{25}$$

$$W_i^q=(\bar{s}_i+\gamma)[(3b-e)\bar{s}_i+(b+e)\gamma](a-c)^2/(2m_i^2) \quad i=1,2 \tag{26}$$

$$L_i^q=\gamma\bar{s}_i^2(b-e)^2(a-c)^2/[2(b+e)m_i^2]>0 \quad i=1,2 \tag{27}$$

其中，$m_i\equiv 2b\bar{s}_i+\gamma(b+e)>0$。

我们通过分析上述结果，可以得到命题 1。[②]

命题 1 垄断企业的生产对消费者产生负外部性、且数量管制作为政策手段被选择时，只要存在 informed voter，则政策影响型游说活动将会使得在外生政策上更为受欢迎的候选者获得更多的政治献金。同时，这样的候选者的政策使得企业产量在外部性非常大($e>b$)的情况下比较高，在外部性比较小($e<b$)的情况下比较低。但是，无论哪种情况，企业的利润都比较高，消费者剩余比较小，因而会降低社会福利。

命题 1 显示，游说团体向在外生政策上更具优势或者说更聚人气的候选者提供更多的政治献金，以换取对自己有利的政策，使得候选者能够轻视 informed voter 的存在而注重政治献金，因而其实施的环境管制政策会导致社会福利的降低。

为什么会产生企业产量在外部性大小不同的情况下有区别，但其利润都比较高，并都会导致社会福利下降呢？对这一现象的解释需要我们首先关注社会最佳产量 $\hat{Q}$ 与企业最佳产量 Q^n 之间的关系。在 e 相对小($e<b$)的情况下，产量的增加能够带来消费者剩余的增加((2)式)，所以从社会的角度看，最佳产量 $\hat{Q}$ 比垄断利润最大化时的产量 Q^n 高[(14)式]也就是说，这时对游说团体有利的政策是将产量 $\hat{Q}$ 从减少至 Q^n。相反，当 e 相对较大($e>b$)时，为了防止增大负外部性，社会最佳产量 $\hat{Q}$ 比 Q^n 要低。因此，这时对游说团体来说，有利的政策是将 $\hat{Q}$ 扩大。其次，我们需要进一步理解为什么在外生政策上更聚人气的候选者可以获得更多的政治献金。这是因为，所谓在外生政策上较受欢迎，即 $\eta>1/2$，它意味着 $\bar{s}_1>\bar{s}_2$。同时，从游说团体最大化问题可以看出，它也意味着这样的候选者将更看重游说团体的利益，将其在自身目标函数中的比重加大。换句话说，即游说团体能够向在外生政策上更聚人气的候选者提出有利于自身的政策要求。无论 e 处于哪种情况，游说团体所要求的产量都与社会最佳产量相背离，如果候选者选择了这样的政策，就会失去 informed voter 的

① 请注意这里的 $\hat{W}$ 是外生变量。

② 证明请参考后面的数学注。

支持。因此,游说团体在向候选者提出对自己有利的政策要求的同时,必须向候选者提供足够的政治献金来获取 uninformed voter,以弥补在 informed voter 方面的损失。

上述分析可以用图 1 来说明。由于游说团体活动而产生的边际成本曲线 L' 独立于 η,因而无论哪位候选者,游说团体的边际成本曲线都相同。但是,候选者以及候选者的政策不同,游说团体从管制政策中获得的边际收益则有所不同。在图 1 中,从外生政策上较受欢迎的候选者的管制政策获得的边际收益线为 $\bar{s}_i\pi'$,它是从另一方候选者的管制政策中获取的边际收益曲线以 Q^n 为轴心旋转而成的。因此,游说团体向候选者提出如此政策要求:一方面,他们在 $b<e$ 时要求比较高的产量,在 $b>e$ 时要求比较低的产量;另一方面,他们也向候选者提供更多的政治献金。由此,在外生政策较受欢迎的候选者当选后,利润比较大,而消费者剩余比较小,从而社会总福利也就比较小。

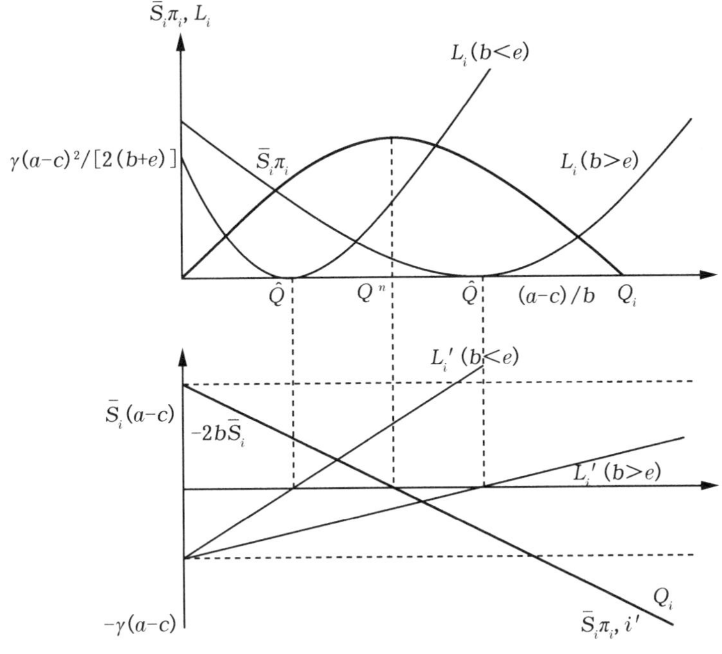

图 1 最佳管制产量

下面笔者对候选者 1 的外生政策优势度 η、informed voter 对管制政策的敏感度 μ、uninformed voter 对政治献金的敏感度 h、uninformed voter 在投票选民中的比例 τ 以及 e 的效果进行详细分析,可以得到命题 2。①

命题 2 当垄断企业的生产对消费者产生负外部性时,如果数量管制被作为政策手段,在政策影响型的游说活动存在的情况下,

$$(a)\frac{\partial Q_1^q}{\partial \eta}\gtreqless 0 \leftrightarrow e \gtreqless b,\frac{\partial Cs_1^q}{\partial \eta}<0$$

① 证明请参照后面的数学注。

$$\frac{\partial \pi_1^q}{\partial \eta}>0,\ \frac{\partial W_1^q}{\partial \eta}<0,\ \frac{\partial L_1^q}{\partial \eta}>0$$

$$\frac{\partial Q_2^q}{\partial \eta}\gtreqless 0 \leftrightarrow e \lesseqgtr b,\frac{\partial Cs_2^q}{\partial \eta}>0$$

$$\frac{\partial \pi_2^q}{\partial \eta}<0,\ \frac{\partial W_2^q}{\partial \eta}>0,\ \frac{\partial L_2^q}{\partial \eta}<0$$

$$\text{(b)}\frac{\partial Q_i^q}{\partial \mu}\gtreqless 0 \leftrightarrow e \lesseqgtr b\ ,\frac{\partial Cs_i^q}{\partial \mu}>0,\frac{\partial \pi_i^q}{\partial \mu}<0,\frac{\partial W_i^q}{\partial \mu}>0$$

$$\frac{\partial L_i^q}{\partial \mu}\gtreqless 0 \leftrightarrow 2b\,\bar{s}_i \gtreqless \gamma(b+e) \quad i=1,2$$

$$\text{(c)}\frac{\partial Q_i^q}{\partial h}\gtreqless 0 \leftrightarrow e \gtreqless b\ ,\frac{\partial Cs_i^q}{\partial h}<0,\frac{\partial \pi_i^q}{\partial h}>0,\frac{\partial W_i^q}{\partial h}<0$$

$$\frac{\partial L_i^q}{\partial h}\gtreqless 0 \leftrightarrow 2b\,\bar{s}_i \lesseqgtr \gamma(b+e) \quad i=1,2$$

$$\text{(d)}\frac{\partial Q_i^q}{\partial \tau}\gtreqless 0 \leftrightarrow e \gtreqless b,\frac{\partial Cs_i^q}{\partial \tau}<0,\frac{\partial \pi_i^q}{\partial \tau}>0$$

$$\frac{\partial W_i^q}{\partial \tau}<0 \quad i=1,2$$

$$\text{(e)}\frac{\partial Q_i^q}{\partial e}<0 \quad \frac{\partial Cs_i^q}{\partial e}\gtreqless 0 \leftrightarrow e \gtreqless 3b+2b\,\bar{s}_i/\gamma$$

$$\frac{\partial \pi_i^q}{\partial e}\gtreqless 0 \leftrightarrow e \lesseqgtr b$$

$$\frac{\partial W_i^q}{\partial e}\begin{cases}<0 & \text{if } \bar{s}_i \leqslant \gamma \text{ or } \bar{s}_i>\gamma \text{ and } e<(5b\gamma\,\bar{s}_i+b\gamma^2+2b\,\bar{s}_i^2)/[\gamma(\bar{s}_i-\gamma)] \\ >0 & \text{if } \bar{s}_i>\gamma \text{ and } e>(5b\gamma\,\bar{s}_i+b\gamma^2+2b\,\bar{s}_i^{\ 2})/[\gamma(\bar{s}_i-\gamma)]\end{cases}$$

$i=1,2$

下面笔者对上述分析作一个详细的解释。

命题 2(a)与命题 1 的结果是相同的，即候选者 1 在外生政策上受欢迎度 η 的上升，能够提升其当选概率。

其次，对候选者来说，“明智的”投票者 informed voter 对管制政策的敏感度 μ 上升，其管制政策越接近于“理想的管制”；而 uninformed voter 对政治献金的敏感度 h 上升，则政治献金越重要。也就是说，μ 的上升促进社会福利的增加，而 h 的上升则使得候选者为了获得政治献金而优先重视企业利益，从而降低了社会福利[命题 2(b)和(c)]①。同时，我们还可以进一步分析出 uninformed voter 所占比重 τ 的效果：随着 τ 增大，企业利润增加，而

① h 的上升能够提升政治献金的生产力，所以具有降低 γ 的效果，也即 h 上升对曲线 $\bar{s}_i\pi'$ 线不产生任何影响，但如图 1 所示，γ 降低会使得曲线 L' 以 $\hat{Q}=(a-c)/(b+e)$ 为轴心顺时针旋转，因而在 $e>b$ 时使得产量增加，在 $e<b$ 时使得产量下降。其结果是无论在哪种情况下，利润都会增加但消费者剩余大大减少，也就导致社会福利低下。γ 的降低进而使得 L 曲线变得平缓，所以向候选者的政治献金的变化，依存于边际期待收益线的斜率 $2bs$ 和边际成本曲线的斜率 $\gamma(b+e)$ 的相对大小。此外，μ 与 h 呈现逆向效果。

消费者剩余则减少，因而社会福利也随之降低[命题 2(d)]。

在命题 2 中需要特别注意的是命题 2(e)。从(16)式中可以看到，在“理想的管制”下，负外部性的边际生产力 e 上升，会降低社会福利，但命题 2(e)却显示，在数量管制手段被采用时的政治均衡下，e 非常大而 γ 相对小的话，则社会福利会随负外部性的边际生产力 e 的增大而提升。

命题 2(e)的结论似乎有些意外，但我们进一步分析会发现这也是符合逻辑的。因为如果政治献金获取 uninformed voter 支持的能力很大(h 相对大而 γ 相对小)，那么，候选者决策时更偏重实施政治献金的游说团体。下面我们再作进一步解释。

首先，如果($e<b$)相对小的话，命题 1 所示生产量的增加也会增加消费者剩余((2)式)，社会最佳产量 $\hat{Q}$ 比垄断企业获取最大利润的产量 Q^n 还要大，因而为了垄断利润，此时的游说团体反而会为要求降低产量的管制政策而进行政治献金。而随 e 的增大，$\hat{Q}$ 的缩小((14)式)，游说团体的要求相对容易实现，社会福利则相对更容易接近最佳水平。

其次，相反，如果 e 十分大 ($e>b$)，为了控制负外部性，社会最佳产量 $\hat{Q}$ 则比垄断利润最大化时的产量 Q^n 要小，因此，这时游说团体会提出扩大产量的管制政策要求。但 e 的上升会进一步降低社会最佳产量 $\hat{Q}$。因社会最佳政策与游说团体的要求分歧增大，为了弥补因此失去的 informed voter 的支持，游说团体必须提供更多的政治献金。在上述博弈过程中，游说团体会由于政治献金的成本制约不得不接受随着 e 的上升而降低产量的管制政策。概言之，在数量管制政策下，当 e 十分大时，产量一定会下降。这一下降虽然会降低企业利润，但能增大消费者剩余，因而会增加社会福利。

上述分析可以进一步通过图 2 加以说明。在图 2 中，一方面，游说团体的成本曲线 L 随 e 的增大而变得十分陡峭并向左移动，而边际成本曲线 L' 则以 $L'(Q=0)=-\gamma(a-c)$ 为轴心向左旋转；另一方面，其从候选者的管制政策中获益的边际期待收益曲线 $\bar{s}_i\pi'$ 则不发生任何变化。结果是，随着 e 增大，产量减少。从图 2 的上半部分，我们可以进一步发现，产量的减少在 $\bar{s}_i>\gamma$ 且 $e>(5b\gamma\bar{s}_i+b\gamma^2+2b\bar{s}_i^2)/[\gamma(\bar{s}_i-\gamma)]$ 的情况下，导致利润下降。① 但正如(2)式所示，e 的上升会让纯消费者剩余增加②，从而促进社会福利增加。相反，当 e 下降，同样的机制让社会福利下降。③

如上所述，命题 2(e)向我们揭示了如下可能性，即当数量管制作为政策手段被选择时，如果考虑到政治因素，那么，环境技术改善所带来的单位负外部性的降低未必就一定为帕累托改善。因为单位产量的负外部效应减少，反而会使得生产总量增加，从而导致社会总福利下降。这一看似矛盾的结果从理论上也佐证了现实世界解决环境问题的复杂性。

---

① $\bar{s}_i>\gamma$ 成立需以$(5b\gamma\bar{s}_i+b\gamma^2+2b\bar{s}_i^2)/[\gamma(\bar{s}_i-\gamma)]>b$ 为条件，因而条件 $e>(5b\gamma\bar{s}_i+b\gamma^2+2b\bar{s}_i^2)/[\gamma(\bar{s}_i-\gamma)]$相当于图 2 中 $e>b$ 的情况，即生产量的减少会导致利润下降。

② $\bar{s}_i>\gamma$ 成立时，$(5b\gamma\bar{s}_i+b\gamma^2+2b\bar{s}_i^2)/[\gamma(\bar{s}_i-\gamma)]>3b+2b\bar{s}/\gamma$，所以，$\partial W^q/\partial e>0$ 成立时，$\partial Cs^q/\partial e>0$。其理由可以从(2)式中得到($e>b$ 时，产量低下会改善消费者剩余)。

③ e 变小，图 2 中的 L'线以 $L'(Q=0)=-\gamma(a-c)$为轴心向右旋转，其结果是产量上升。产量上升带来利润的增加，但消费者剩余却随 e 的增加减少，因而降低社会总福利。

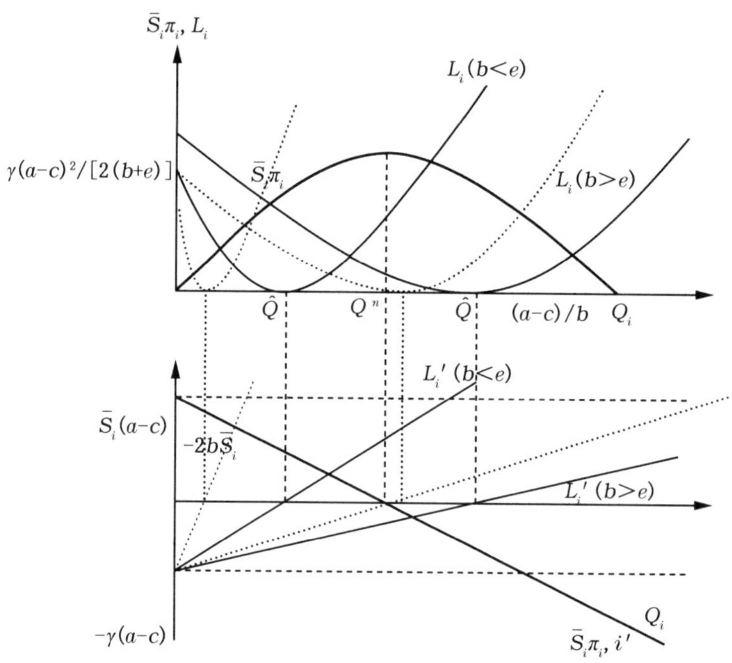

图 2　数量管制下 e 增加的效果

（四）政策影响型游说活动与价格管制

在价格管制手段被作为政策选择手段时，游说团体的最大化问题与数量管制时相同，即为：

$$\max_{\{t_i, L_i\}} V_i = \bar{s}_i \pi(t_i) - L_i$$

$$\text{s.t. } L_i = \gamma[\hat{W} - W(Q(t_i))] \quad i=1,2$$

这时利用(2)式、(9)式、(17)式和(18)式分析价格管制时的二阶条件，则可得：在 $\gamma(b+e) > 2b\bar{s}_i$ 或 $\gamma e > 2b\bar{s}_i - \gamma b (i=1,2)$ 的条件下，游说团体对于候选者 i 要求的最佳税率 t_i 以及在此税率水平下的产量 Q_i^p、价格 p_i^p、消费者剩余 Cs_i^p、利润 π_i^p 和社会福利 W_i^p 以及政治献金额。

$$t_i = (\gamma e - 2b\bar{s}_i - \gamma b)(a-c)/n_i \gtreqless 0$$

$$\leftrightarrow \gamma e \gtreqless 2b\bar{s}_i + \gamma b \quad i=1,2 \tag{28}$$

$$Q_i^p = \gamma(a-c)/n_i > 0 \quad i=1,2 \tag{29}$$

$$p_i^p = [(\gamma e - 2b\bar{s}_i)a + \gamma bc]/n_i \quad i=1,2$$

$$Cs_i^p = (b-e)\gamma^2(a-c)^2/(2n_i^2) \gtreqless 0 \leftrightarrow b \gtreqless e \quad i=1,2 \tag{30}$$

$$\pi_i^p = b\gamma^2(a-c)^2/n_i^2 > 0 \quad i=1,2 \tag{31}$$

$$W_i^p = \gamma[\gamma(b+e) - 4b\bar{s}_i](a-c)^2/(2n_i^2) \gtreqless 0$$

$$\leftrightarrow \gamma e \gtreqless 4b\bar{s}_i - \gamma b \quad i=1,2 \tag{32}$$

$$L_i^p = 4\gamma b^2 \bar{s}_i^2 (a-c)^2/[2(b+e)n_i^2] > 0 \quad i=1,2 \tag{33}$$

其中，$n_i \equiv \gamma(b+e)-2b\bar{s}_i>0$。

对上述结果进行分析，我们可得命题3[①]。

命题3 在垄断企业的生产对消费者产生负外部性的情况下，如果价格管制被作为政策手段采用且 $\gamma(b+e)-2b\bar{s}_i>0(i=1,2)$，那么，游说团体会因为informed voter的存在而向外生政策受欢迎(或者说更聚人气)的候选者提供更多的政治献金。这样的候选者所实施的管制政策能够给垄断企业带来更高的产量和利润。其对消费者剩余的影响则视情况不同而不同，$b<e$ 下比较小，$b>e$ 下比较大；但无论何种情况，社会福利水平都比较低。

也就是说，在外生政策上处于优劣不同的两位候选者的管制政策效果在数量管制和价格管制两种手段上基本相同。在价格管制下，当 $e<b$ 时，之所以在外生政策上更聚人气的候选者的管制政策既能带来较高的利润又能带来较高的消费者剩余，而社会总福利却较小的原因，是因为这时补贴金额较高的关系。[②]

我们进一步对 η、μ、h、τ 和 e 的效果进行分析，可得命题4[③]。

命题4 当垄断企业的生产对消费者产生负外部性时，如果价格管制被作为政策手段且 $\gamma(b+e)-2b\bar{s}_i>0(i=1,2)$ 时，在政策影响型的游说活动下，

(a) $\frac{\partial t_1}{\partial \eta}<0,\frac{\partial Q_1^p}{\partial \eta}>0,\frac{\partial Cs_1^p}{\partial \eta}\gtrless 0 \leftrightarrow e \lesseqgtr b,\ \frac{\partial \pi_1^p}{\partial \eta}>0$

$\frac{\partial W_1^p}{\partial \eta}<0,\frac{\partial L_1^p}{\partial \eta}>0;\frac{\partial t_2}{\partial \eta}>0,\frac{\partial Q_2^p}{\partial \eta}<0$

$\frac{\partial Cs_2^p}{\partial \eta}\gtrless 0 \leftrightarrow e \gtrless b,\frac{\partial \pi_2^p}{\partial \eta}<0,\frac{\partial W_2^p}{\partial \eta}>0,\ \frac{\partial L_2^p}{\partial \eta}<0$

(b) $\frac{\partial t_i}{\partial \mu}>0,\frac{\partial Q_i^p}{\partial \mu}<0,\frac{\partial Cs_i^p}{\partial \mu}\gtrless 0 \leftrightarrow e \gtrless b,\frac{\partial \pi_i^p}{\partial \mu}<0$

$\frac{\partial W_i^p}{\partial \mu}>0,\quad \frac{\partial L_i^p}{\partial \mu}<0\quad i=1,2$

(c) $\frac{\partial t_i}{\partial h}<0,\frac{\partial Q_i^p}{\partial h}>0,\frac{\partial Cs_i^p}{\partial h}\gtrless 0 \leftrightarrow e \lesseqgtr b,\frac{\partial \pi_i^p}{\partial h}>0$

$\frac{\partial W_i^p}{\partial h}<0,\quad \frac{\partial L_i^p}{\partial h}>0\quad i=1,2$

(d) $\frac{\partial t_i}{\partial \tau}<0,\frac{\partial Q_i}{\partial \tau}>0,\frac{\partial Cs_i^p}{\partial \tau}\gtrless 0 \leftrightarrow e \lesseqgtr b,\ \frac{\partial \pi_i^p}{\partial \tau}>0$

$\frac{\partial W_i^p}{\partial \tau}<0\quad i=1,2$

(e) $\frac{\partial t_i}{\partial e}>0,\ \frac{\partial Q_i^p}{\partial e}<0$

$$\frac{\partial Cs_i^p}{\partial e}\begin{cases}>0 & \text{if } \gamma<\bar{s}_i \text{ or } \gamma>\bar{s}_i \text{ and } e>3b-2b\bar{s}_i/\gamma \\ <0 & \text{if } \gamma>\bar{s}_i \text{ and } e<3b-2b\bar{s}_i/\gamma\end{cases}$$

---

① 证明请参考后面的数学注。

② 从(28)式中可得，$e<b$ 时，$t<0$。

③ 证明请参考后面的数学注。

$$\frac{\partial \pi_i^p}{\partial e}<0,\quad \frac{\partial W_i^p}{\partial e}\underset{<}{\geqslant}0 \leftrightarrow e\underset{>}{\leqslant}6b\,\bar{s}_i/\gamma-b,\quad \frac{\partial L_i^p}{\partial e}<0 \quad i=1,2$$

命题 4(e)和命题 2(e)的结论基本相同。从(17)式和(18)式可以看出，在价格管制下，税率 t 越小，也即产量越大时，利润越高。当 $t<0$，产量超出 Q^n 时，因补助金的增加，利润也还继续增加①。也就是说，在价格管制下，与 e 的大小无关，企业利润始终为产量的增函数(t 的减函数)。这意味着在价格管制下，游说团体总是要求产量扩大(税率 t 下降)，并因此而进行政治献金。另一方面，与数量管制(命题 2(e))相同，伴随 e 的上升，为了防止负外部性效果的增大，社会最佳产量会下降。因此，随着 e 的上升，要求候选者扩大产量(降低 t)所必需的政治献金将随之增大。其结果，与命题 2(e)相同理由可得，考虑献金成本的游说团体随着 e 的上升不得不容忍产量的下降(t 的上升)，从而使得利润下降。但是，在 e 相对小的情况下，产量的下降虽然降低消费者剩余，但税率上升能带来较多的税收收入，因而随着 e 的上升，反而能带来社会福利水平的提高。②

上述结论也可以借助图 3 来观察。从图 3 可以看出，边际期待收益曲线 $\bar{s}_i\pi'$ 不受 e 变化的影响，但游说活动的边际成本曲线 L' 则随 e 的增大而以 $L'(t=a-c)=\gamma(a-c)/(2b)$ 为轴心向右旋转，其结果是随着 e 的增大，税率上升。③ 而从(17)式和(18)式可知，税率的上升导致产量和利润下降。另一方面，当 $e<6b\,\bar{s}_i/\gamma-b$ 时，消费者剩余与税收的总和随着 e 的增加而扩大。④ 也就是说，与数量管制的情况相同，价格管制时也是在 $e<6b\,\bar{s}_i/\gamma-b$ 时，e 的上升能够带来社会总福利的上升；相反，e 下降则会使得社会总福利下降。这意味着 1 单位产出的负外部性的减少未必能改善社会福利水平。

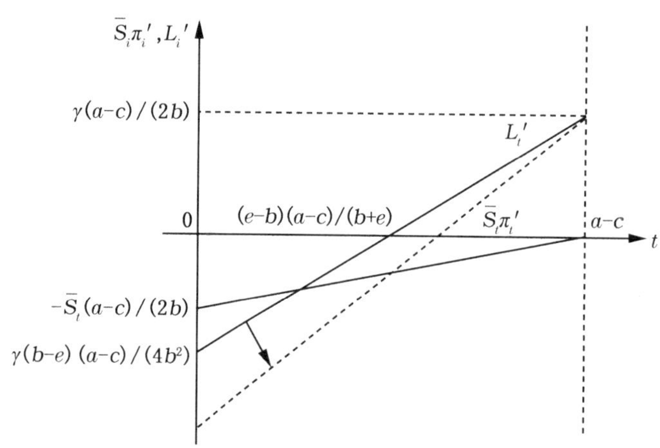

图 3 价格管制下 e 上升的效果：$e>b+2bs/\gamma$ 时

① 请看(10)式和(17)式。

② 从(28)～(30)式中，可得 $Cs_i^p+t_iQ_i^p=\gamma(a-c)^2[b\gamma+\gamma e-2(2b\,\bar{s}_i+b\gamma)]/(2n_i^2)$、$\partial(Cs_i^p+t_iQ_i^p)/\partial e=\gamma^2(a-c)^2(3b\gamma-\gamma e+6b\,\bar{s}_i)/(2n_i^3)\underset{<}{\geq}0\leftrightarrow e\underset{>}{\leq}(3b\gamma+6b\,\bar{s}_i)/\gamma$。很明显，$(3b\gamma+6b\,\bar{s}_i/\gamma>(6b\,\bar{s}_i-b\gamma)/\gamma$，所以，$e<(6b\,\bar{s}_i-b\gamma)/\gamma$ 时，即 $\frac{\partial W_i^p}{\partial e}>0$ 时，$\partial(Cs_i^p+t_iQ_i^p)/\partial e>0$ 可以得到确认。

③ 图 3 只是表明了一种情况，但其他情况也可以得到相同结果。

④ 请参照上面的注②。

下面我们通过比较数量管制和价格管制时的产量与社会福利的大小，进一步得出命题5。[①]

命题5 在垄断企业的生产对消费者产生负外部性的情况下，如果存在政策影响型游说活动，当 $\gamma(b+e)-2b\bar{s}_i>0$ 且 $\gamma>\bar{s}_i(i=1,2)$[②]，则

(ⅰ)当 $e<2b\bar{s}_i/\gamma+3b$ 时，$\hat{W}>W_i^q>W_i^p$，尤其是

(a)$e<b$ 时，$Q_i^p>\hat{Q}>Q_i^q>Q^n$；

(b)$b<e<b+2b\bar{s}_i/\gamma$ 时，$Q_i^p>Q^n>Q_i^q>\hat{Q}$；

(c)$b+2b\bar{s}_i/\gamma<e<3b+2b\bar{s}_i/\gamma$ 时，$Q^n>Q_i^p>Q_i^q>\hat{Q}$。

(ⅱ)$e>2b\bar{s}_i/\gamma+3b$ 时，$\hat{W}>W_i^p>W_i^q$，$Q^n>Q_i^q\geqslant Q_i^p>\hat{Q}$。

上述结果表明，从管制政策能够带来的社会福利来看，负外部性的边际生产力相对小的情况下，数量管制优于价格管制；但当负外部性的边际生产力较大时，则价格管制优于数量管制。对于命题5的解释，我们可以这样考虑。当负外部性的边际生产力 e 比较大时，如前述理由，为了防止外部性所带来的负面效果增大，社会最佳生产量 $\hat{Q}$ 远远低于垄断企业的最佳生产量，因而无论采取哪种管制手段，游说团体都朝着扩大生产量的方向提出要求，但在不同的管制手段下，产量扩大所带来的利润(及政治献金的期待收益)增加则有所不同。在考虑政治献金成本时数量管制下，政策所定产量大大偏离社会最佳水平，从而降低了社会总福利；另一方面，由于数量管制下的边际利润随着产量的增加而递减，而价格管制下的边际利润随产量的增大而递增，因而在负外部性的边际生产力 e 很小(即 $\hat{Q}$ 相对大)的情况下，价格管制所带来的产量扩大与社会最佳水平相距更远，也就使得社会福利越小。上述理由可以通过图4加以确认。

图4描绘的是在 $e>3b$ 情况下决定能够带来产量 Q 的税率 t 的过程。[③] 从图中可以看到，在 $Q=(a-c)/(4b)$ 处，价格管制下的边际收益曲线 $\bar{s}_i\pi_i^p$ 与数量管制下的边际收益曲线 $\bar{s}_i\pi_i^q$ 相交，但在 $e>3b$ 情况下，因为 $\hat{Q}<(a-c)/(4b)<Q^n$，L'线与 $\bar{s}_i\pi_i^p$ 线和 $\bar{s}_i\pi_i^p$ 线的交点都在$(a-c)/(4b)$的左侧。相反，在 $e<3b$ 的情况下，由于 $\hat{Q}>(a-c)/(4b)$，所以这些交点都在$(a-c)/(4b)$的右侧。

以上我们对参入制约两方都是 binding 情况的政策影响型游说活动进行了分析。需要注意的是，这一内解点存在于市场规模不大，无论哪位候选者获胜，垄断企业所获利润的差别并不大的情况(详细请参照补充说明)。这时游说团体为了防止任何一方候选者获

---

① 请注意这里候选者的当选概率在数量管制和价格管制下相同，详细证明请参考数学注。

② 二阶条件 $e>2b\bar{s}_i/\gamma-b$ 是必要条件，但由于$(2b\bar{s}_i/\gamma-b)-b=2b(\bar{s}_i-\gamma)/\gamma\lesseqgtr 0\leftrightarrow\bar{s}_i\gtreqless\gamma$，命题5(i)－(a)只是在$\bar{s}_i<\gamma$ 时成立，(b)－(c)则与$\bar{s}_i$ 和 γ 大小无关。

③ 价格管制时，从(17)式和(18)式可得游说团体的期待收益及边际期待收益分别为 $\bar{s}_i\pi_i=b\bar{s}_iQ_i^2$ 和 $\bar{s}_i\pi'_i=2b\bar{s}_iQ_i$，政治献金 L_i 与数量管制时相同。此外，$\hat{Q}\gtreqless(a-c)/(4b)\Leftrightarrow e\leqslant 3b$。

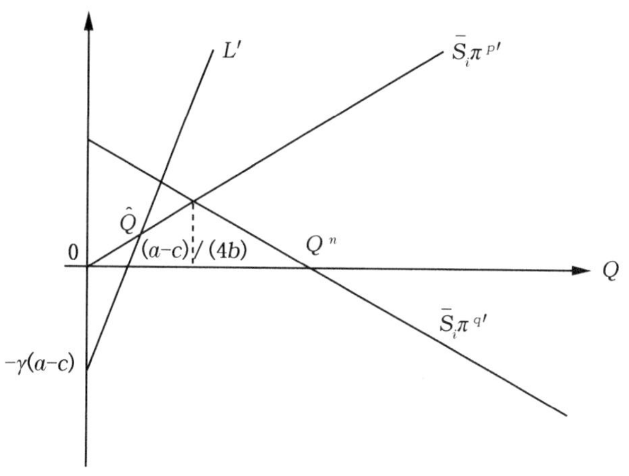

图 4　在 $e>3b$ 情况下最佳产量的决定过程

胜后采取严厉的管制政策，向双方候选者都进行政治献金。但是，当市场规模非常大，双方候选者获胜后能够带来的垄断利润有重大区别时，游说团体则不再收紧双方制约，而是只向对自己实施有利管制政策的人气候选者增加政治献金。如果发生上述情况，则(23)—(27)式以及(28)式—(33)式的解并非最佳解。①

四、结论

本文设计了一个有不同类型选民且游说团体向参选候选者双方进行政治献金的模型，并考察在企业生产活动对消费者产生负外部性的情况下，政策影响型游说活动所达到的政治均衡的性质以及不同管制政策手段的社会福利效果。分析结论概括如下：

在政策影响型游说活动下的政治均衡中，游说团体事实上可以决定候选者的有关环境政策。在这样的政治均衡下，从社会福利来看，数量管制与价格管制的利弊取决于单位生产所发生的外部性的"边际生产力"。在这一边际生产力相对小的情况下，数量管制较好；而在边际生产力相对大的情况下，价格管制较好。

然而，在政治均衡中，数量管制与价格管制在四个方面有相同效果。第一，外生政策上相对更聚人气的候选者比其对手所获得的政治献金金额要大。第二，候选者的外生政策的相对优越程度的上升会诱发其管制政策更为偏离社会最佳政策。第三，明智的投票

---

① 这时，$e>b$，也即 $\hat{Q}<Q^n$ 的情况下，如果候选者 1 比较人气，则游说团体则只向候选者 1 而不对候选者 2 进行政治献金。从(21)式和(5)式可得，游说团体的最大化问题便面临着参入制约和献金上限的制约(获得所有 uninformed voter 支持的制约)，即：

$$\max_{\{K_1, L_1\}} V=s_1\pi(K_1)+(1-s_1)\hat{\pi}-L_1$$

$$\text{s.t.}\quad L_1\geqslant\gamma[\hat{W}-W(K_1)],1\geqslant 1/2+hL_1$$

这里

$$s_1=\tau[(1/2)+hL_1]+(1-\tau)[\eta+\mu(W(K_1)-\hat{W})]$$

者(informed voter)对管制政策的敏感度以及其在总投票者中所占的比例上升,能够促进社会福利水平的提高;而非明智投票者(uninformed voter)对政治献金的敏感度以及其在总投票者中所占的比例上升,却会使得社会福利水平下降。第四,环境技术的改善等带来的单位产量所产生的负外部性的降低,并不一定意味着社会福利的改进。

本文的分析结果是在高度抽象的理论模型下进行的,也许不能与现实进行一对一的解释说明,但它揭示了在现实世界中,正是由于政治因素,使得环境问题的解决变得十分复杂和困难。同时,这一结论也许可以说明,现实中通过信息公开等途径让选民了解政策,从而明智地理解政策是十分重要的。

补论

一般情况下,从本文(7)式和(21)式可得,游说团体的最大化问题为:

$$\max_{\{K_1,K_2,L_1,L_2\}} V=s_1\pi(K_1)+(1-s_1)\pi(K_2)-L_1-L_2$$

$$\text{s.t. } L_1\geqslant\gamma[\hat{W}-W(K_1)]$$

$$L_2\geqslant\gamma[\hat{W}-W(K_2)]$$

这里 $K=Q,t$,

$$s_1=\tau hL_1+\tau[\frac{1}{2}-hL_2]+(1-\tau)[\eta-\mu W(K_2)]+(1-\tau)\mu W(K_1)$$

$$\gamma\equiv(1-\tau)\mu/(\tau h)$$

根据拉格朗日条件整理得:

$$H=s_1\pi(K_1)+(1-s_1)\pi(K_2)-L_1-L_2+\lambda_1\{L_1-\gamma[\hat{W}-W(K_1)]\}$$
$$+\lambda_2\{L_2-\gamma[\hat{W}-W(K_2)]\}$$

这一最大化问题的 Kuhn-Tucker 条件为:

$$\frac{\partial H}{\partial K_1}=\frac{\partial V}{\partial K_1}+\lambda_1\gamma\frac{\partial W(K_1)}{\partial K_1}=0 \quad (A1)$$

$$\frac{\partial H}{\partial K_2}=\frac{\partial V}{\partial K_2}+\lambda_2\gamma\frac{\partial W(K_2)}{\partial K_2}=0 \quad (A2)$$

$$\frac{\partial H}{\partial L_1}=\frac{\partial V}{\partial L_1}+\lambda_1=0 \quad (A3)$$

$$\frac{\partial H}{\partial L_2}=\frac{\partial V}{\partial L_2}+\lambda_2=0 \quad (A4)$$

$$\frac{\partial H}{\partial \lambda_1}=L_1-\gamma[\hat{W}-W(K_1)]\geqslant 0,\lambda_1\geqslant 0,\{L_1-\gamma[\hat{W}-W(K_1)]\}\lambda_1=0 \quad (A5)$$

$$\frac{\partial H}{\partial \lambda_2}=L_2-\gamma[\hat{W}-W(K_2)]\geqslant 0,\lambda_2\geqslant 0,\{L_2-\gamma[\hat{W}-W(K_2)]\}\lambda_2=0 \quad (A6)$$

很明显,本文中分析的是 $\lambda_1>0$ 且 $\lambda_2>0$ 的情况。但是如果考虑 s_1 的定义,则(A3)式和(A4)式可以写成:

$$\frac{\partial H}{\partial L_1}=\tau h[\pi(K_1)-\pi(K_2)]-1+\lambda_1=0 \quad (A3)'$$

$$\frac{\partial H}{\partial L_2}=-\tau h[\pi(K_1)-\pi(K_2)]-1+\lambda_2=0 \quad (A4)'$$

现在假定候选者 1 更聚人气($\eta>1/2$),那么根据命题 1 和命题 3,可得 $\pi(K_1)>\pi(K_2)$,因而从(A4)′式中可得 $\lambda_2>0$。也就是说,向候选者 2 的参与制约一定为 binding。但这时从(A3)′看,$\lambda_1>0$ 并不一定得到保证。实际上,本文的 π_i^q 和 π_i^p 代入(A3)'式中(请参照数学注 1 和 3,但这里的 $\eta>1/2$,所以 $\bar{s}_1>\bar{s}_2$)可看出,如果市场规模($a-c$)非常大,则 $\tau h[\pi(K_1)-\pi(K_2)]-1>0$,那么 $\lambda_1>0$ 就不可能实现,也就意味着在市场规模非常大的情况下,即较有人气的候选者能获胜的点 $\pi(K_1)-\pi(K_2)$ 比较大时,对这一候选者的参与制约是非绑定的(非 binding),而是增加政治献金 L_1 更能给游说团体带来更多利益。

我们可以在锁定 K_i 的情况下,对 $V=s_1\pi(K_1)+(1-s_1)\pi(K_2)-L_1-L_2$ 的 L_1 进行偏微分,来进一步确认这样的结论。很显然,($a-c$)越大,$\partial V/\partial L_1>0$。由此,本文所假定的参入制约双方都 binding 时内解点成立是指市场规模并非很大的情况,也即不同候选者获胜所带来的利润大小差别不大的情况。在这样的情况下,游说团体不是只向一方进行政治献金,而是向双方进行适度献金,对双方候选人都进行一定的控制,以确保其利益最大化。

数学注

1. 命题 1 的证明

从(23)式—(27)式可得:

$$Q_1^q-Q_2^q=\gamma(\bar{s}_1-\bar{s}_2)(e-b)(a-c)/(m_1m_2)$$

$$Cs_1^q-Cs_2^q=-\gamma(\bar{s}_1-\bar{s}_2)(b-e)^2(a-c)(Q_1^q+Q_2^q)/(2m_1m_2)$$

$$\pi_1^q-\pi_2^q=\gamma^2(\bar{s}_1-\bar{s}_2)(b-e)^2[b+\gamma(b+e)](a-c)^2/(m_1^2m_2^2)$$

$$W_1^q-W_2^q=-(L_1^q-L_2^q)/\gamma$$

$$L_1^q-L_2^q=\gamma^2(\bar{s}_1-\bar{s}_2)(b-e)^2[4b\,\bar{s}_1\bar{s}_2+\gamma(b+e)](a-c)^2/(2m_1^2m_2^2)$$

此外,若 $\tau\neq1$,从(22)式可得:

$$\bar{s}_1-\bar{s}_2 \gtreqless 0 \leftrightarrow \eta \gtreqless 1/2$$

因此,命题 1 成立。

2. 命题 2 的证明

(a)关于 η

由(22)式可得:

$$\frac{\partial\bar{s}_1}{\partial\eta}=1-\tau>0$$

$$\frac{\partial\bar{s}_2}{\partial\eta}=-(1-\tau)<0$$

再由(23)式—(27)式可得:

$$\frac{\partial Q_i^q}{\partial\eta}=\frac{\gamma(e-b)(a-c)}{m_i^2}\frac{\partial\bar{s}_i}{\partial\eta}$$

$$\frac{\partial Cs_i^q}{\partial \eta}=-\frac{\gamma(\bar{s}_i+\gamma)(e-b)^2(a-c)^2}{m_i^3}\frac{\partial \bar{s}_i}{\partial \eta}$$

$$\frac{\partial \pi_i^q}{\partial \eta}=\frac{\gamma^2(e-b)^2(a-c)^2}{m_i^3}\frac{\partial \bar{s}_i}{\partial \eta}$$

$$\frac{\partial W_i^q}{\partial \eta}=-\frac{\gamma \bar{s}_i(e-b)^2(a-c)^2}{m_i^3}\frac{\partial \bar{s}_i}{\partial \eta}$$

$$\frac{\partial L_i^q}{\partial \eta}=-\gamma\frac{\partial W_i^q}{\partial \eta}$$

(b)关于 $x=\mu,h$

根据定义可得：

$$\partial\gamma/\partial\mu=(1-\tau)/(\tau h)>0$$

$$\partial\gamma/\partial h=-(1-\tau)\mu/(\tau h^2)<0$$

另外再由(23)式—(27)式可得：

$$\frac{\partial Q_i^q}{\partial x}=\frac{\bar{s}_i(b-e)(a-c)}{m_i^2}\frac{\partial \gamma}{\partial x}$$

$$\frac{\partial Cs_i^q}{\partial x}=\frac{\bar{s}_i(\bar{s}_i+\gamma)(e-b)^2(a-c)^2}{m_i^3}\frac{\partial \gamma}{\partial x}$$

$$\frac{\partial \pi_i^q}{\partial x}=-\frac{\gamma \bar{s}_i(e-b)^2(a-c)^2}{m_i^3}\frac{\partial \gamma}{\partial x}$$

$$\frac{\partial W_i^q}{\partial x}=\frac{\bar{s}_i^2(e-b)^2(a-c)^2}{m_i^3}\frac{\partial \gamma}{\partial x}$$

$$\frac{\partial L_i^q}{\partial x}=\frac{\bar{s}_i^2[2b\bar{s}_i-\gamma(b+e)](e-b)^2(a-c)^2}{2(b+e)m_i^3}\frac{\partial \gamma}{\partial x}$$

(c)关于 τ

由于 $\eta\in(1/4,3/4]$,所以根据(22)式和 γ 的定义，

$$g\equiv\bar{s}_i\frac{\partial \gamma}{\partial \tau}-\gamma\frac{\partial \bar{s}_i}{\partial \tau}<0\quad i=1,2$$

再根据(23)式—(27)式可得：

$$\frac{\partial Q_i^q}{\partial \tau}=\frac{g(b-e)(a-c)}{m_i^2}$$

$$\frac{\partial Cs_i^q}{\partial \tau}=\frac{g(\bar{s}_i+\gamma)(e-b)^2(a-c)^2}{m_i^3}$$

$$\frac{\partial \pi_i^q}{\partial \tau}=-\frac{g\gamma(e-b)^2(a-c)^2}{m_i^3}$$

$$\frac{\partial W_i^q}{\partial \tau}=\frac{g\bar{s}_i(e-b)^2(a-c)^2}{m_i^3}$$

(d)关于 e

从(23)式—(27)式可得：

$$\frac{\partial Q_i^q}{\partial e}=-\frac{\gamma(\bar{s}_i+\gamma)(a-c)}{m_i^2}$$

$$\frac{\partial Cs_i^q}{\partial e}=-\frac{[(3b-e)\gamma+2b\,\bar{s}_i](\bar{s}_i+\gamma)^2\ (a-c)^2}{2m_i^3}$$

$$\frac{\partial \pi_i^q}{\partial e}=-\frac{\gamma^2(\bar{s}_i+\gamma)(e-b)(a-c)^2}{m_i^3}$$

$$\frac{\partial W_i^q}{\partial e}=\frac{[\gamma e(\bar{s}_i-\gamma)-\gamma^2 b-5b\gamma\,\bar{s}_i-2b\,\bar{s}_i^2](\bar{s}_i+\gamma)(a-c)^2}{2m_i^3}$$

3.命题 3 的证明

根据(28)式—(33)式可得：

$$t_1-t_2=4b^2\gamma(\bar{s}_2-\bar{s}_1)(a-c)/(n_1n_2)$$

$$Q_1^p-Q_2^p=2b\gamma(\bar{s}_1-\bar{s}_2)(a-c)/(n_1n_2)$$

$$Cs_1^p-Cs_2^p=2b\gamma^2(\bar{s}_1-\bar{s}_2)(b-e)[\gamma(b+e)-b](a-c)^2/(n_1^2n_2^2)$$

$$\pi_1^p-\pi_2^p=4b^2\gamma^2(\bar{s}_1-\bar{s}_2)[\gamma(b+e)-b](a-c)^2/(n_1^2n_2^2)$$

$$W_1^p-W_2^p=-(L_1^p-L_2^p)/\gamma$$

$$L_1^p-L_2^p=-2b^2\gamma^2(\bar{s}_1-\bar{s}_2)[4b\,\bar{s}_1\,\bar{s}_2-\gamma(b+e)](a-c)^2/(n_1^2n_2^2)$$

另外，若 $\tau\neq1$，从(22)式可得：

$$\bar{s}_1-\bar{s}_2\gtreqless0\leftrightarrow\eta\gtreqless1/2$$

即 $\eta>1/2$ 时，$\bar{s}_1>1/2$，$\bar{s}_2<1/2$。因此，根据二阶条件可得：

$$\gamma(b+e)>2b\,\bar{s}_1>b$$

$$\gamma(b+e)>2b\,\bar{s}_1>(2b\,\bar{s}_1)\times(2\,\bar{s}_2)$$

另外，当 $\eta<1/2$ 时，$\bar{s}_1<1/2$，$\bar{s}_2>1/2$ ，所以同样理由可得：

$$\gamma(b+e)>2b\,\bar{s}_2>b$$

$$\gamma(b+e)>2b\,\bar{s}_2>(2b\,\bar{s}_2)\times(2\,\bar{s}_1)$$

4.命题 4 的证明

首先，根据(28)式可得：

$$a-c-t_i=2b\gamma(a-c)/n_i>0$$

$$\frac{\partial t_i}{\partial \eta}=-\frac{4b^2\gamma(a-c)}{n_i^2}\frac{\partial \bar{s}_i}{\partial \eta}$$

$$\frac{\partial t_i}{\partial x}=\frac{4b^2\ \bar{s}_i(a-c)}{n_i^2}\frac{\partial \gamma}{\partial x}\quad x=\mu,h$$

$$\frac{\partial t_i}{\partial \tau}=\frac{4gb^2(a-c)}{n_i^2}$$

$$g\equiv\bar{s}_i\ \frac{\partial \gamma}{\partial \tau}-\gamma\ \frac{\partial \bar{s}_i}{\partial \tau}<0\quad i=1,2$$

$$\frac{\partial t_i}{\partial e}=\frac{2b\gamma^2(a-c)}{n_i^2}$$

此外，由(29)式可得：

$$a-c-(b+e)\ Q_i^p=\ -2b\,\bar{s}_i(a-c)/n_i<0$$

(a)关于 η

从(22)式可得：

$$\frac{\partial \bar{s}_1}{\partial \eta}=1-\tau>0$$

$$\frac{\partial \bar{s}_2}{\partial \eta}=-(1-\tau)<0$$

再根据(17)式、(2)式、(18)式、(13)式、(21)式可得：

$$\frac{\partial Q_i^p}{\partial \eta}=-\frac{1}{2b}\frac{\partial t_i}{\partial \eta}$$

$$\frac{\partial Cs_i^p}{\partial \eta}=\frac{(b-e)(a-c-t_i)}{2b}\frac{\partial Q_i^p}{\partial \eta}$$

$$\frac{\partial \pi_i^p}{\partial \eta}=-\frac{(a-c-t_i)}{2b}\frac{\partial t_i}{\partial \eta}$$

$$\frac{\partial W_i^p}{\partial \eta}=[a-c-(b+e)Q_i^p]\frac{\partial Q_i^p}{\partial \eta}$$

$$\frac{\partial L_i^p}{\partial \eta}=-\gamma\frac{\partial W_i^p}{\partial \eta}$$

(b)关于 $x=\mu,h$

根据定义，

$$\partial\gamma/\partial\mu=(1-\tau)/(\tau h)>0$$

$$\partial\gamma/\partial h=-(1-\tau)\ \mu/(\tau h^2)<0$$

另外，从(17)式、(2)式、(18)式、(13)式、(33)式可得：

$$\frac{\partial Q_i^p}{\partial x}=-\frac{1}{2b}\frac{\partial t_i}{\partial x}$$

$$\frac{\partial Cs_i^p}{\partial x}=\frac{(b-e)(a-c-t_i)}{2b}\frac{\partial Q_i^p}{\partial x}$$

$$\frac{\partial \pi_i^p}{\partial x}=-\frac{(a-c-t_i)}{2b}\frac{\partial t_i}{\partial x}$$

$$\frac{\partial W_i^p}{\partial x}=[a-c-(b+e)Q_i^p]\frac{\partial Q_i^p}{\partial x}$$

$$\frac{\partial L_i^p}{\partial x}=-\frac{2m_i\bar{s}_i^2b^2\ (a-c)^2}{(b+e)n_i^3}\frac{\partial\gamma}{\partial x}$$

(c)关于 τ

从(17)式、(2)式、(18)式、(13)式、(33)式可得：

$$\frac{\partial Q_i^p}{\partial \tau}=-\frac{1}{2b}\frac{\partial t_i}{\partial \tau}$$

$$\frac{\partial Cs_i^p}{\partial \tau}=\frac{(b-e)(a-c-t_i)}{2b}\frac{\partial Q_i^p}{\partial \tau}$$

$$\frac{\partial \pi_i^p}{\partial \tau}=-\frac{(a-c-t_i)}{2b}\frac{\partial t_i}{\partial \tau}$$

$$\frac{\partial W_i^p}{\partial \tau}=[a-c-(b+e)Q_i^p]\frac{\partial Q_i^p}{\partial \tau}$$

(d)关于 e

从(17)式、(30)式、(18)式、(32)式、(33)式可得:

$$\frac{\partial Q_i^p}{\partial e}=-\frac{1}{2b}\frac{\partial t_i}{\partial e}$$

$$\frac{\partial Cs_i^p}{\partial e}=\frac{[2b\,\bar{s}_i-\gamma(3b-e)]\gamma^2\,(a-c)^2}{2n_i^3}\gtreqless 0\leftrightarrow e\gtreqless 3b-\frac{2b\,\bar{s}_i}{\gamma}$$

$$\frac{\partial \pi_i^p}{\partial e}=-\frac{(a-c-t_i)}{2b}\frac{\partial t_i}{\partial e}$$

$$\frac{\partial W_i^p}{\partial e}=\frac{[6b\,\bar{s}_i-\gamma(b+e)]\gamma^2\,(a-c)^2}{2n_i^3}$$

$$\frac{\partial L_i^p}{\partial e}<0$$

二阶条件 $\gamma(b+e)>2b\,\bar{s}_i$,或者 $e>2b\,\bar{s}_i/\gamma-b$ 时,

$$(3b-2b\,\bar{s}_i/\gamma)\gtreqless(2b\,\bar{s}_i/\gamma-b)\leftrightarrow\gamma\gtreqless\bar{s}_i$$

5. 命题 5 的证明

从(10)式、(14)式、(23)式、(26)式、(29)式、(32)式可得:

$$\hat{Q}-Q^n=\frac{(b-e)(a-c)}{2b(b+e)}\gtreqless 0\leftrightarrow e\lesseqgtr b$$

$$Q_i^q-Q^n=\frac{\gamma(b-e)(a-c)}{2bm_i}\gtreqless 0\leftrightarrow e\lesseqgtr b$$

$$Q_i^q-\hat{Q}=\frac{\bar{s}_i(e-b)(a-c)}{(b+e)m_i}\gtreqless 0\leftrightarrow e\gtreqless b$$

$$Q_i^p-Q^n=\frac{[\gamma(b-e)+2b\,\bar{s}_i](a-c)}{2bn_i}\gtreqless 0\leftrightarrow e\lesseqgtr b+2b\,\bar{s}_i/\gamma$$

$$Q_i^p-\hat{Q}=\frac{2b\,\bar{s}_i(a-c)}{(b+e)n_i}>0$$

$$Q_i^q-Q_i^p=\frac{\bar{s}_i(a-c)[\gamma(e-3b)-2b\,\bar{s}_i]}{m_in_i}\gtreqless 0\leftrightarrow e\gtreqless 3b+2b\,\bar{s}_i/\gamma$$

$$W_i^q-\hat{W}=-\frac{\bar{s}_i^2\,(b-e)^2\,(a-c)^2}{2(b+e)m_i^2}<0$$

$$W_i^p-\hat{W}=-\frac{2b^2\,\bar{s}_i^2\,(a-c)^2}{(b+e)n_i^2}<0$$

$$W_i^q-W_i^p=-\frac{\bar{s}_i^2\,(a-c)^2[\gamma(e-3b)-2b\,\bar{s}_i]}{2m_i^2n_i{}^2}[6b^2\,\bar{s}_i+b\gamma(b+e)+en_i]\gtreqless 0$$

$$\leftrightarrow e\lesseqgtr 3b+2b\,\bar{s}_i/\gamma$$

参考文献：

[1]Weitzman M L. Prices vs. Quantities[J]. *Review of Economic Studies*, 1974, 41: 477—491.

[2]Finkelshtain I, Kislev Y. Prices versus quantities: the political perspective[J]. *Journal of Political Economy*, 1997, 105(1): 83—100.

[3]Lindbeck A, Weibull J W. Balanced-budget redistribution as the outcome of political competition [J]. *Public Choice*, 1987, 54: 273—297.

[4]Dixit A, Londregan J. The determinants of success of special interests in redistributive politics[J]. *Journal of Politics*, 1996, 58: 1132—1155.

[5]Dixit A, Londregan J. Ideology, tactics, and efficiency in redistributive politics[J]. *The Quarterly Journal of Economics*, 1998: 497—529.

[6]Becker G S. A theory of Competition among pressure groups for political influence[J]. *The Quarterly Journal of Economics*, 1983: 371—400.

[7]Grossman G. , Helpman E. Protection for sale, American Economic Review[J]. 1994, 84: 833—850.

[8]Schleich J. Environmental quality with endogenous domestic and trade policie[J]. *European Journal of Political Economy*, 1999, 15: 53—71.

[9]Grossman G M, Helpman E. Electoral competition and special interest Politics[J]. *Review of Economic Studies*, 1996, 63: 265—286.

[10]Baron D P. Electoral competition with informed and uninformed voters[J]. *American Political Science Reveiw*, 1994, 88(1): 33—47.

[11]Riezman R, Wilson J D. Political reform and trade policy[J]. *Journal of International Economics*, 1997, 42: 67—90.

[12]宋健敏. 政策影響型ロビー活動と規制政策[J]. 経済学雑誌, 2001, 102(2).

环境政策决定的诱因与环境改善的可能性

泽田英司　徐一睿*

摘　要： 从2011年中国国务院发表的《关于加强环境保护重点工作的意见》中可以发现，中央政府正分别通过财政权和人事权这两种不同的手法来寻求加大环境管控的力度。上级政府(官员)通过人事权对下级政府(官员)进行管理，可以将其归纳为官员激励问题。本文是以Rosen(1986)提出的锦标赛(Elimination Tournament)模型为基础，以经济增长与环境改善这两大政策为主要考察对象，通过把官员的晋升概率模型化来考察环境政策决定的诱因与环境改善的可能性。

关键词： 锦标赛　人事权　财政权　一票否决

一、引言

近年来，虽然中国经济增势迅猛，但与此同时，环境污染问题日趋严重，环境保护与可持续发展已经成为中国的长期发展战略目标。

2011年国务院《关于加强环境保护重点工作的意见》第13款明确指出，需要完善中央财政转移支付制度，加大对中西部地区、民族自治地方和重点生态功能区环境保护的转移支付力度等财政层面的具体方案；第16款明确指出，需要制定生态文明建设的目标指标体系，纳入地方各级人民政府绩效考核，考核结果作为领导班子和领导干部综合考核评价的重要内容，作为干部选拔任用、管理监督的重要依据，实行环境保护一票否决制的具体方案。这说明中央政府正分别通过财政权和人事权这两种不同的手法来寻求加大环境管控的力度。

近年来，从政府对人事权管理的角度，通过探讨官员激励问题来寻求政府治理的研究不断涌现。北京大学的周黎安教授在《转型中的地方政府官员激励与治理》一书中提出的逐级淘汰的政治锦标赛模式为其典型。关于逐级淘汰的政治锦标赛模式的定义，周黎安教授指出："我们所定义的政治锦标赛作为一种政府治理的模式，是指上级政府对多个下级政府部门的行政长官设计的一种晋升竞赛，竞赛优胜者将获得晋升，而竞赛标准由上级政府决定，它可以是GDP增长率，也可以是其他可度量的指标。从职务晋升路径来说，地

* 作者简介：泽田英司，早稻田大学理工研究所；徐一睿，嘉悦大学经营经济学部，上海财经大学公共政策与治理研究院客座研究员。

方官员从最低的行政职位一步一步提拔，进入一个典型的逐级淘汰的锦标赛结构。它的最大特征是进入下一轮的选手必须是上一轮的优胜者，每一轮被淘汰出局的选手就自动失去下一轮参赛的资格。”[1]以周黎安教授为主的早期的实证论文还运用中国改革以来1979－2002年的省级数据，系统地验证了地方官员晋升与地方经济绩效的显著关联，为地方官员晋升激励的存在提供了重要的经验证据。[2]

周黎安教授的着眼点是改革开放以后以经济增长为中心的大环境中形成的中央通过人事权给予地方官员激励的政治锦标赛。虽然这种政治锦标赛模式很好地解释了中国改革开放以后地方政府官员之所以热衷于经济建设的原因，但忽略了中央通过财政权（财政转移）对地方加大管理力度的可能性。特别是2003年“和谐社会论”提出以后，中央政府通过政府间的财政转移（财政权，以专项补助为主）进一步加大了对地方政府的管理力度。徐一睿指出，中央通过财政权与人事权两种管理方式，迎合时代的需求，不断地在改变着对地方的管理方式，从而在经济增长与社会稳定中寻求着相应的平衡。[3]

随着国民环境意识的高涨，改善环境已经成为当前政府执政的重要政策选项，在“改善环境”这一长期发展战略目标下，中央政府如何管理地方政府，让地方政府能够遵从中央政府改善环境的大方针，是一个重要的研究课题。靠激励（人事权），还是靠补助（财政权），或者是激励与补助的组合拳，哪种管理模式更有效，正是本文想探讨的一个重要问题。

本文是以Rosen提出的锦标赛模型为基础，以经济增长与环境改善这两大政策为主要考察对象，对官员的晋升概率加以模型化。[4]第二部分在由上级政府决定的竞赛标准中嵌入经济指标和环境指标，通过经济模型来考察下级政府官员的激励诱因。第三部分针对锦标赛模式中上级政府通过调整标准会对下级政府官员的激励诱因产生什么影响加以分析。在分析过程中，我们可以发现，上级政府仅仅依靠人事权，无法给予下级政府官员改善环境充分的激励诱因。晋升后的官员如果无法获取足够高的酬金，也就是说，晋升如果无法大幅度改善官员的收入，那么环境指标的提升反而会导致官员放弃改善环境的努力。第四部分则会在第三部分分析的基础上，针对人事权与财政权并用的管理模式加以考察。通过理论分析我们可以发现，人事权的管理失败可以通过财政权来加以改进。在第五部分中，我们将进一步针对一票否决制导入所带来的效果加以分析。第六部分将对整篇文章加以总结性论述。

二、经济模型

本文使用Rosen(1986)的锦标赛模型来考察4个经济主体（官员）的两回合的政治选拔。经济主体的酬金从上至下分别定义为$W_1 \geqslant W_2 \geqslant W_3 > 0$。经济主体$i$受预算$B_s$的限制，为了提高本地区GDP而投入的支出额为$b_{si}^{f}$，而为了改善环境而投入的支出额为$b_{si}^{g}$。右下角的$s=1,2$指的是第一回合和第二回合的选拔赛（$B_s = b_{si}^{f} + b_{si}^{g}$）。在第二回合进行选拔的过程中，政府预算设定为1，第一回合选拔时的预算设定为$B \in [0;1]$。地区GDP水平设定为$\gamma^f F(b_{si}^{f})$。关于$F(.)$，假定$F'>0, F''<0, F(0)=0$。另外，环境水平设定为$\gamma^g G(b_{si}^{g})$，$G(b_{si}^{g})$定义如下：

$$G(b_{si}^{g}):=G-D(\gamma^{f}F(B_{s}-b_{si}^{g}))+A(b_{si}^{g}) \tag{1}$$

$\overline{G}$ 代表没有任何经济活动的情况下的环境水平，$D(.)$代表由于经济活动所带来的环境损害，$A(.)$代表环境改善。关于 $D(.)$和 $A(.)$，假定为 $D'>0,D''>0,A'>0,A''<0$。γ^{f} 和 γ^{g} 则分别表示增加 GDP 与环境改善过程中各个经济主体的能力，或者某一地区 GDP 增加与环境改善的难度(如沿海地区或者内陆地区等)。这个时候，增加改善环境的支出能够提高环境水平：

$$G'=\gamma^{f}D'F'+A'>0 \tag{2}$$

另外，关于 $G(.)$的二次偏导函数有如下假设：

假设 1：增大改善环境投入对提高环境水平呈递减趋势。

$$G''=-\gamma^{r}[D''(F')^{2}+D'F'']+A''<0 \tag{3}$$

另外还需要假设，地方政府官员除了正规的酬金以外，根据地区的 GDP 水平还能够获取其他追加酬金。这个追加酬金可以表示为 $\gamma^{r}R(F(b_{si}^{f}))=\gamma^{r}R(b_{si}^{f})$，并假设 $R'>0$，$R''<0,R(0)=0$。γ^{r} 是表示追加酬金特性的系数。而在晋升比赛中最终获胜的官员能够获得的追加酬金 $\overline{R}>0$。这个 $\overline{R}$ 要大于下级政府官员能够获取的追加酬金。也就是说，$\overline{R}>\gamma^{r}R(1)$。

接着对政治锦标赛模式加以定式化。某一特定官员 i 以某一级别的地方政府为起点，向上晋升的概率可定义为：

$$P_{sij}(b_{si}^{f},b_{si}^{g};b_{sj}^{f},b_{sj}^{g}):=\frac{\gamma^{f}F(b_{si}^{f})+\alpha_{8}\gamma^{g}G(b_{si}^{g})}{\{\gamma^{f}F(b_{si}^{f})+\alpha_{s}\gamma^{g}G(b_{si}^{g})\}+\{\gamma_{j}^{f}F(b_{sj}^{f})+\alpha_{s}\gamma_{j}^{g}G(b_{sj}^{g})\}} \tag{4}$$

$\alpha_{s}\geqslant 0$ 是由中央政府决定的在政治锦标赛中赋予环境水平的比重。由于预算制约，(4)式中给出的 b_{sj}^{g} 可以用 b_{si}^{g} 来表示。

$$\frac{\partial P_{sij}(b_{si}^{g};b_{sj}^{g})}{\partial b_{si}^{g}}=\frac{\delta_{s}'(\delta_{s}+\varepsilon_{s})-(\delta_{s}'+\varepsilon_{s}')\delta_{s}}{(\delta_{s}+\varepsilon_{s})^{2}}=\frac{\delta_{s}'\varepsilon_{s}}{(\delta_{s}+\varepsilon_{s})^{2}} \tag{5}$$

$\delta_{s}=\gamma^{f}F(B_{s}-b_{si}^{g})+\alpha_{s}\gamma^{g}G(b_{si}^{g}),\varepsilon_{s}=\gamma_{j}^{f}F(B_{s}-b_{sj}^{g})+\alpha_{s}\gamma_{j}^{g}G(b_{sj}^{g})$。由于 $\delta_{s}'=-\gamma^{f}F'+\alpha_{s}\gamma^{g}G'$，$\dfrac{\partial P_{sij}(b_{si}^{g},b_{sj}^{f})}{\partial b_{si}^{g}}$的符号依存于 δ_{s}'：

$$\frac{\partial P_{sij}(b_{si}^{g};b_{sj}^{g})}{\partial b_{si}^{g}}\begin{cases}\geqslant 0 & \text{if} \quad \alpha_{s}\geqslant\dfrac{\gamma^{f}F'}{\gamma^{g}G'}\\ <0 & \text{otherwise}\end{cases} \tag{6}$$

如果 $\alpha_{s}=0$，则肯定为负值；如果 α_{s} 足够大，则为正值。在政治锦标赛的指标中，如果不嵌入环境水平考核因素，相信没有哪个官员会愚蠢到把有限的预算投入到改善环境中去，因为如果这样做，这个官员的晋升可能性则会不断下降。反之，如果在指标设定过程中提高环境水平的考核比重，那么这个官员通过改善环境能够获取晋升的机会则会提高。此外，在既定的比重中，改善环境能力相对较强的官员(γ^{f}/γ^{g} 越小)通过改善环境，则更容易实现晋升。

最后，由于 $P_{sij}(b_{si}^{f},b_{si}^{g},b_{sj}^{f},b_{sj}^{g})\in[0,1]$，关于其变化可作出如下假设：

假设 2：$\dfrac{\partial P_{sij}(b_{si}^{g};b_{sj}^{g})}{\partial b_{si}^{g}}$最大也不会超过 1。也就是说，

$$\left|\frac{\delta'_s \varepsilon_s}{(\delta_s+\varepsilon_s)^2}\right| \leqslant 1 \tag{7}$$

三、政治锦标赛

本部分将对两轮竞赛中官员为了改善环境而投入的预算金额是如何决定的加以分析。这里所指的官员是地方政府的政策决定者，在进行政策决定的过程中，并不是按照一般所指的将 GDP 水平减去环境损失后的所得进行最大化的原则，而是根据自身的晋升以及能够获取的经济利益来行动的。另外，本部分还假设上级政府官员与下级政府官员的薪金不存在差距，即 $W=W_1=W_2=W_3$。

(一)第二回合竞赛

在第二回合竞赛过程中，经济主体 i 面临的选择是，实现晋升后获取的经济利益与没有实现晋升时获取的经济利益的期待值最大化，从而最终决定到底会从预算中拿出多少资金用来改善环境。

$$\prod\nolimits_2(i,j)=\max_{b_{2i}^g\in[0,1]}[P_{2ij}(b_{2i}^g;b_{2j}^g)(W+\overline{R}+(1-P_{2ij})(b_{2i}^g;b_{2j}^g))(W+\gamma^r R(1-b_{2i}^g))] \tag{8}$$

环境政策的投入额与晋升概率将直接影响无法晋升时获取的经济利益。最优解的一阶条件如下：

$$b_{2i}^{g*}=0,\quad \frac{\partial P_{2ij}(b_{2i}^g;b_{2j}^g)}{\partial b_{2i}^g}\cdot(\overline{R}-\gamma^r R(1-b_{2i}^g))-(1-P_{2ij}(b_{2i}^g;b_{2j}^g))\cdot\gamma^r R'<0 \tag{9}$$

$$b_{2i}^{g*}\in(0,1),\quad \frac{\partial P_{2ij}(b_{2i}^g;b_{2j}^g)}{\partial b_{2i}^g}\cdot(\overline{R}-\gamma^r R(1-b_{2i}^g))-(1-P_{2ij}(b_{2i}^g;b_{2j}^g))\cdot\gamma^r R'=0 \tag{10}$$

$$b_{2i}^{g*}=1,\quad \frac{\partial P_{2ij}(b_{2i}^g;b_{2j}^g)}{\partial b_{2i}^g}\cdot(\overline{R}-\gamma^r R(1-b_{2i}^g))-(1-P_{2ij}(b_{2i}^g;b_{2j}^g))\cdot\gamma^r R'>0 \tag{11}$$

(9)式、(10)式和(11)式左边分别使用 δ_s 和 ε_s 加以整理可以得到：

$$F_i\equiv\zeta_2\cdot(\overline{R}-\gamma^r R(1-b_{2i}^g))-\gamma^r R' \tag{12}$$

$\zeta_s=\dfrac{\delta'_s}{(\delta_s+\varepsilon_s)}$。官员 i 将面临的问题与其竞争对手——官员 j 相同，因此经济主体 j 的最优解的条件也将根据(13)式的符号而变动。

$$F_j\equiv\theta_2\cdot(\overline{R}-\gamma^r R(1-b_{2j}^g))-\gamma^r R' \tag{13}$$

$\theta_s=\dfrac{\varepsilon'_s}{(\varepsilon_s+\delta_s)}$。$\alpha=0$ 的时候，ζ_2 和 θ_2 均为负值，$b_{2i}^{g*}=b_{2j}^{g*}=0$。因此，官员不把资金用于环境改善将成为其支配战略。相反，由于(14)式中显示：

$$\frac{\partial\zeta_s}{\partial\alpha_2}=\frac{\gamma^f\gamma^g}{(\delta_s+\varepsilon_s)^2}[(F(b_{si}^g)+F(b_{sj}^g))G'+F'(G(b_{si}^g)+G(b_{sj}^g))]>0 \tag{14}$$

随着 α_2 的增加，ζ_2 也将随之增加(θ_2 也相同)。由于 ζ_2 和 θ_2 均为正值，(12)式与(13)式正好等于零时，其解将成为内点解。最后考虑一下如果 α_2 的值足够大时将会出现什么情况。α_2 的增加，意味着如果地方官员在环境上投入更多，将拉高其晋升的概率，根据假设 2 可以看到，其大小不会超过 1。根据 ζ_2 的定义和(7)式可以得到：

$$\zeta_2=\frac{\varepsilon_s'}{\varepsilon_s+\delta_s}\leqslant\frac{\varepsilon_s+\delta_2}{\varepsilon_s} \tag{15}$$

即使 α_2 的值够大，ζ_2 的值也会被抑制在(15)式右边范围内。因此如果 $\overline{R}-\gamma^r R(1-b_{2i}^g)$ 不够大，那么(12)式并不一定会成为正值(经济主体 j 也是如此)。

引理 1：$\alpha=0$ 时，端点 $b_{2i}^g=b_{2j}^g=0$ 将支配官员行为。此外，α 和 $\overline{R}$ 都足够大的时候 $b_{2i}^g=b_{2j}^g=1$ 将支配官员行为。

接着来看一下内点解。对(12)式进行全微分后并加以整理可得：

$$\frac{\partial b_{2i}^g}{\partial b_{2j}^g}=-\frac{\partial F_i/\partial b_{2j}^g}{\partial F_i/\partial b_{2i}^g}<0 \tag{16}$$

另外，

$$\frac{\partial b_{2i}^g}{\partial b_{2j}^g}=-\frac{\partial F_i/\partial b_j^g}{\partial F_i/\partial b_i^g}>1 \tag{17}$$

由于，

$$\frac{\partial F_i}{\partial b_{2j}^g}-\frac{\partial F_i}{\partial b_{2i}^g}=\frac{\partial\dfrac{\delta_s'}{(\delta_s+\varepsilon_s)}}{\partial b_{sj}^g}(\overline{R}-\gamma^r R(1-b_{2i}^g))$$

$$=\left[\frac{\delta_s''\cdot(\delta_s+\varepsilon_s)}{(\delta_s+\varepsilon_s)^2}\right]\cdot(\overline{R}-\gamma^r R(1-b_{2i}^g))-\gamma^r R'' \tag{18}$$

$$=\left(\frac{\partial\dfrac{\delta_s'}{(\delta_s+\varepsilon_s)}}{\partial b_{sj}^g}-\frac{\delta_s''\cdot(\delta_s+\varepsilon_s)}{(\delta_s+\varepsilon_s)^2}\right)\cdot(R-\gamma^r R(1-b_{2i}^g))-\gamma^r R'' \tag{19}$$

$$=\left(\frac{\delta_s'\varepsilon_s'-\delta_s''(\delta_s+\varepsilon_s)}{(\delta_s+\varepsilon_s)^2}\right)\cdot(\overline{R}-\gamma^r R(1-b_{2i}^g))-\gamma^r R''>0 \tag{20}$$

因此，根据(12)式和(13)式纳什均衡只存在$(b_{2i}^{gN},b_{2j}^{gN})$。在这里，只考虑对称的纳什均衡$(b_2^{gN},b_2^{gN})$，$b_2^{gN}=b_{2i}^{gN}=b_{2j}^{gN}$。各个参数(在这里只考虑 α_2 和 $\overline{R}$)和 b_2^{gN} 的关系将可以通过以下补充来加以整理。

引理 2：在第二回合的选拔中，$b_2^{gN}\in(0,1)$的时候，可得出$\dfrac{\partial b_2^{gN}}{\partial\alpha_2}>0$ 和$\dfrac{\partial b_2^{gN}}{\partial\overline{R}_2}>0$。也就是说，环境指标的比重大，或者选拔后的追加酬金大，官员将从预算中拿出更多的资金投入到改善环境中去。

在决定 b_2^{gN} 的过程中，第一回合的选拔不会产生任何影响。因此，第二回合的选拔和第一回合的选拔可以分开考虑。与此同时，$\Pi_2(i,j)$的大小则会受到第一回合选拔中官员的决策影响。因此，为了后面的分析，需要考虑各个参数(α_2 和 $\overline{R}$)以及$\Pi_2(i,j)$之间的关系。纳什均衡(b_2^{gN},b_2^{gN})中晋升概率可以表示如下：

$$P_{2ij}(b_2^{gN};b_2^{gN})=\frac{\gamma^f F(1-b_2^{gN})+\alpha_s\gamma^g G(b_2^{gN})}{\{\gamma^f F(1-b_2^{gN})+\alpha_s\gamma^g G(b_2^{gN})\}+\{\gamma^f F(1-b_2^{gN})+\alpha_s\gamma^g G(b_n^{gN})\}}=\frac{1}{2} \tag{21}$$

α_2 和 $\overline{R}$ 的大小为 50%。同时，既定的 α_2 和 $\overline{R}$ 在纳什均衡中，官员可以获取的经济利益为：

$$\prod_2^N(\alpha_2,\overline{R})=W+\frac{1}{2}(\overline{R}+\gamma^r R(1-b_2^{gN})) \tag{22}$$

根据引理 2，可以得到：

$$\frac{\partial\prod_2^N(\alpha_2,\overline{R})}{\partial\alpha_2}=\frac{\partial\prod_2^N(\alpha,\overline{R})}{\partial b_2^{gN}}\frac{\partial b_2^{gN}}{\partial\alpha_2}<0 \tag{23}$$

$$\frac{\partial\prod_2^N(\alpha_2,\overline{R})}{\partial\overline{R}}=\frac{1}{2}+\frac{\partial\prod_2^N(\alpha,\overline{R})}{\partial b_2^{gN}}\frac{\partial b_2^{gN}}{\partial\overline{R}}=\frac{1}{2}\left(1-\gamma^r R'\frac{\partial b_2^{gN}}{\partial\overline{R}}\right) \tag{24}$$

从中可以看出，α_2 的增加会导致 $\prod_2^N(\alpha_2,\overline{R})$ 的减少。此外，$\overline{R}$ 会根据 $1-\gamma^r R'\frac{\partial b_2^{gN}}{\partial R}$ 的大小而增加或者减少。但是，如果观察(22)式右边第二项就可以发现，一方面，$\overline{R}$ 可以为任意大的正数，但另一方面，$\gamma^r R(1-b_2^{gN})$ 随着 $\overline{R}$ 的增加而减少，并且在 $\gamma^r R(0)=0$ 时为最小值。因此，$\overline{R}$ 的增加如果足够大的话，$\prod_2^N(\alpha_2,\overline{R})$ 也将随之增加。

接着再考虑当官员放弃晋升后改善环境的投入为零的情况。这个时候的官员所获取的经济利益如果设定为 $\prod_2^D$，

$$\prod_2^D=W+\gamma^r R(1) \tag{25}$$

如果 α_2 的增加导致 $\prod_2^N(\alpha_2,\overline{R})$ 减少，但是只要不低于(25)式的水平，那么官员还会继续扩大改善环境的投入。但是，如果出现低于(25)式的水平，官员则会放弃晋升，而选择 $b_2^{gD}=0$（如果要提升晋升概率，那么晋升失败后的利益将随之减少）。在这里，对于 $\bar{\alpha}_2$ 作如下定义：

$$\bar{\alpha}_2:=\left\{\alpha_2\,|\,W+\frac{1}{2}(\overline{R}+\gamma^r R(1-b_2^{gN}))=W+\gamma^r R(1)\right\} \tag{26}$$

在 $\bar{\alpha}$ 点上，为了晋升选择 $b_2^{gN}>0$ 与放弃晋升($b_2^{gD}=0$)不存在差异。由此可得，在第二回合的选拔中，官员所能获取的均衡利益根据 α 的大小可以整理为：

$$\prod_2^*=\begin{cases}\alpha_2\leqslant\bar{\alpha}_2\rightarrow\prod_2^N\\ \alpha_2>\bar{\alpha}_2\rightarrow\prod_2^D\end{cases} \tag{27}$$

命题 1：第二回合的选拔，如果 $b_2^{gN}\in(0,1)$，$\prod_2^N(\alpha_2,\overline{R})<\prod_2^D$，考虑到官员脱离纳什均衡，这时候

$$\frac{\partial b_2^{gN}}{\partial\alpha_2}\begin{cases}>0 & \text{if} \quad \alpha\leqslant\bar{\alpha}\\ =0 & \text{if} \quad \text{otherwise}\end{cases}$$

$$\frac{\partial\prod_2^N(\alpha_2,\overline{R})}{\partial\alpha_2}\begin{cases}<0 & \text{if} \quad \alpha\leqslant\bar{\alpha}\\ =0 & \text{if} \quad \text{otherwise}\end{cases}$$

$$\lim_{R\to\infty}\left(\frac{\partial\prod_2^N(\alpha_2,\overline{R})}{\partial\overline{R}}\right)>0$$

成立。特别是 $\alpha>\bar{\alpha}$ 的时候，$\prod_2^N(\alpha_2,\overline{R})<\prod_2^D$。

也就是说，只要不超过 $\bar{\alpha}$，环境水平比重的增加会推动环境水平的改善，同时减少官员

的经济利益。但是，当超过 $\bar{\alpha}$ 的时候，环境水平将迎来最低值。与此同时，$\overline{R}$（如果足够大）和 b_2^{gN} 以及 $\Pi_2^N(\alpha_2,\overline{R})$同时增加，从命题 1 中可以得到如下的推论：

推论 1：设置 $\bar{b}_2^g=b_2^{gN}|_{\alpha=\bar{\alpha}}$，$\overline{G}_2=G(b_2^{gN})|_{\alpha=\bar{\alpha}}$。当 b_2^{gO} 时，环境水平 $\overline{G}_2$ 为最大值。

在这里，由于没有考虑社会福利的大小，因此无法判断当 $G(\cdot)$取最大值时是不是能够达到社会预期。在此假设社会最佳环境水平为 G_2^O，而改善环境的投入为 b_2^{gO}。这个时候政治锦标赛中调整环境水平比重的环境政策可以整理为推论 2。

推论 2：社会期待的最佳环境水平为 G_2^O，$G_2^O\in[0,\overline{G}_2]$的时候，如果能够适宜地设置环境水平的比重，则 G_2^O 是可以实现的。但是，如果 $G_2^O\in(\overline{G}_2,\infty]$，即使调整环境水平的比重，也无法实现 G_2^O。

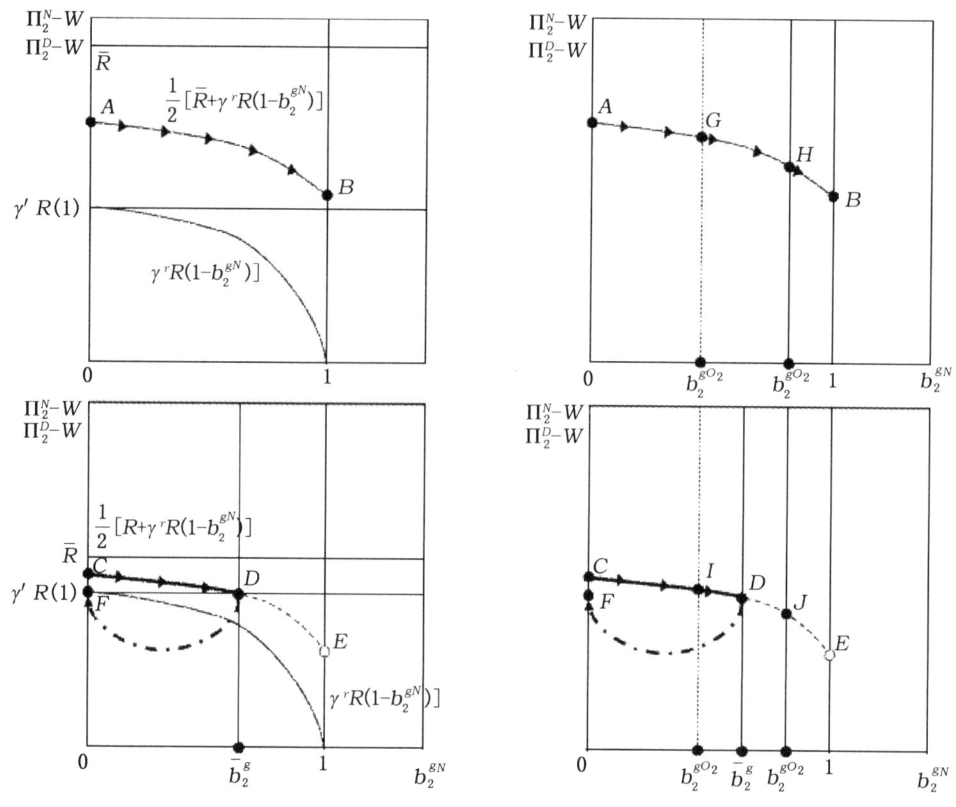

图 1 $\bar{\alpha}$ 的增加引起的均衡利益的变化

如图 1 所示，当 α 增加的时候，第二回合的选拔中官员的期待利益会出现怎样的变化。图中纵轴表示的是期待利益（由于假设 W 不变，不会给分析带来影响，因此事先将其去除），横轴表示的是改善环境的资金投入。上下两个图中 $\overline{R}$ 的大小不同。

首先考虑 $\alpha_2=0$，这个时候经济主体在改善环境上不投入资金，因此其期待利益分别为 A 点和 C 点。随着 α_2 的增加，投入改善环境的资金不断扩大，期待利益则沿着 AB 和

CD 减少(图 1 左上)。但是,当 $\overline{R}$ 低于 $2\gamma^r R(1)$时,期待利益减少至 D 点,α_2 继续上升,由于$\prod_2^D > \prod_2^N(\alpha,\overline{R})$,官员将放弃晋升而跳回至 F 点(图 1 左下)。

这个时候社会期待改善环境的投入额为 b_2^{O1},假设 $b_2^{O1} < \overline{b}_2^g < b_2^{O2}$。如果 $\overline{R}$ 足够大,只要适宜地调整 α_2,即可以让官员投入资金来达到期待的环境水平(图 1 右上)。然而,当 $\overline{R}$ 低于 $2\gamma^r R(1)$,期待的环境水平为 b_2^{O1} 的时候,可以通过调整 α_2 来实现。当期待的环境水平为 b_2^{O2} 的时候,不管 α_2 多大,也无法让官员选择 b_2^{O1}。相反,如果 α_2 过大的话,官员反而会选择 b_2^{gD},从而导致环境水平进一步恶化到最低水平(图 1 右下)。

(二)第一回合选拔

关于第一回合的选拔问题,如果晋升可获取的利益为$\prod_2^*$,除去预算 $B<1$ 之外,与第二回合的选拔基本保持一致。但是,这个$\prod_2^*$ 会根据第二回合选拔中的各个参数变化。第一回合选拔中,官员将面临的问题可以归纳如下:

$$\prod_1(i,j) = \max_{b_{1i}^g \in [0,1]} \{P_{1ij}(b_{1i}^g; b_{1j}^g)\prod_2^* + (1 - P_{1ij}(b_{1i}^g; b_{1j}^g))(W + \gamma^r R(B - b_{1i}^g))\} \quad (28)$$

与第二回合选拔一样,内点解也仅仅考虑对称的纳什均衡(b_1^{gN}, b_1^{gN})。而且这里晋升概率也与各个参数无关,设定为 50%。这个时候,官员的期待利益为:

$$\prod_1^N(\alpha_1, \prod_2^*) = \frac{1}{2}(\prod_2^* + W + \gamma^r R(B - b_1^{gN})) \quad (29)$$

在第一回合选拔中,官员放弃晋升时可获取的利益设为$\prod_1^D$,

$$\prod_1^D = W + \gamma^r R(B) \quad (30)$$

此外,放弃晋升和为了晋升而选择 $b_1^{gN} > 0$ 时,无差别的 α_1 的水平可以定义如下:

$$\overline{\alpha}_1 := \left\{\alpha_1 \,\middle|\, \frac{1}{2}(\prod_2^* + w + \gamma^r R(B - b_1^{gN})) = W + \gamma^r R(B)\right\} \quad (31)$$

如上所示,经济主体的利益可总结为:

$$\prod_1^* = \begin{cases} \alpha_1 \leqslant \overline{\alpha}_1 \to \prod_1^N \\ \alpha_1 > \overline{\alpha}_1 \to \prod_1^D \end{cases} \quad (32)$$

接着再考虑第二回合的选拔中官员不存在放弃晋升的诱因。也就是说,官员的经济利益 α_2 足够大,即使到达 $b_2^g = 1$,也依然会超过$\prod_2^D$。

$$\frac{1}{2}(W + \overline{R} + W + \gamma^r R(0)) > W + \gamma^r R(1) \quad (33)$$

进一步加以整理可得:

$$\overline{R} > 2\gamma^r R(1) \quad (34)$$

这个时候,$\prod_2^*$会随着 α_2 的增加而减少,根据 α_2 的大小,其范围为:

$$\prod_2^* \in \left[W + \frac{\overline{R}}{2}, W + \frac{1}{2}(\overline{R} + \gamma^r R(1))\right] \quad (35)$$

第一回合的选拔中官员不放弃晋升的诱因条件为:

$$\frac{1}{2}(\prod_2^* + W + \gamma^r R(0)) > W + \gamma^r R(B) \quad (36)$$

加以整理后可得到：

$$\Pi_2^* > W + 2\gamma^r R(B) \tag{37}$$

接着对 $\bar{\alpha}_2$ 加以定义：

$$\tilde{\alpha}_2 := \{\alpha_2 \mid \Pi_2^* = W + 2\gamma^r R(B)\} \tag{38}$$

Π_2^*会随着 α_2 的增加而减少，因此，α_2 低于 $\tilde{\alpha}_2$，同时满足(35)式和(37)式，成为第一回合选拔中通过调整 α_1 达到既定环境水平的条件。以上讨论可以整理为以下命题：

命题 2：根据 $\bar{R}$，α_1 和 B 的大小，以下的(a)—(c)将成立。

(a)$2\gamma^r R(B) < \frac{\bar{R}}{2}$的时候，不管 α_2 多大，第一回合的选拔中任意的环境水平可以通过调整 α_1 加以实现。

(b)$2\gamma^r R(B) \in \left[\frac{\bar{R}}{2}, \frac{1}{2}(\bar{R} + \gamma^r R(1))\right]$的时候，如果 $\alpha_2 < \tilde{\alpha}_2$，第一回合的选拔中任意的环境水平可以通过调整 α_1 加以实现。如果 $\alpha_2 \geqslant \tilde{\alpha}_2$，第一回合的选拔中任意的环境水平将不可以通过调整 α_1 加以实现。

(c)$2\gamma^r R(B) > \frac{1}{2}(\bar{R} + \gamma^r R(1))$的时候，不管 α_2 多大，第一回合的选拔中任意的环境水平将不可以通过调整 α_1 加以实现。

在推论 2 中，$\bar{R}$ 足够大到能够满足(34)式时，官员在两回合的选拔中没有放弃晋升的诱因，因此，通过调整 α_2，任意环境水平 G_2^O 可以实现。但是，从命题 2 中可以看出，(34)式并不能保证在第一回合选拔中不存在放弃晋升的诱因。

命题 2 的(b)对于上级政府以及下级政府双方都能够达到期待的环境水平尤为重要。在满足(34)式的时候，要达到 G_2^O 所需的 α_2 设置为 α_2^O。这时 G_2^O 越大，α_2^O 也将随之变大，而相应的期待利益则会随之变小。在下级政府，假设社会期待的环境水平为 G_1^O，相对应的改善环境投入为 b_1^{gO}。要达到 G_1^O 所需的 α_1 设置为 α_1^O。如果 $\alpha_2^O < \tilde{\alpha}_2$，为了让下级政府实现上级政府期待的环境水平，同时在第一回合的选拔过程中不出现放弃晋升的情况，下级政府期待的环境水平可以通过调整 α_1 来实现。但是，如果 $\alpha_2^O > \tilde{\alpha}_2$，为了达到 G_2^O 而设置 α_2^O，则会导致难以实现 G_1^O，而且这种倾向在 G_1^O 越大时越明显。相反，如果要优先实现 G_1^O，第二回合的选拔过程中则需要采用比 α_2^O 要小的 α_2，那么上级政府的 G_2^O 则无法实现。

推论 3：在 $2\gamma^r R(B) \in \left[\frac{\bar{R}}{2}, \frac{1}{2}(\bar{R} + \gamma^r R(1))\right]$的时候，如果 $\alpha_2^O > \tilde{\alpha}_2$ 并且 $\alpha_1^O > \bar{\alpha}_1$，通过调整环境水平的比重 α_1 和 α_2，只能够实现上级政府或者下级政府中一方的期待环境水平，两者相悖。

四、通过财政权管理来回避失败

前一部分对人事权(α 的决定)进行了论述，从中可以发现，仅仅依靠政治锦标赛模式来寻求改善环境存在困难，因而本部分进一步考察作为人事权补充的财政权的作用。

通过调整 α，让第一回合与第二回合双方都能达成任意环境水平的条件为 $\overline{R}>4\gamma^{r}R(B)$ 以及 $\overline{W}>W$ 同时满足。也就是说，要满足这两个条件的最简单的办法就是 $\overline{R}$ 要足够大。然而，在本文中，$\overline{R}$ 指的是官员除正规收入以外的(社会无法容忍的)收入，因此，要让 $\overline{R}$ 足够大是不能满足的。本文将从两个角度来探讨扩大 R 以外的方法：第一，拉大上级政府与下级政府之间 W 的差距；第二，拉大上级政府与下级政府之间的预算差距(也就是说，缩小 B)。

在前面的分析中，我们假设了上级政府与下级政府官员之间 W 是相等的。在此，对于高级别的政府官员收入与低级别的政府官员收入加以区分，即 $\overline{W}>W$。如果充分提高 $\overline{W}$，也可以满足(34)式和(37)式。也就是说，如果能够提高正规的收入，也可以达到提高 $\overline{R}$ 同样的效果。

接着来考察缩小 B 的方式。如果 B 能够满足：

$$\gamma^{r}R(1)>2\gamma^{r}R(B) \tag{39}$$

经济主体在第二回合的选拔中不存在放弃晋升诱因的话，那么在第一回合的选拔中也将不会存在放弃晋升的诱因，就可以缩小作为不让官员放弃晋升诱因条件的 $\overline{R}$ 和 $\overline{W}$。

观察 1：回避人事权管理的失败可以有以下三种方式：

- 提高高级别政府官员追加酬金 $\overline{R}$。
- 减少下级政府的预算 B。
- 拉大各级政府间官员正规的酬金 W 差距。

综观上述三个条件，根据实际情况可以总结如下：首先，第二方案减少下级政府的预算，这和当今的财政体系相吻合。自从 1994 年分税制改革以后，伴随中央集权化的进程，下级政府的预算内收支不平衡问题成为常态。末端的乡镇级别政府预算更是形同虚设，大多数的县级政府也基本只能维持吃饭财政。在预算内，下级政府很大程度上依赖于上级政府给予的补助金来维持支出。因此，本文观察 1 中提示的减少下级政府预算 B 的条件基本得到满足。其次，关于条件 3 中所涉及的拉大各级政府间官员正规的酬金 W 的差距似乎在现实中难以满足。2006 年国务院发布的《公务员工资制度改革方案》显示，虽然各级官员的正规工资存在着一定的差异，但是这个差异并不大。因此，拉大各级政府间官员正规的酬金 W 这一方案似乎不太现实。最后，再看提高高级别政府官员追加酬金方案。虽然随着官员的晋升，官员手中掌握的权力增大，其寻租机会也不断扩大，这也许和至今为止的现状相吻合，但是，扩大官员的寻租机会从而扩大官员追加酬金的方案与当今反腐的潮流是不一致的。

那么，这个提高追加酬金的方案是不是完全不可以实现？主要问题还是在于制度设计的层面上。正如张五常所提及的，中国改革开放以后地方政府官员曾经是推动地方经济发展的主力军，而在当初的制度设计体系中就曾经导入过地方政府官员可以从斡旋投资过程中获取中介费的措施。[5]20 世纪 90 年代在浙江省最先采用的“两保两挂”制度。由于当时县市财政困难，为了解决这一问题，浙江省财政厅翁礼华厅长在转移支付制度中引入了这一措施，将对个人实施奖励的措施嵌入制度中。由于有直接的财政利益，更重要的是有直接的个人利益，所以在改善财政状况方面，县市政府非常重视。这种重视表现在两个方面：一是县市财政改革，这主要是管理方面和制度方面的改革，二是进一步激化了地区间税源竞争。为了激励所有地区财政努力，浙江对所辖县市进行了分类管理，不同财政状况地区实施了不同的办法。那么也就是，说如果可以将 $\overline{R}$ 设计到制度体系之内，那么问题也许就可以迎刃而解了。

五、一票否决制的作用

如果某一地区的环境水平过低，也就是说，当环境水平低于$\underline{G}_2(\underline{b}_2^g)$，$\underline{G}_1(\underline{b}_1^g)$的时候，下级政府官员将面临降级处分，并且此后也无法获取晋升机会。在第二回合的选拔中，官员被降级时所能获取的利益为$\Pi_1^D=W+\gamma^r R(B)$，如果$\Pi_1^D<W+\gamma^r R(1)=\Pi_2^D$，他所能得到的利益将低于导入一票否决制前所获取的利益。假设官员在第一回合的选拔中降级，官员只能获得满足于 $W+\underline{R}<W+\gamma^r R(B)=\Pi_1^D$ 的 $\underline{R}$。因此，在导入一票否决制后，官员的利益可以作以下修改：

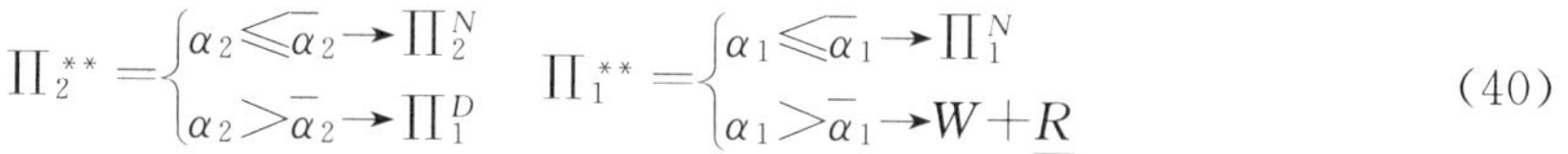

$$\Pi_2^{**}=\begin{cases}\alpha_2\leqslant\bar{\alpha}_2\rightarrow\Pi_2^N\\ \alpha_2>\bar{\alpha}_2\rightarrow\Pi_1^D\end{cases}\quad \Pi_1^{**}=\begin{cases}\alpha_1\leqslant\bar{\alpha}_1\rightarrow\Pi_1^N\\ \alpha_1>\bar{\alpha}_1\rightarrow W+\underline{R}\end{cases}\tag{40}$$

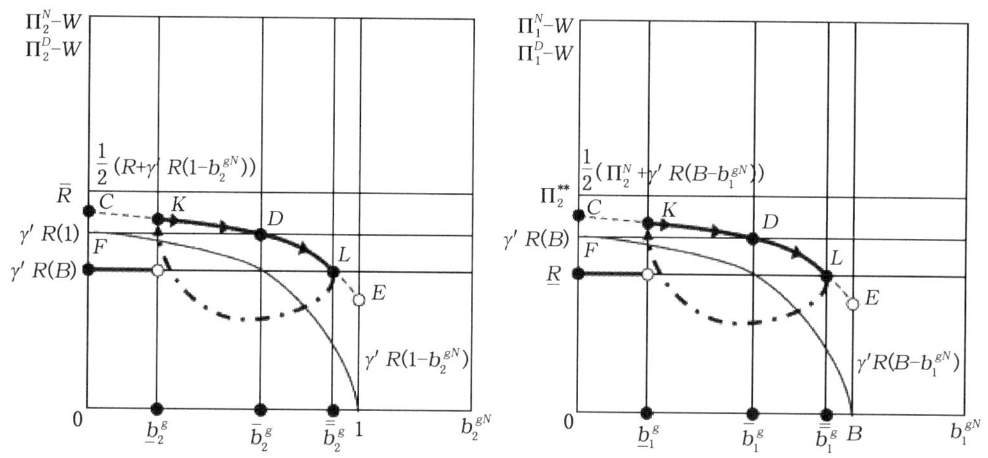

图 2 一票否决制导入后的均衡利益

图 2 表示的是一票否决制导入后，随着 α 的增加，官员均衡利益将如何变化。左图为第二回合选拔，右图为第一回合选拔（由于整体结构相同，因此使用相同的符号）。首先考虑第二回合的选拔。唯一与图 1 不同之处在于 $b_2^g\in(0,\underline{b}_2^g)$的利益在左图中表示为$\Pi_1^D=\gamma^r R(B)$。这时，$\alpha$ 足够大，如果选择 $b_2^g=0$，官员由于被降级，其利益也将从Π_2^D 变为Π_1^D。因此，不管 α 有多大，官员也不会选择低于$\underline{b}_2^g$ 的改善环境投入。

一票否决制的导入，并不仅仅是为了保证$\underline{b}_2^g$ 这一最低改善环境投入。在导入一票否决制前的图 1 中，随着 α 的增加，超过 D 点后存在着放弃晋升的诱因。在导入一票否决制后，一直到 L 点都不会存在放弃晋升的诱因（因为放弃晋升将减少官员的个人利益）。这个时候，通过调整 α 可以实现的环境投入的幅度也将从$\bar{b}_2^g$ 上升至$\bar{\bar{b}}_2^g$。也就是说，人事权的管理能力也将随之上升。从这个角度来看，政治锦标赛模式中规则的设定也是非常重要的。如上所述，第一回合的选拔也可以得出同样的结论。

观察 2：通过导入一票否决制，即使地方官员放弃晋升，也可以保证一定的改善环境的投入。因此，可以说，一票否决制是改善环境的一种保障措施。同时，一票否决制也能够进一步加大通过人事权对改善环境管理的有效性。

六、结语

本研究的着眼点在于通过经济理论分析来验证上级政府通过人事权和财政权对下级政府加以管理，从而实现改善环境水平目标的可能性。

从推论 2 和命题 2 中可以观察到，仅仅依靠调整环境水平比重无法实现目标环境水平。推论 3 详细论述了上级政府的环境调整比重与下级政府实现环境水平的目标存在相悖。把政策决定者作为锦标赛的参加者并对其行为加以考察，如上结果是本研究发现的一个重要内容，同时也说明了在锦标赛模式的各个选拔过程中要给予参赛者适宜的政策诱因是非常困难的。人事权的管理有可能出现失败，因此，在人事权管理以外需要搭配上财政权的管理，通过调整官员的报酬和预算规模来寻求回避。这个分析与徐一睿[3]所提示的人事权和财政权的双重管理体制相一致。

与此同时，本研究的分析过程中依然存在着许多问题，这些问题需要在今后进一步深入研究。首先，本研究的研究对象为相同性质的经济主体（官员），在经济政策、环境政策、获取追加酬金的能力等方面，官员之间存在着差异，把这些差异具体化并加以分析后，分析结果会发生什么样的变化？在本文的基础上导入非对称纳什均衡分析，应该可以得到更加切合实际的分析结果。

此外，本研究过程中，关于第一回合的选拔，上级政府的政策比重统一设置为 α_1。但是，在现实情况下，如果 $\alpha_{1A} \neq \alpha_{1B}$，第一回合选拔中具体政策比重也会不同（如沿海地区和内陆地区的政策优先事项不同）。这和其他的锦标赛模式存在巨大差异。在不同选拔标准下晋升上来的官员们，在下一轮的晋升竞赛中又将面临新一轮的选拔标准。因此，需要区别处理后与本研究的结果加以对照，这样可以得出更接近于现实的分析结果。

最后，本研究过程没有考虑经济政策与环境政策效果的不确定性因素。本文的假设是，只要根据预算决定投入，即可获得一定的改善效果。但是在现实中，政策的效果存在着不确定因素，而且不同政策的不确定性也不相同。这个不确定性对于选拔制度中预算分配以及什么时候放弃晋升存在着巨大的影响。因此，需要在留意政策决定者对于风险的喜好的同时，谨慎地将本文的分析进一步扩展。

附录：引理 2 的证明

首先，关于 α_2 的静态数列可表示为：

$$\begin{bmatrix} \dfrac{\partial F_i}{\partial b_{si}^{g}} & \dfrac{\partial F_i}{\partial b_{sj}^{g}} \\ \dfrac{\partial F_j}{\partial b_{si}^{g}} & \dfrac{\partial F_j}{\partial b_{sj}^{g}} \end{bmatrix} \begin{bmatrix} \dfrac{\partial b_2^{gN}}{\partial \alpha^2} \\ \dfrac{\partial b_2^{gN}}{\partial \alpha_2} \end{bmatrix} = \begin{bmatrix} -\dfrac{\partial F_i}{\partial \alpha_2} \\ -\dfrac{\partial F_j}{\partial \alpha_2} \end{bmatrix} \tag{41}$$

此时，根据克拉默法则(Cramer's Rule)可以得到：

$$\operatorname{sgn}\left(\frac{b_2^{gN}}{\alpha_2}\right)=\operatorname{sgn}\left(\det\left|\begin{matrix}-\frac{\partial F_i}{\partial\alpha_2} & \frac{\partial F_i}{\partial b_{sj}^g}\\ -\frac{\partial F_j}{\partial\alpha_2} & \frac{\partial F_j}{\partial b_{sj}^g}\end{matrix}\right|\right)=\operatorname{sgn}\left(\frac{\partial F_i}{\partial b_{sj}^g}\cdot\frac{\partial F_j}{\partial\alpha_2}-\frac{\partial F_i}{\partial\alpha_2}\cdot\frac{\partial F_j}{\partial b_{sj}^g}\right) \tag{42}$$

由于经济主体(官员)的资质假设为相同，可得到：

$$\frac{\partial F_i}{\partial b_{sj}^g}\cdot\frac{\partial F_j}{\partial\alpha_2}-\frac{\partial F_i}{\partial\alpha_2}\cdot\frac{\partial F_j}{\partial b_{sj}^g}=\frac{\partial F_i}{\partial\alpha_2}\left(\frac{\partial F_i}{\partial b_{sj}^g}-\frac{\partial F_j}{\partial b_{sj}^g}\right)=\frac{\partial F_i}{\partial\alpha_2}\left(\frac{\partial F_i}{\partial b_{sj}^g}-\frac{\partial F_J}{\partial b_{sj}^g}\right)>0 \tag{43}$$

因为

$$\frac{\partial F_j}{\partial b_{si}^g}-\frac{\partial F_i}{\partial b_{si}^g}=\frac{\delta_s''\cdot(\delta_s+\varepsilon_s)-(\delta_s')^2}{(\delta_s+\varepsilon_s)}(\overline{R}-\gamma^r R(1-b_{2j}^g))$$

$$-\left[\frac{\delta_s''\cdot(\delta_s+\varepsilon_s)}{(\delta_s+\varepsilon_s)^2}\right]\cdot(\overline{R}-\gamma^r R(1-b_{2j()}^g))-\gamma^r R'' \tag{44}$$

$$=(\overline{R}-\gamma^r R(1-b_2^{g*}))\frac{-(\delta_s')^2}{(\delta_s+\varepsilon_s)^2}+\gamma^r R'' \tag{45}$$

$$=\gamma^r(\zeta R'-\gamma^r R'')>0 \tag{46}$$

同样，关于 $\overline{R}$

$$\operatorname{sgn}\left(\frac{b_2^{gN}}{\overline{R}}\right)=\operatorname{sgn}\left(\det\left|\begin{matrix}-\frac{\partial F_i}{\partial\overline{R}} & \frac{\partial F_i}{\partial b_{sj}^g}\\ -\frac{\partial F_j}{\partial\overline{R}} & \frac{\partial F_j}{\partial b_{sj}^g}\end{matrix}\right|\right)=\operatorname{sgn}\left(\frac{\partial F_i}{\partial b_{sj}^g}\cdot\frac{\partial F_j}{\partial\overline{R}}\cdot\frac{\partial F_i}{\partial\overline{R}}\cdot\frac{\partial F_j}{\partial b_{sj}^g}\right) \tag{47}$$

因此，可得到：

$$\operatorname{sgn}\left(\frac{b_{2i}^{gN}}{\overline{R}}\right)=\operatorname{sgn}\left(\frac{b_{2i}^{gN}}{\alpha_2}\right) \tag{48}$$

参考文献：

[1]周黎安. 转型中的地方政府官员激励与治理[M]. 格致出版社，2008.

[2]Li H，Zhou L. Political turnover and economic performance：the incentive role of personnel control in China[J]. *Journal of Public Economics*，2005，89：1743—1762.

[3]徐一睿.「先富」から「共富」への移行段階における地方統制と財政移転[J]. 地方财政，2012，51(5)：259—267.

[4]Rosen S. Prizes and Incentives in Elimination Tournaments[J]. *The American Economic Review*，，1986，76(4)：701—715.

[5]张五常. 中国的经济制度[M]. 中信出版社，2009.

环境污染治理下的“工、商、住”共存
——日本川崎地区产业升级与转型的案例*

长田麻子**

摘　要： 本文介绍了日本川崎临海地区在治理环境污染、实施产业转型的过程中如何通过产业升级而实现“工、商、住”共存的几个案例。其中，重点介绍了两类案例：一是企业自身通过技术研发进行产业升级；二是将原来的工业用地转型为商住用地。这些案例说明在环境治理过程中，为了防止经济萧条，不应该轻易放弃制造业；同时也说明，在转型过程中，发挥民间主体力量相当重要。

关键词： 环境保护　川崎临海地区　产业转型　工商住共存

作为一个后来居上的发达国家，日本在经济高速增长时期也经历了严重的污染时期。20世纪50年代，处于制造业快速发展中的日本企业，不仅自身规模扩张迅速，同时也给各地方财政带来了丰厚的财源。然而，由工业生产所带来的环境污染得不到及时有效的治理，公害问题日益严重。例如，当时著名的钢铁聚集地北九州市因整日被浓烟笼罩而被称为“煤烟城市”。本文将要介绍的川崎市也曾因工业污染出现严重的植被枯黄现象，成为恶名在外的“哮喘之街”。但是，从20世纪60年代末开始，在各地民众蓬勃开展的反公害运动的压力下，日本地方政府开始逐步制定并实施各种反公害条例，企业因而进行了大规模的产业升级与转型。与欧美一些国家将制造业进行剥离的“脱工业化”不同，日本的产业转型很多是通过产业升级而形成“工、商、住”共存的局面，以此来解决产业空洞化而造成的经济萧条问题。本文选取的川崎市就是这样一个典型案例。

一、川崎市及本文案例背景的概况

（一）川崎市和京滨临海地区

川崎市是日本47个都道府县之一——神奈川县东北部的政令指定城市①，面积有142.70平方公里，为政令指定城市中面积最小，但拥有142万人口的大城市。川崎市属于首都圈的一部分，与东京都邻接，也肩负着日本经济发展的主翼功能。日本从1955年开始经济高速增长，钢铁、石油等重工业成为当时重要的支撑产业，主要分布在京滨、阪神、

---

* 本文为2013年提交的MPA学位论文的一部分。

** 作者简介：长田麻子，上海财经大学公共经济与管理学院留学生，2011级MPA学生。

① 人口50万以上的城市被指定为政令指定都市。

名古屋和北九州四大工业地带。神奈川县川崎市属于京滨工业地带。

京滨工业地带是日本最大的工业地带。工业地带环东京湾分布，除了神奈川县以外，还有东京都、崎玉县、千叶县，工厂数和工人数以及生产额都排在全国首位。东京湾沿岸自明治时代以后就开始填海造地。大规模的火电站、钢铁厂、炼油所、煤气厂、造船厂以及污水处理厂、垃圾焚烧场等城市基础设施集聚于此。[1]

东京湾的流域面积达到 9 260 平方公里，约占国土面积的 2%，流域人口2 900万，占全国人口12 000万的约 23%，制造业产值达426 000亿日元[2]，占首都圈总产值的约二成。京滨工业地带的范围是以千叶县富津市到神奈川县横须贺市为止的填海造地地区。在京滨工业地带中，约4 200公顷的京滨临海地区①肩负着核心作用。本文案例所涉区域是工厂集中的神奈川县川崎市的川崎临海地区以及川崎市的 JR 川崎车站，如图 1 所示。

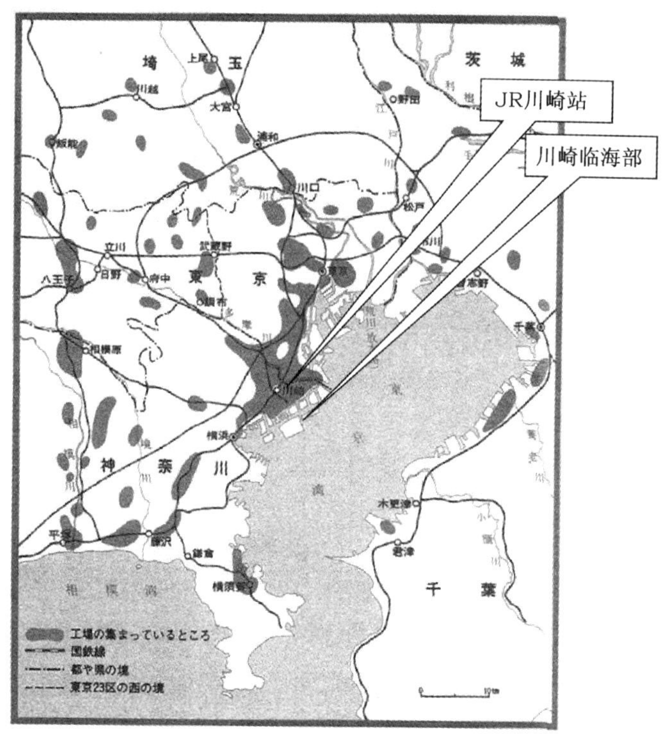

图 1　京滨工业地带与川崎临海地区[3]

（二）川崎临海地区填海造地与工业化

川崎市是日本代表性的工业城市，临海地区的钢铁、化学、石油、造船、机电等产业聚集，进而形成了巨大的重工业聚集地。与日本首都的东京都 23 区（以下称为东京 23 区）比较，尽管面积只有其 1/4，人口也只占 15%，但制造业的产值却占东京 23 区的 85%，这足以说明制造业在此的规模是巨大的。

川崎临海地区填海造地始于明治时代的 1900 年。到了 1910 年，鹤见埋筑株式会社为

① 川崎市川崎区和横浜市鹤见区的产业道路以南的地区。

了取得工厂用地权，开发了150万坪(495万平米)的填海造地，完工之后销售给旭玻璃、浅野造船厂、石川岛造船厂、日本钢管等大企业。值得关注的是，当时的填海造地是以民间即地主为开发主体的。这意味着在地方政府城市规划之前，最早治理城市的基础是地主。川崎市的人口从1920年的85 189人剧增到1930年的148 165人。随着川崎市的城市化、工业化加速显著，直至1934年，市政府才开始进行土地用途管制和城市规划[4]。

1946年，日本政府制定了《战后复兴都市计划》。之后，1952年，以神奈川县发布的《川崎临海工业地带综合计划》为开端，填海造陆工程开始建设，同时推动公路、自来水、电、住宅等大规模的城市建设。[5]此后，川崎迎来了经济高速增长期，填海造陆的土地上频频出现石油化学联合企业，临海地区作为大规模工厂的聚集地，构成支撑日本经济发展的一翼，同时还承担了4 200公顷的京滨工业地带中心的作用。

(三)环境保护与工业化发展

第二次世界大战后的川崎临海地区，随着工业用水、港湾、铁路等的社会资本的建设进展，在千鸟町、浮岛町出现了巨大的石油联合企业，林立着具有代表性的石油化学、钢铁、汽车制造、家电制造等各种企业。随着产业的聚集以及生产规模的扩大，川崎临海地区的环境污染现象日益严重。但是，当时的企业为了经济利益，不断追求规模的扩大而忽视伴随工业化出现的公害问题以及对居民健康的影响。在20世纪五六十年代，不仅仅川崎地区，几乎整个日本都存在着重工业、轻污染的状况。众所周知的“四大公害病”①正是发生在这一时期。20世纪60—70年代，交通堵塞、公共污染问题越来越严重，川崎被称为“哮喘之街”。

环境污染严重地威胁到了居民的健康，由此引发了全国各地多起公害抗议游行。20世纪60—70年代各地发生的公害抗议活动迫使日本制造业寻求转机。对川崎市来说，公害抗议活动也成为一个划时代的大事。当时川崎市虽然在市财政上对工业部门的依靠度很强，但市政府还是选择了听取居民要求的行动，将环保“危机”转化为了产业转型的“契机”。20世纪60年代，在川崎市煤烟散发严重的工厂地带引发多次激烈的公害抗议活动之后，当时的市长飞鸟田一雄制定了全国最严厉的污染控制条例。虽然该条例遭到京滨临海地区生产企业的强烈反感，但由于强力推行，则反过来成为生产企业拼命努力的起点。居民、政府部门、企业形成共同体，专心致力解决大气和水质污染问题，1975年以后，公害问题明显被改善了。

在美国匹茨堡市和德国的鲁尔地区，也曾经历过上述同样的阵痛时期，但这两个地区在治理环境的过程中，以逐步脱离工业化的转型方式来实现环境保护的目的。川崎工业区虽然也出现钢铁厂萎缩、汽车制造厂撤退等情况，但是，作为以钢铁、有色金属、化学、石油产业等为核心的川崎临海地区的产业布局依然不变。它通过企业自身的内在转型，并带动相关产业的升级，将过去的原材料型产业和能源产业不断地转换为新材料和高功能材料或新能源的开发产业。正是企业自身的转变，避免了像日本有些地方所出现的因环境保护而导致的产业空洞化，反而形成了具有世界竞争力的环保技术中心。目前川崎临

① “四大公害病”是指水俣病、第二水俣病、痛痛病和四日市哮喘。

海地区有三个聚集趋势,《川崎都市白书》如下指出:"第一是在原有企业基础上的新产业开发,第二是新能源、洁净能源发电产业的兴起,第三是与新能源相关部件产业的集聚。"[6]

二、两类典型案例

如上所述,川崎临海地区作为京滨临海地区的中心角色,石油化学联合企业、电力、煤气、造船、重机、汽车、物流产业等的布局比较集中。过去这些都是高能耗、重污染的企业。随着人们环保意识和要求的增强,这些产业也逐渐变成问题产业。但是,这些产业向外转移则又引起这个地区经济活力的下降,从而引起失业等其他社会问题。如何处理好两者间的关系,在这方面,川崎市的几个案例也许能够提供一个很好的思考角度。

(一) 产业转型不是由第二产业向第三产业的转换,而是向技术创新型制造业的转换,对工业发展模式进行转型

1. 味之素的案例

味之素是一个众所周知的世界名牌企业,它诞生于昭和前期,是川崎临海地区历史较长的厂家之一。它原先只是生产味精等调味品的企业,但它一方面生产日常生活不可缺少的味精等一般食品调味料,另一方面利用其既有的氨基酸生产线与调味料生产线,为食品、化妆品、医药品厂商提供所必需的氨基酸和活用氨基酸技术。同时,还把氨基酸科研技术与医疗行业相结合,开发出诸如"疾病 screening 检查"等氨基酸医疗检查项目。2005年,味之素又在川崎地区的铃木町投资 400 亿日元,开设高新技术开发据点,设置了多家生命科学研究所、健康基础研究所、食品研究所、氨基科学研究所、发酵技术研究所、医药研究所等研发机构。再加上原来就有的知识产权中心、商品开发中心、国际生产推进中心、生产技术开发中心等研发机构,使得川崎临海地区成为味之素集团全球性的研发据点。目前,味之素还将相关技术运用于化学品、电子材料、活性炭等方面,其建厂生产的印刷配线板层间绝缘膜"ABF"已经成为英特尔(Intel)产品不可或缺的部件之一。也就是说,味之素事实上也成为世界电脑业中的重要一员。

在京滨工业地带川崎临海地区除了味之素以外,还有日本 Zeon(特殊合成橡胶世界最大占有率)、东京电力川崎火电站(热效率为世界最高水平)、川崎化成工业川崎工厂(世界有数的醌制造企业)、富士电机川崎工厂(生产世界最新锐涡轮发电专用工厂)与 YAKIN 川崎(持有高合金的连续铸造生产法)等都是在原有企业技术基础上,不断创新,并将技术运用扩展到新兴产业,成为拥有各种世界领先技术的新企业。所以,现在川崎临海地区被称为高技术企业的领先集聚地。

2. 新能源产业的创出

川崎临海地区在治理公害的历史过程中逐步确立了节能减排的技术,如排水净化处理技术等。而 20 世纪 70 年代的石油危机则推进了节能减排技术的研发,并成功积蓄了庞大的节能减排技术。川崎临海地区多年的技术积蓄,被认为是开启了"脱石油能源新时代"。下面介绍几个典型的项目。

东京电力是日本最大的电力公司,其在川崎市约 11 公顷的土地上建立了国内最大的

百万瓦级太阳能"浮岛太阳光发电站",已于2011年开始运营。该项目也可以说是川崎市和东京电力的共同产业,川崎市提供土地,东京电力建设发电站运转,最大输出7MW(7 000kW),铺上夏普制造的尺寸1.3米×1米的单结晶Si(硅)的太阳电池组件37 926张,设计年发电量是约740万kWh,CO_2减排量约3 100吨。另外,2011年12月,东京电力又建成了"扇岛太阳光发电站"并开始运转。这是将另一家化工企业——京瓷,制造的太阳电池组件63 792张,铺在日立制作所约20公顷的用地上,其最大输出为浮岛太阳光发电所的约2倍。也就是说,与浮岛太阳光发电所的企业与地方政府的合作不同,这是一个跨企业甚至是跨行业合作的新能源开发项目。

此外,川崎临海地区还建成了世界最高水平发电效率的东京电力的川崎火电站。这是东京燃气与JX日矿日石能源合作的川崎天然煤气发电站,它与上述大型太阳光发电所共同形成了国内首屈一指的电源基地。事实上,川崎地区的许多石油化学产业在被淘汰或者被重组合并的趋势下,开始布局风力发电、生物能源发电等新能源产业。2000年3月后,日本政府进行电力行业的制度改革,实施"电力零售自由化",将市场开放给民营企业,允许民营企业参与。因此,目前川崎临海地区除了原先的能源大企业以外,还出现了官民联合的电力供应商以及风险企业等多种多样的电力供应主体。为了更加提高能源使用效率,川崎临海地区还提出了一个"川崎蒸汽网络"的设想,即把东京电力川崎发电站的热气排出,与近邻工厂的9个企业共享的设想。这不但实现了资源循环和能源循环,而且能够大量减少CO_2,是一个具有划时代意义的畅想。《川崎都市白书》写道:"以原材料投入为联结的联合企业转变为资源循环·能源循环为连结的联合企业"。[7]

(二)川崎铁路车站周边的"工业"向"商业"转型

川崎市的工厂地带可以划分为填海造地临海区与川崎铁路站周边两个地区。在上面的案例中,我们看到了临海区的产业转型情况,下面我们共同探讨著名企业东芝公司如何将其在JR川崎站周边的土地由"工业"用地转型为"商业"用地的案例。

1. JR① 川崎站周围的开发过程

川崎市位于神奈川县的东北部,沿着与东京都边界流的多摩川,市区发展成了细长条。城市的西北部开发了一批利用JR铁路小田线和东急线上下班的高级白领阶层的住宅[8];而面向东京湾的京滨工业地带则主要分布着工人家庭住宅。[9]另外,川崎站离羽田机场很近,北侧毗邻巨大城市东京,南侧紧靠神奈川县的横浜。因其这样的地理优势,JR川崎站和京急川崎站每天的客流量达50万左右。但是,虽然人多,但JR川崎站一直以来被看作是东京站与横滨站的过路站,大部分的消费活动并不在此进行。连诸多川崎市民除了日常生活用品以外,也倾向于在东京或横滨消费。

除了上述原因,因重工业和制造业的发展带来的重污染恶名也造成了很大的负面影响。此外,川崎年轻蓝领工人多,薪资水平和消费能力低等也是其消费不振的重要原因。如何开发川崎市的商业,启动其中心城市的聚集功能,一直是川崎市政府面临的课题,也因此引发了川崎站周边几次大规模的整体开发。

---

① JR即日本铁路,过去是国营,现已经民营化。

JR川崎站周边开发的第一阶段，是20世纪80年代东口地区的大日日本电线工厂闲置地的重新建设。川崎市政府引导大规模的以民间企业为主体的重建项目，建设了JR川崎站前面的广场、地下街、东边西边连接的通路；在工厂闲置地建设了商业设施、酒店和办公大楼；另外，在明治制糖和明治制菓的工厂闲置地，与土地所有者边协议边引导，成功地实现了把业务、研发设施进行大规模土地利用的转换。

从1999年开始的第二阶段是针对西口地区，协调JR川崎站前面的大宫町(8.2公顷)复数街区的民间开发项目，落实了写字楼、音乐大厅和城市型住宅的土地利用开发。而第三阶段则是从2000年开始的东芝川崎事业所①工厂闲置地的开发。

2. 东芝川崎工厂的历史

东芝川崎事业所②原来是占地面积约112 000平方米大的工厂。东芝的历史可以追溯到其前身东京电气。东京电气创建于1875年(明治8年)，最早是在东京，以自主生产白炽灯为主业。1908年(明治41年)，因扩建规模，东京电气将工厂转移至川崎，1939年，它与同样是三井财阀系列下的芝浦制作所合并，成立了东京芝浦电株式会社，简称“东芝制作社”。

图2是昭和前期川崎站周围的工场布局图，其中在国营铁路川崎站西口的堀川町就是东芝的工厂旧址。1945年，该工厂改称为“堀川町工厂”(见图3)，1998年又改名为川崎事业所。该工厂一直以来，是生产电灯泡、荧光灯等的照明用具以及显像管、半导体等各时代领先产品的重镇。

作为东芝历史上的心脏部位，堀川町工厂很早就具备了独立自主开发国产技术，自主生产的原创精神，并进行了工厂建设和研发中心建设，但随着时代的变迁，2000年3月，它还是落下了帷幕。

3. 东芝川崎工厂土地利用转换与JR川崎铁路站西口二次开发

关于JR川崎站前所在的堀川町工厂川崎事业所旧址的二次开发，由东芝集团公司旗下的东芝不动产株式会社与三井不动产株式会社进行在日本土地所有权属于个人或法人。在日本，对于民间主体的开发行为，地方政府不能介入，只有在土地用途变更或者开发规模过大、会给城市规划产生重大影响的情况下，民间开发主体才必须与地方政府协调。东芝川崎事业所的旧址，是被指定为“工业地区”的用途地区，容积率是200%。因此，为了将“工业地区”用途地区改称为“商业地区”，就需把容积率提高。这就需要民间开发主体与川崎地方政府相互沟通、协调。近几年，地方政府对于开发行为的态度有所变化，已经不是“限制民间主体开发”，而是“参与民间主体一起开发，联合推进街区建设”。东芝旧址的开发就是一个很好的案例。

该项目是一个从商业、住宅、业务等的复合用途上盘活工厂闲置地的庞大计划，经历了10年反复论证、多方协调的岁月。最后形成的开发方式为：属于商业・娱乐演艺区域，东芝只是向东芝不动产和三井不动产这两家企业开发商出租土地，而开发商开发建设商业建筑设施并拥有各种商业设施的产权和经营权；属于住宅区域，东芝则把土地所有权出

① 相当于登记簿上的总店。

② 神奈川县川崎市幸区堀川町72番地。

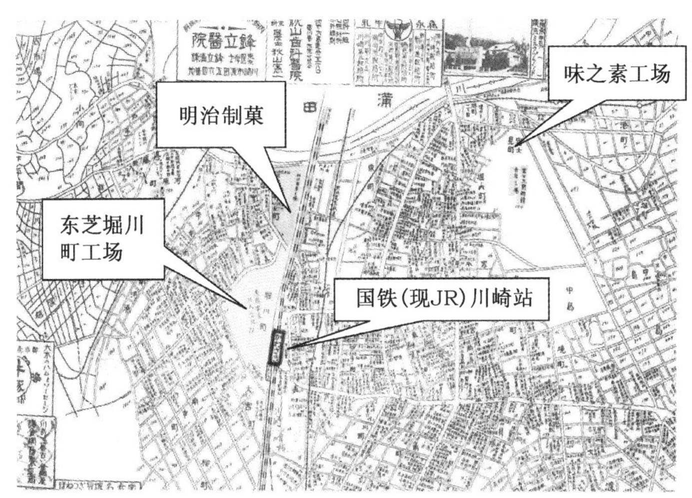

资料来源:昭和前期 日本商工地图集成 东京·神奈川·千叶·埼玉·柏书房,1935:63.

图 2　昭和前期川崎站周围的工场布局

资料来源:东芝网站,http://www.toshiba.co.jp/about/press/2002_05/pr_j2901.htm.

图 3　东芝川崎事业所堀川町工场

卖给两家企业,两家企业作为开发商销售土地和建筑物。2004 年,商业·娱乐演艺区域及住宅区域开工;接着 2006 年,商业·娱乐区域开业;2007 年,住宅区域完工。目前,原东芝工厂旧址已经完全从一个工业区变成了一个商、住混合中心——Lazona 川崎,面貌焕然一新(见图 4)。

4. Lazona 川崎的特征

上述由东芝工厂旧址转为商业 Lazona 川崎的位置如图 5 所示,现在是神奈川县内屈指可数的终点站,与川崎站直接连结。这种“铁路站直接连结型”的大型商业设施,在首都圈是非常罕见的,更何况在大城市里,日本也很少有超过 7 万平米的商业设施。除了规模大,它的便利性、前卫性和多元性在日本大型商业设施中也是首屈一指。具体来说,它有如下几个特征:

第一,占地面积和建筑面积都很大。Lazona 川崎占地面积超过 7 万平方米,建筑面积超过 17 万平方米,这在川崎站周围的商业设施中非常突出。

第二,设计前卫。在铁路站周围开发中,为了提高效率,“高层化”一直是开发商的目

资料来源:笔者在东芝科技馆摄影。

图 4 Lazona 川崎:"工业"转型到"商业"

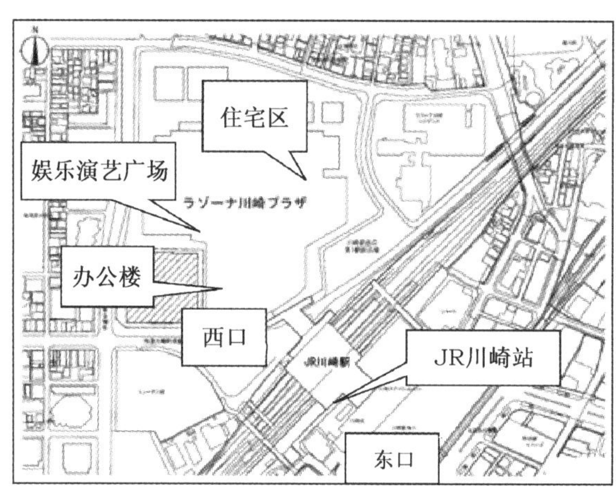

资料来源:东芝网站,http://www.toshiba-building.co.jp/building/topics/img/100201_img1.gif。

图 5 Lazona 川崎

标。然而,Lazona 川崎则是低层建筑,采取以趣味性取代效率性的设计。

第三,核心店铺不是百货店或大卖场,而是引进家电专卖店的 Bic Camera(类似于国美、苏宁等的专卖店)。为了维持时尚基地的地位,Lazona 川崎引进的服饰品牌都以 20～30 岁的消费者为目标客户。[10]

第四,概念与理念独特。日本已进入成熟社会,全国各地遍布购物中心。简单地在工业用地上建设商业设施进行招商的开发模式已经远远落后于时代。如何实现差异化?如何吸引消费者？这对日本商业行业来说是很大的挑战。大家认识到，开发理念已经成为最重要的因素。三井不动产商业设施本部地区项目部的后藤敬信先生称，"21 世纪是人和自然和谐的时代"。Lazona 川崎的开发正是体现了这一理念，它不仅仅是商业中心，更是建成了具有独创性的人与自然和谐的街区。

笔者访问了最早参与这个项目的三井不动产商业设施本部的安达觉先生，他说："这不是单纯的零售，而是创造体验价值，这不是 needs 或 wants，而是 solution（解决方案）。"也就是说，这里的设计和经营都贯穿着"以人为本""帮助消费者解决问题"等理念，因而在餐饮、购买、音乐等方面寻求"最适合的组合"。为了满足地区、沿线居民的广泛需要，对于专门划出的3 000平方米餐饮区，三井不动产亲自"编辑"86 个专卖店。也就是说，为了进行"最适合的组合"，开发商的三井不动产自己选出经销商。目前，Lazona 川崎已经聚集了 300 多家经销商（见图 6）。另外，设计室外音乐活动用的多功能广场也是经过市场调查后，充分反映当地需求的结果。在调查中，三井不动产听到不少诸如"想要等候的地方""想要大家能聚会的地方"等声音，而开发商想建设音乐舞台的设想也与川崎市的"打造音乐城市"的目标相一致，因此，Lazona 川崎的中心地带设置了能够开展各种音乐活动的多功能广场（见图 7）。

资料来源：笔者摄影。

图 6　300 多家经销商集聚的 Lazona 川崎

为了实现在多功能广场上既开放又安全的功能，便于年轻父母在广场既能会友又能照顾孩子，开发商把每个小广场的面积控制在 50 米×50 米的规模，这样大小的范围使得游客在游玩时，虽然离对方有一段距离，仍可确认对方在哪里。多功能广场里的舞台，每天都会开展不同的活动，这也成为吸引顾客的一个功能。每天来此游玩，便会发现不同的生活方式。

三、从案例中得到的启示

日本工业化过程的变化以及所面临的问题在很多方面与当前中国正在进行的工业化

资料来源:笔者摄影。

图 7 Lazona 川崎核心的多功能广场

发展有着诸多相似,如工业布局和社会基础设施建设集中在沿海地区,交通网络建设与工业聚集园区的发展同步进行等,都与日本在 20 世纪 60—70 年代的情形类似。甚至该时期日本工业行业所面临的居民公害抗议活动也与当今中国环境问题类同,特别近几年,北京和东北地区严重的大气污染成为社会重大问题。尾气排放、工厂煤烟、利用焦炭的锅炉等已经被认为是几个造成大气污染的重要原因。如何解决公害问题,政府部门、企业部门、民间部门都面临着难题。这些都说明中国也面临着经济发展模式转型的需要。事实上,在上海等地,从传统产业向现代服务行业的转型已经在进行。然而,正如本文所介绍的那样,一味强调产业从工业向商业的转型,有可能出现地区产业空洞化而引起的失业等问题,从而使得地方经济一蹶不振。本文介绍的日本川崎临海地区几个产业转型的案例就是说明在环境治理过程中,为了防止经济萧条,不应该轻易放弃制造业;同时也说明了在转型过程中发挥民间主体力量的重要性。从这些案例中,我们可以得到一些重要的启示:

第一,川崎临海地区工厂闲置地再开发的意义就是让原有的工业升级,即在石油联合企业时代集积的素材型产业继续保存的同时,试图让原素材型产业升级为新素材、高功能素材产业,让能源产业升级到环保性新能源产业。这些案例意味着,虽然素材型产业应该被淘汰,但通过技术创新可以再生。由此川崎临海地区就还继续成为高新技术积蓄的一大据点。本文研究表明,带来这些转变的关键在于民营企业的"企业努力"。川崎临海地区产业转型案例对于研究日本民营企业的发展也有不少启示。

第二,文中所举的川崎市川崎区原来并不适合作为住宅区和商业区,因为工业的集聚让一般居民避而远之,加上其夹在东京和横浜这两个巨大消费地之间,因而消费一直持续低迷。但近几年,川崎铁路站周围地区克服了这些困难,成功地完成了工厂闲置地转变为商业区、住宅区、业务区的二次开发。这些成功案例显示了日本政府部门的立场转变,即行政部门摆脱了"限制企业活动"的立场,开始与民间部门"联合",协同推进街区建设。

第三,川崎市地方政府在面对高涨的民众反公害运动中的表现也值得一提。川崎市地方政府不是强制性地压制市民运动，而是接受居民要求，将此作为迫使企业转型的契机，通过制定各种法规，限制环境污染。

总的来说，日本式产业转型具有两个明显的基本特征：其一，不是由外部压力或政府部门的指导促使转型，而是“内侧自发的技术创新”，一言以蔽之，就是民营企业自身的努力。其二，地方政府的行政能力起到了不可或缺的“引导”作用。虽然日本产业转型来自企业自身，但是日本地方行政的“引导”也是不可忽视的。

参考文献：

[1]国土交通省广东地方整备局. 東京湾及びその流域の概要. http://www.ktr.mlit.go.jp/ktr_content/content/000010108.pdf.

[2]経済産業省. 工業統計調查. http://www.meti.go.jp/statistics/tyo/kougyo/,2003.

[3]浅井得一. わたしたちの日本[M]. 小峯書店,1984,9.

[4]沼尻晃伸. 工場立地と都市計画[M]. 东京大学出版会,2002:77.

[5]沼尻晃伸. 工場立地と都市計画[M]. 东京大学出版会,2002:263.

[6]専修大学社会知性開発センター. 川崎都市白书,2008:91.

[7]専修大学社会知性開発センター. 川崎都市白书,2008:96.

[8]関東財務局経済調査課. 変貌する川崎[J]. 経済調査レポート,2010,12:3.

[9]http://www.city.kawasaki.jp/250/cmsfiles/contents/0000001/1018/00_csplan-gaiyou.pdf#search='%E5%B7%9D%E5%B4%8E%E5%B8%82%E3%82%B7%E3%83%86%E3%82%A3%E3%82%BB%E3%83%BC%E3%83%AB%E3%82%B9%E3%83%97%E3%83%A9%E3%83%B3'.

[10]研讨会记录. 中心市街地活性化の課題. 専修大学都市政策研究センター年報,2007,(3):19.

传播与实践环保理念的草根力量
——介绍上海市徐汇区凌云街道“绿主妇”组织

朱伟红　项　鼎*

摘　要： 本文介绍了一个以社区女性环保志愿者为主要力量，以绿色环保为切入点，开展生态、文化、环保三方面的环境宣传活动，并将环保实践活动参与社区居民具体生活中的社区居民自治组织——“绿主妇”。这个组织的活动宗旨是使社区居民选择能够保护环境的生活方式，使生态环保的理念深入人群，融入生活，创造更好的人与环境、人与社会、人与人之间和谐生存空间。文中展示了一个以“环保”为抓手，建设生态家园、和谐社区的真实案例。

关键词： “绿主妇”　社区建设　环境保护　居民自治

环境保护作为一个政策议题，无疑越来越受到各界的重视。然而，从经济学的角度来看，环境保护因涉及外部性问题，通过机制设计来激励个体行为面临重重困难，因而很多环境政策的制定、实施都比其他领域要艰难无比。无论是经理论上的论证，还是从各国实践案例中获得的启发，人们早就认识到：环境保护一方面要进行制度建设，以法治为核心，通过法律和政策体系来控制破坏环境的行为；另一方面也要通过民众的草根活动，进行环境保护意识和理念的自我教育，让环保理念得以传播，才能让环境保护真正落到实处。Tilbury[1]在20世纪90年代就曾指出通过环境教育活动激发民众主动解决环境问题的责任感和行动能力的重要性；Brand[2]列举了环境保护的先进国家德国的经验来说明市民力量在环境保护中的巨大作用。我国各界近年来也关注到从社区层面开展环境保护活动的重要性，各地让环境保护意识和理念走进社区、走进生活的各项活动也已经蓬勃开展①。国内学者纷纷从各个角度来研究环保社区的培育和成长因素，如梁莹指出：“当今城市社区发展不仅关注经济、政治、社会、文化等方面的进步，更对社区居民的生活环境给予极高的重视，从宏观的政策角度看，社区环境保护和绿色生态建设被提上议程；在微观的社区单元中，环保社区社会组织应运而生。”[4]

本文介绍的上海市徐汇区凌云街道社区自治组织“绿主妇”，就是一个以宣传和实践

---

* 作者简介：朱伟红，上海市徐汇区凌云社区（街道）党工委书记；项鼎，上海市徐汇区凌云社区（街道）党工委办公室主任

① 如21世纪一开始，就有北京市首都精神文明办公室和北京地球村环境文化中心共同编写了《绿色社区手册》[3]。

环境保护的理念为核心，推动社区管理创新，建设生态家园的草根力量的案例。

一、"绿主妇"成立的背景

"绿主妇"一词近来在网上成为一个热门话题。2014年7月底上海市委书记韩正率市领导来参观的热点新闻刚告一段落，8月20日，各大网站又登出"'绿主妇'获评2014年中宣部全国十个最美人物之节约之星荣誉称号"的消息[5]。那么，"绿主妇"到底是什么样的组织，为什么会引起媒体这样的关注，它又是怎样建成的呢？这里我们先介绍一下其成立的背景和过程。

"绿主妇"是上海市徐汇区凌云街道梅陇三村的一个由社区主妇发起的自治组织，而它的缘起则是一把"环保椅"。2009年随着"迎世博600天行动"的展开，绿色世博的理念开始在居民群众中开始了广泛传播。2010年世博会之后，绿色环保成为日益关注的问题。上海市各个社区经常开展各式各样关于环保的宣传活动，徐汇区凌云街道也在社区学校组织主妇观摩一些低碳环保小项目，其中一张利用废弃纸板箱制作的椅子吸引了几位主妇的眼球。受此启发，她们说"如果我们也能把小区所有废弃的利乐包收集起来做成长椅那该多好呀，不但让喜欢聊天、纳凉的居民有个舒适的休闲之地，小区内的环境也会因为垃圾的减少而变得更整洁优美，既可造福子孙后代，也可为地球尽一份所能"。[6]于是，她们倡议在社区开展将废弃资源变成宝贝的活动。

凌云街道梅陇三村位于徐汇区西南角，始建于1990年，建筑面积10.8万平方米，绿化面积约3.3万平方米，辖区内有2 369户居民，常住人口6 500人，以动迁户为主[7]。① 该小区于1991年2月成立居委会，同时负责梅陇路的森陇家园和394弄的托管工作。居民区有"五多"的特点，即楼幢多、老人多、房型多、困难人群多、房屋出租多。梅陇三村是上海典型的20世纪90年代初的公房式小区，存在成员结构复杂、居民利益诉求多样化、社区公共事务治理难的普遍状况。居委会在自治创建过程中不断探索新模式，开拓新途径来适应社区的自治建设，先后创建成"上海市社区建设模范居委会""上海市社区建设和谐示范居委会"。该小区连续八年被评为"上海市文明小区"，2008年获得了"上海市平安小区"和"民主与法治小区"称号。正是小区居委会这样一个优秀的基层党组织，积极发现、肯定和支持了几位主妇的倡议活动。在居委会的引导下，小区内10名家庭主妇自发成立了一个自我教育、自我管理、自我服务的公益性组织——"绿主妇 我当家"工作小组。这一公益性组织的典型特点是"女性主导"，以低碳环保活动为切入点和出发点，通过有计划、有组织的系列活动，逐步延伸扩展到更多的社区公共事务治理中。

这10名"绿主妇"原本就是小区一些群文团队组织的骨干力量，通过她们的宣传、号召和行动，环保工作的范围及参与队伍逐步扩大，涉及的公共事务也越来越多，制度化、常规化的管理模式已成为自治发展的必备条件，"绿主妇议事会"便应运而生。其主要从两方面开展自治工作：一是"绿主妇 我当家"行动小组，携手老年读报组、三村侨联合唱队、花卉兴趣小组、凌梅梅艺术团、夕阳互帮服务队等小区其他服务体系，深入民众，增强了居民

---

① 本文数据均出自朱伟红2014年7月17日在社区调研会上的发言稿，详见参考文献[7]。

主动参与的热情，促进了居民之间的相互合作，社会关系变得更为和谐。二是“绿主妇”工作室，在环保专家的引荐下，工作室与北京地球村环境教育中心签订了上海垃圾减量回收合作协议，制定了现阶段主要以塑料垃圾为主的一系列回收制度和管理制度。“绿主妇”工作室还是进行环保创意制作、小区各项事务研讨与商议的主要场所。“绿主妇”通过开展低碳环保活动，寻找居民生活的需求所在，发现居民矛盾的问题关键，及时反馈，及时解决。这两方面相互协调，共同运作。

现在，“绿主妇”已经是一个具有品牌效应的自治机构，建成了围绕“居民需求导向”、“自我组织和供给”“互助合作协同治理”“自下而上、多层监督”的四项运作机制，已经有序组织、开展了一系列小区自治管理工作，并逐步形成了小组活动的制度化和常态化，实现了从“人”字结构拓展为“大”字结构的自治格局（见图1）。

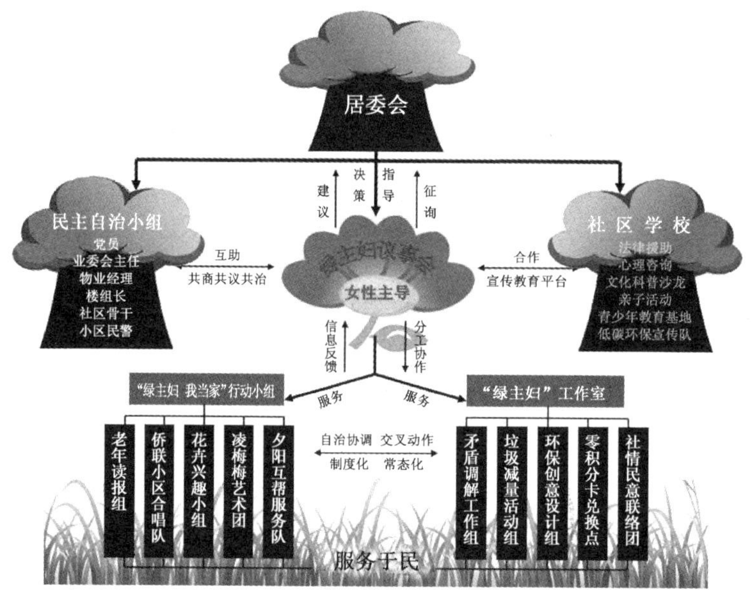

图1 “绿主妇 我当家”的自治格局

以“互助，共商共议共治”的民主自治小组管理网络为左膀，以“合作，宣传教育提升”的小区自我教育平台为右臂，以“绿主妇 我当家”行动小组和“绿主妇”工作室这双坚实的“双腿”作为运行的实体依托，通过“绿主妇 我当家”行动小组旗下的群文团队组织，“绿主妇”工作室旗下的低碳环保活动小组的辐射性系列活动逐步让居民从小家庭融入到小区“大家庭”，进而增强了“大家庭”的号召力和凝聚力，形成了由居委会支撑、“绿主妇议事会”主导、居民自我教育和民主互助管理并驾齐驱、稳步前行的小区自治格局。

以宣传低碳环保理念、实践资源回收再利用项目为核心的“绿主妇”已经形成了一个社区居民自治行动的典型模式。这一模式分为发起、组织、行动、自治、影响五个阶段。这五个阶段同时也构成了自治行动的五个主体框架，突出体现了女性主导、低碳环保和社区自治的三个创新点，发挥了在服务社区、民主参与、公共意识培育、建构和谐信任四个方面的积极作用(见图 2)。

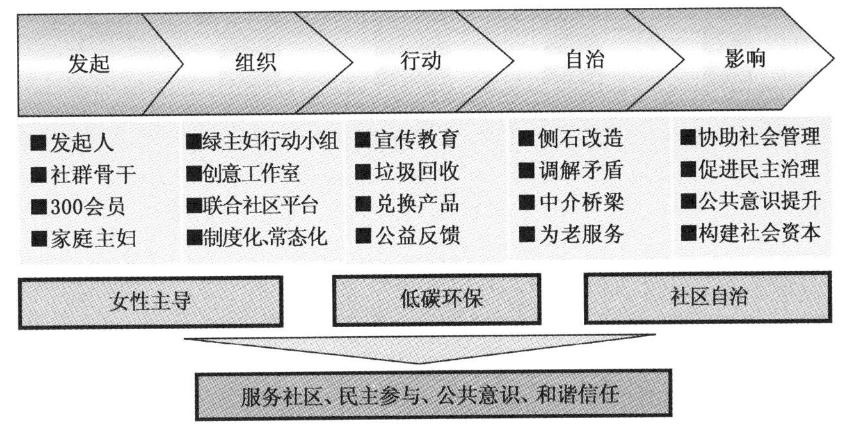

图 2 “绿主妇”行动的五个阶段和三个创新点

二、“绿主妇”的典型事例

如前所述,“绿主妇”已经形成一个品牌团队。其特点是:以社区女性环保志愿者为主要力量,以绿色环保为切入点,开展生态、文化、环保三方面的环境宣传活动,并将环保实践融入社区居民具体生活中,促使社区居民选择能够保护环境的生活方式,使生态环保的理念深入人群,融入生活,创造更好的人与环境、人与社会、人与人之间和谐的生存空间。“绿主妇”的宗旨就是提高公民环保意识和参与环保实践活动的能力,为社区、科技园区、商务楼等搭建环保活动平台,争取更多的环保活动资金和环保实践机会,提供环保知识、环保活动技术服务和支持。下面我们通过几个典型事例来具体了解“绿主妇”“促进社区自然生态与人和谐共存的可持续发展生活方式”的愿景。

(一)随风潜入夜式的宣传,春雨润物式的行动

我国对于环保的宣传,事实上一直都比较重视。然而,正如前面所述,环境保护活动具有外部性,因而与经济增长政策相比,往往无法引起足够的重视,更是与居民的实际生活有距离。“绿主妇”是一个自治的草根组织,她们将环保活动融入提高自身生活质量的一系列项目中,并在其中将环保理念潜移默化地渗透到周围的居民中,带领大家从身边事情做起,以日常生活行为践行环境保护的理念。

1.“绿主妇”垃圾减量回收行动

垃圾减量回收活动是“绿主妇”最早开展的活动,其发起人之一方翠英是社区老年分会的负责人,她不仅对老年人关爱倍至,还是低碳环保小组的创始人之一。方阿姨知道,从岗位上退休下来的主妇不仅是家庭的主心骨、社会发展的贡献者,还是小区自治管理的顶梁柱。很多主妇刚退休下来还不适应每天窝在家里的生活,如果这种“被休息”的心理状态未及时调整好,往往会使部分家庭出现不和谐的声音。方阿姨以自己的真诚和执着邀请这些主妇来参加环保活动,让她们走出家门融入到小区,在小区中发挥自己的余热,让生活变得更加和谐幸福。

低碳环保小组的成立,不但吸引了很多退休后不知如何打发时间的主妇们,也吸引了小区内众多家庭和青少年前来参加。方阿姨在每次回收"垃圾"的过程中将新学的环保知识传授给大家,让更多的居民懂得"垃圾"分类回收的益处,在创造设计各种环保用品的同时,还为夫妻间的沟通营造了良好的机会。在方阿姨的引领下,低碳环保成了居民茶余饭后的热门话题,环保行动理念在小区内广泛传播,小区内的塑料垃圾少了,随手乱扔垃圾的人也少了,家庭间、邻里间、整个小区都洋溢着温馨祥和的气息。

低碳环保不仅仅局限于家中的垃圾回收,在垃圾减量活动得到支持及肯定后,方阿姨又开始努力拓展下一个"绿主妇 我当家"的内容。她和小组成员商议决定与小区内的另一个自治组织"花卉小组"联合,用"垃圾"换回来的营养土对小区内的花草树木进行养护,让绿色植物给居民带来更好、更舒适的居住环境。

"低碳环保"这一实践活动不仅仅配合了市政府"百万家庭低碳行,垃圾分类要先行"项目的开展,更重要的意义在于进行小区垃圾减量回收的同时,通过广泛宣传、动员居民参与,使小区居民的环保意识、公共意识、文明意识得到显著提升,促进自治家园的建设和社会管理的创新。

2011 年 11 月,在环保专家的引荐下,"绿主妇"工作小组与北京地球村环境教育中心签订了垃圾减量回收合作协议,制定主要以回收塑料垃圾为主的一系列管理措施。在不到半年的时间里,行动小组招募了居委干部、业委会委员、群文团队成员等 200 多名活动积极分子,发起每月一次的"垃圾减量回收日",并利用"智能终端—零废弃卡"对每户家庭回收量进行记录、跟踪和管理。2013 年,随着周边小区居民加入,参与垃圾减量回收活动的人数超过11 780户次,当年实现生活垃圾源头减量包括废旧衣物 81 吨。

2. 开展环保知识培训、环保作品创作等"绿主妇"活动

在街道和居委的支持下,"绿主妇"与社区学校建立场地共享、培训共办合作机制,定期邀请环保专家举办专业环保知识培训;发挥"绿主妇"骨干作用,设立环保作品工作室,带领居民利用废弃材料制作环保拎包、环保围裙、环保帽子等环保作品;推行"家庭一平米小菜园",利用花盆种植小白菜、西红柿、萝卜等家常蔬菜;组建爱心编结社,通过回收废旧毛衣并进行消毒,义务为贫困地区希望小学编织"爱心衣帽"。民区党总书记尚艳华说:"教育一位母亲等于教育一个家庭,要让更多的居民了解低碳环保不仅是一种行为方式,更是一种素质、一种责任、一种公德。"她通过各种渠道专门请来了环保专家,并联系社区学校排时间、定场地给"绿主妇"们进行专业的环保知识培训,现在"绿主妇"培训班已逐步形成规模,每周二上午开展题为"居家小生态" 的培训讲座。另外,在暑假期间,环保专家还特别为青少年开设了以"绿主妇——牵手青少年促垃圾减量"为主题的教育课程,体现了大手牵小手、手手相牵促环保的力量。

社区学校作为梅陇三村的学习教育基地,不仅为小区居民开设了法律援助、心理咨询、文化科普沙龙、亲子活动、小区老年大学分校以及各公益单位为民服务点,还特意为"绿主妇 我当家"低碳环保宣传小组提供了专门的宣传培训场所。借此平台,"绿主妇"们开展了一系列以"废物再利用,绿色我当家"为主题的宣传活动。活动中,"绿主妇"将可回收再利用的垃圾样本,如各类塑料包装袋、利乐包,以及经创意制作的环保拎包、帽子、围

裙、“爱心衣帽”等一一陈列在最醒目的位置，五颜六色的实用作品吸引了大批前来参观学习的居民，形成了一道独特而靓丽的风景线。活动中，“绿主妇”们把从专家那里学来的知识传授给大家，有问有答的互动形式让参加活动的居民增长了诸多低碳环保节能方面的知识，让男女老少都体会到变废为宝的乐趣。

如今，梅陇三村乃至周边小区的许多居民已经从环境意识提高，到进一步付诸行动，居民文明素养不断提升。“绿主妇 我当家”行动小组成了小区里参与人数最多、宣传活动最多、议事论事最多、深受老百姓信赖的一个组织。现在小区每月 15 日清洁家园行动的时候，大家都明显感觉垃圾变少了，小区更美了。

（二）从理念倡导到项目建设，着力形成以生态社区建筑群、生态社区学校、低碳家居生活为主体的“生态家”系列项目组合

通过“绿主妇”活动的带动，徐汇区凌云街道将打造“凌云生态家”作为目标，开展了一系列的环保活动。通过营造祥和宜居、平安舒适、低碳环保的社区环境，引导社区居民和青少年关心生态，爱护环境，关爱弱势，邻里相助，努力让社区成为提升居民及青少年生态文明素质的精神家园。“凌云生态家”项目分硬件和软件建设两个方面。

1. 硬件建设

选择凌云社区学校和梅陇三村为试点，通过小区生态建筑群的建造，在社区学校建设环保创新屋，建立低碳节能技术的应用展示平台，营造低碳居家生活场景等，构造了一个由 1 个居住小区、1 所社区学校、1 户家庭组成的“生态”景象。

● 生态社区建筑群。设在梅陇三村小区内。主要包括：(1)凌云生态家壁画；(2)绿色长廊；(3)垃圾分类屋；(4)太阳能、风力发电泵房；(5)太阳能凉亭建造(休闲及太阳能利用如照明、手机及助动车充电)；(6)生态健身园(原健身园基础上增加“身体环保、心灵环保、行为环保、家庭环保、社区环保”宣传内容，雨水收集回用浇灌绿化，雨水回用变喷泉富氧)；(7)小区绿色照明(增加 LED 路灯、地灯)；(8)居民楼(平改坡屋顶、墙面植物立体绿化、节能窗户、楼道节能灯)等。

● 生态社区学校。设在凌云社区学校内。主要包括：(1)生态校园环境(植物多样性、生态小池塘、蚯蚓养殖吃垃圾、有机农场等)；(2)环境监测站；(3)低碳环保宣传；(4)低碳创新屋；(5)讲堂及网上学习(社区老年课程、教师培训、家庭亲子体验活动)；(6)家庭废旧物品交易平台等。

● 低碳居家生活。设在社区学校内。包括：(1)太阳能利用；(2)浅层地热利用；(3)低能耗电器使用；(4)智能化控制(智能插座、控制开关、Web 远程控制、智能百叶窗等)；(5)生态小阳台；(6)家庭节水；(7)生活垃圾分类回收；(8)绿色餐桌；(9)绿色购物；(10)绿色出行等。

2. 软件建设

突出“三个一”，即开发和实施一套社区居民生态文明教育的课程，开展一系列生态环保主题教育活动，搭建一个“绿色学校”“绿色社区”创建平台。

(1)以社区课程为基础，传播生态文明理念。发挥社区学校在街道生态文明教育实践的主体作用，通过社区课程传播生态文明理念，进行低碳居家生活指导。开设凌云社区

"绿色讲坛",联动居委教学点举办环境教育主题讲座和系列活动。

(2)以主题活动为载体,开展生态文明教育。按照"身体环保、心灵环保、行为环保、家庭环保、社区环保"的理念策划,组织实施"家家户户算碳账,低碳生活我能行"——凌云社区居民网上学习活动、"生态凌云,欢乐我家"——凌云社区早教亲子系列活动、"凌云杯"小机灵擂台赛——凌云社区暑期青少年环保创意系列活动等居民群众喜闻乐见的活动,组织社区学生及居民参与其中。

(3)以绿色创建为抓手,践行生态文明。包括通过社区家长学校活动,宣传生态文明,践行家庭低碳环保;发挥梅陇十一村、阳光绿园(新景)等环保绿色特色小区作用,带动辖区内其他小区争创绿色小区等。

自 2011 年 4 月"凌云生态家"项目一期工程正式启动,目前已发展到二期、三期,梅陇三村绿色长廊、社区学校低碳创新屋、"云教室"等工程先后投入运行,项目逐步拓展到周边嘉川路小游园和梅陇八村、九村等居委,组建"凌云生态家"终身学习推进员队伍,编写《社区居民生态文明教育系列活动指南》,开展青少年及社区家庭环保创意比赛等一系列活动,凌云社区低碳环保充满绿色和谐的发展格局已然形成。

三、从"绿主妇"案例中得到的启示

如今,"绿主妇 我当家"志愿团队不仅是梅陇三村的环保品牌,还走出了凌云街道、走出了徐汇区,甚至走出了上海市。凌云绿主妇环境保护指导中心已经得到上海市妇女联合会、华东理工大学、上海申通地铁、上海大华医院、上海梅园中学、上海凌云社区学校、上海启新小学等 20 多家教育、卫生、企事业单位的支持,并与"北京地球村""绿箱子""绿梧桐"等十多家公益环保组织建立了合作关系。

参与"绿主妇"系列绿色环保活动的除了社区的居民外,还包括科技园区和写字楼的白领人士、教育单位的师生员工、卫生机构的医疗护理人员等。目前,徐汇区多个街道的十多个小区建立了"绿主妇"志愿团队,其影响力还拓展到闵行、松江、黄浦、闸北等区以及重庆、江苏、浙江等省市。他们或来取经学习,或也成立了自己的"绿主妇"志愿者队伍。

3 年来,梅陇三村的"绿主妇"志愿者团队形成了一套较为完整的"资源回收—废料加工—成品回流"资源再利用模式。梅陇三村居民区荣获"上海市节水型小区""全国科普示范社区""徐汇区'百万家庭低碳行 垃圾分类要先行'实施项目示范小区"等荣誉称号。"绿主妇"志愿团队也获得了"徐汇区三八红旗集体""徐汇区环境教育基地""徐汇区'百万家庭低碳行 垃圾分类要先行'实施项目先进集体""上海市社区优秀学习团队"等荣誉称号。

通过上述介绍,我们可以看到,像"绿主妇"这样的组织,既是宣传环保理念、实践环保行动的草根力量,也是培养公民意识、构建和谐社区的重要抓手,其发挥了以下重要作用:

一是增强服务社区事务的力量。梅陇三村居民委员会所建立的小区服务体系,以小区现有可调动的资源以及衍生资源为基础,以居民自助、互助为主要形式,倡导和调动有能力的居民为有需求的居民提供服务援助的奉献精神,进而实现小区的自我服务功能。小区自治管理网络,以及小区自助、互助服务体系,都是基于居民建树了小区集体观念的前提下形成的,并且网络化管理与组团式服务,又成为促进精神文明建设的重要途径。因此，梅陇三村居民委员会自治格局中的每一个组成部分，都是小区居民自我教育的重要阵地。

二是拓宽民主参与途径。"绿主妇"自治行动最大限度地改善了不少居民"小区事务与我不搭界"的习俗观念，实现了从"请我参加"到"我要参加"的可喜变化，从参加活动开始，到介入于小区各项民主管理的议事中，小区居民主动参与的积极性被激活了。这样，可以有效防止小区居民"被代表"的现象出现。居民在自治管理中倍感珍惜行使自己的民主权利，增强了对小区的归属感和认同感，进而提高了文明行为的自觉性，以此实现小区的自我管理。

三是提升居民公共意识。"绿主妇"自治行动的蓬勃开展，让更多的居民对小区一事一人、一草一木的关注度不断提升，对小区每一个活动小组和每一项小组活动的参与积极性不断增强，居民的环保意识、公共意识、文明意识也从中得到显著提升，夯实了开展自治家园建设和社会管理的群众基础，实现了小区居民自治方式的创新。

四是建构相互信任的和谐社区。"绿主妇 我当家"行动小组成了小区里参与人数最多、宣传活动最多、议事论事最多、深受老百姓信赖的一个公益性组织。在从未有过的人与人、家庭与家庭之间持续交流互动的良好氛围中，从自然生态的普及到人际生态的建立，再到人与社会生态的融合，基于居民个人、家庭个体的和谐共处环境已经在小区初步建成，以同心同德的群众之力量来共创自治，进一步增加了小区自治管理工作的号召力、影响力和凝聚力。

参考文献：

[1]Tilbury D. Environmental education for sustainability: Defining the new focus of environmental education in the 1990s[J]. *Environmental Education Research*, 1995, 1(2), 195－212.

[2]Brand K W. Dialectics of Institutionalization: The Transformation of the Environmental Movement in Germany[M]. Rootes C.*Environmental Movements: Local, National and Global*, London: Frank Cass, 1999:33－58.

[3]首都精神文明办公室和北京地球村环境文化中心. 绿色社区手册[J]. 前线，2001(4).

[4]梁莹. 环保社区社会组织生长的社会政策逻辑[J]. 人文杂志，2013(6).

[5]http://www.sogou.com/sogou? pid＝AQxRG-2241&query＝%C2%CC%D6%F7%B8%BE&p＝99350103&oq＝&ri＝-2.

[6]徐汇区凌云路街道梅陇三村居委会. 上海市迎世博居委会自治家园"观摩点项目申报材料，2011年11月.

[7]朱伟红. 以绿色载体培育社区自治——大力推进梅陇三村以项目化为特征的自治模式[R]. 在"凌云'绿主妇'自治项目的深化与拓展——社区自治专题调研会"上的发言，2014年7月17日.

PUBLIC

GOVERNANCE

公共财政

REVIEW

我国省级经营性国有资产透明度调查报告

郑春荣*

摘　要： 国有资产的信息披露可以保障所有者的知情权，也有利于社会公众进行监督。根据2008—2012年我国省级经营性国有资产透明度调查结果，我国的国有资产透明度总体情况较差，制度不健全，信息披露的方式较为混乱，时效性有待提高，信息披露范围没有做到全覆盖，信息披露的责任主体不清，为此需要进行相应的制度完善与管理强化。

关键词： 国有资产　经营性　国资委　透明度

经过长期的发展，我国的国有企业不断壮大，资产总量已经非常巨大。2011年底，国务院国资委所出资监管的中央企业资产总额高达28万亿元，净资产10.7万亿元。[1]各省市国资委出资并监管的国有资产总量也不少，例如2010年底，上海地方经营性国有资产总量达到10 960亿元。[2]面对如此庞大的国有资产，如何更好地决策、投资、分红，需要一系列的制度配套。其中最重要的是信息公开制度，让国有资产信息充分地展示到全国社会公众面前，既有利于群众进行最广泛的监管，又能让群众感受到国有企业主人翁的地位，行使股东所具备的权利。

2005年5月，经济合作与发展组织(OECD)发布的《OECD国家出资企业公司治理指引》指出：为了维护普通民众的利益，国家出资企业应遵循高标准的透明度，应该像上市公司一样依照高质量的会计和审计标准，"所有国家出资企业应该披露财务和非财务的信息，大型国家出资企业应按照国际上认可的高质量标准披露财务和非财务方面的信息"[3]。

信息披露制度可以充分保障国有企业所有者的知情权，社会公众监督是国有资产监督机制的重要补充。国有企业的监督主体包含人民政府及其有关部门、机构、社会公众。实施监督的基础是知情权，只有从制度上保障作为实际所有者的社会公众能够获得国有企业的经营信息，才能保障社会公众监督权真正落到实处，而公众监督机制则会因其具有的广泛性、全民性、实时性而成为现有国有资产监督机制的重要补充。

信息披露制度可以减少信息不对称，减少代理问题和"内部人控制"给国有资产带来的危害，提升国有资产监督效率。作为所有者代表的国家把监管国有企业的权力委托给

---

* 作者简介：郑春荣，上海财经大学公共政策与治理研究院副教授。

了国有资产监督管理部门，由其代行所有者职能进行监督。然而，由于监管企业众多，作为一个外部行政管理机构的国有资产监督管理部门很难深入了解企业的经营情况，因此，信息不对称造成的代理问题和内部人控制在所难免。国有企业实施信息披露制度，可以迫使公司管理层披露与公司经营有关的重大信息和问题，可以在一定程度上遏制由于所有者和经营者目标不一致、所有者监督不到位而引发的代理问题和"内部人控制"，有效完善和加强国有企业的监管，有利于国有资产的安全和保值增值，有利于强化国有资产监督。

为了推动我国各级政府加强对国有资产的管理，推动社会公众对国有资产的有效监督，笔者及几位同事组成课题组自2008年开始调查我国31个省级政府国有资产信息公开的情况，本文是根据2008—2012年连续4年调查结果而形成的。

一、研究文献综述

国内围绕经营性国有资产信息公开的研究文献并不多，观点大同小异。主要的观点有以下几种：

（一）国有资产信息公开具有必要性。

作为OECD对各国国有企业公司治理的指引性文件，《OECD国有企业公司治理指引》专列一章分析了透明性及信息披露制度对国有企业发展和政府监管的作用，指出："为了维护普通民众的利益，国有企业应该像上市公司一样透明。"[3]

钟雪斐认为，公众无论是作为资产的最终所有人还是基于公民的政治权利都有权要求国有资产信息公开，信息披露是对国有企业监督的重要手段。何顺文和李元莎认为，信息披露只是国有资产监督体系中的一个环节，它不可能解决国有企业监督的所有问题，但是，以信息披露制度为代表的某些制度具有普遍适用性，先行引进这些具有独立价值的制度实践，可以在某些方面形成突破，进而诱发、带动、促进整体制度的变迁。[4]孔玉生等在论述了国有企业财务信息公开的意义、目的和原则后，从信息披露的内容规定和披露质量测量方面展开讨论。[5]冯鸿光通过对国有企业信息公开的必要性、可行性的分析，提出应建立国有企业信息公开制度，并就其立法进行了构想。[6]李利军和李艳丽分析了国企改革引入信息公开制度的现实基础，以及信息公开制度对国有企业的作用，并对信息公开制度的几个具体问题进行了分析，包括信息公开的对象、时间、内容，信息公开的方式，信息公开的原则、程序、法律后果，信息公开后国民参与监督管理的具体形式等问题。[7]

（二）国有资产的信息公开应分类管理

郭媛媛认为，对于普通行业的国有企业，可以效仿上市公司采用定期或不定期的方式在网站、报刊公开信息或者在特定场合准备纸质信息材料以备公众查询；对于不参与一般市场竞争的、涉及国家机密的国有企业，可以不对外披露信息，只向出资人和相关部门报送资料即可。国有企业信息披露制度也可以参照上市公司信息披露制度规范分成定期披露和临时披露两部分。[8]

（三）国有资产的信息公开的程序与内容可参考上市公司的相关规定

从国有资产的一些重要事项信息公开来看，一些学者提出要加强对国有资产并购、资产重组、资产交易等重大事项的信息披露,如王献峰[9]。此外,一些学者提出要对国有资产股息分红行为强化信息公开,追踪国有资产分红的资金流向。还有一些学者提出,要强化对国有企业境外资产的信息公开与监管。郭媛媛认为,定期披露可以半年一次或一年一次。对于一些重大事项、重大决定可以采取临时披露的方式,规定在一定的时限内向社会公告,具体内容包括:(1)公司基本情况,包含公司名称,公司资本结构、公司组织结构以及相关事项。(2)公司治理情况,包含董事、监事以及高管人员简介,董事、监事以及高管人员的权力确定、任免机制规定,董事、监事以及高管人员的薪酬情况。(3)财务信息,包含会计数据,财务指标以及财务会计报告。(4)公司重大决定,即管理层讨论的对公司经营有重大影响的决定。(5)企业经营信息,即公司所经营业务的完整描述。(6)员工情况,包含员工构成、员工教育以及其他相关情况。(7)竞争环境,即国内和国际竞争法对公司经营的影响,目前经营的 SWOT 分析。(8)社会责任信息,即对社会环境的影响,是否有社会问题,承担的社会责任。(9)其他,包括合并、分立、改制、解散、申请破产等事项。[8]

就如何管理信息披露方面,綦好东和黄跃群提出,为了实现资源共享和监管有效,可以考虑建立以国资委为中枢的国有企业信息平台,将国资委掌控的国有企业信息(非保密部分)披露系统与财政、审计、税务、工商管理、银行等部门所掌握的国有企业信息系统相连接,以确保企业所公开披露会计信息的可靠和完整,避免企业通过多套账务系统编报不实信息情况的发生。[10]

(四)国有资产的信息公开的主体应该是国资委

从国有资产隶属部门来看,一些学者提出要将所有国有资产都归口到各级国资委,建立统一的信息公开平台,减少社会公众的信息搜索成本。例如,刘俊成提出:首先,应当建立以国资委为中心的信息披露体系,国有企业向其报告信息并进行首次披露,国资委负责国有企业信息的披露并编制覆盖全国范围的国有企业运行状况报告,予以总体披露;其次,明确国资委与国有企业均为信息披露义务人,对国有企业按所处市场地位与是否涉及国家安全为标准分为三类,分别课以不同的信息披露义务;再次,分析国有企业与上市公司、商业银行的信息披露区别,界定国有企业信息披露应当涉及的主要内容;最后,按照信息披露强制性不同,将信息披露渠道分为常规渠道与特殊渠道,针对常规渠道又按照披露周期不同分为定期报告与重大事项报告。

从国有资产信息公开形式来看,一些学者提出国有资产经营预算必须提交各级人大全体会议表决通过,经审批后向社会公开,而不能仅仅向各级人大常委会通报一下。

二、我国国有资产透明度的制度沿革及社会反馈

(一)国资监管部门及国企的信息公开进程

早在 2006 年,时任国务院国资委主任李荣融就提出过,要在“3 年内公布央企年报”[11]。此后,各地国有资产监管部门与国有企业的相关实践也悄然展开。

从 2006 年起,作为当时唯一一家主动公开披露其财务报告的非上市国有企业,中央企业中的诚通集团以年度报告的形式,公布集团基本情况、公司治理结构、财务信息与重大事项。

2008年，深圳市国资委正式向社会公布深圳市地铁有限公司和深圳巴士集团有限公司两家公用事业领域国有企业的财务信息，广泛接受社会的监督。深圳市此次向社会公开非上市国有企业财务信息，在全国尚属首次。

2009年，作为上海市分管国有资产监管工作的副市长，艾宝俊同志也认为，适当的时候，要让部分集团公司"参照上市公司管理模式"公开财报，提高透明度，"给社会看，给媒体看，给投资者看"[12]。

2009年，重庆市国资委表示，对其管辖的未上市国有企业今年内实行财务公开。

2012年5月，山西省委、省政府出台《关于进一步深化创新厂务公开民主管理工作的意见》，规定国有及国有控股企业要重点公开领导干部的工资(年薪)、奖金、补贴、住房、用车、通讯工具使用情况以及出国出境费用的支出情况等。

我们在赞赏这些实践先行者大胆创新的同时，也认识到目前各地存在的实践多为有选择的自觉披露，背离了信息披露强制性的根本要求，在信息披露内容的充实性和范围的扩展性上也多有保留，尚不能起到监督国有企业运营的基本目的，符号意义大于实质意义。

(二)国有企业信息公开的立法进程

在立法层面，2009年2月12日，国务院国资委发布了《国务院国资委国有资产监督管理信息公开实施办法》(以下简称《实施办法》)。根据该办法，除国资委主动公开外，个人和单位也可向国资委申请获得国资监管信息。该办法还承诺，将来国有企业的所有信息，除涉及商业秘密与国家安全的，都应当向公众公开。但遗憾的是，已经实施的《实施办法》由披露义务主体立法规范自身的披露行为，首先在公正性上就会受到诸多质疑，其次，披露的信息侧重于监管信息而非国有企业运营信息，另外对申请信息公开人的申请权利也缺乏制度保障。例如，《实施办法》规定，申请人申请公开的信息中涉及商业秘密的不予公开，如果涉及第三人利益的，应当征求第三人意见，根据第三人意见以及该信息对公共利益的影响决定是否公开。该条对商业秘密、第三人利益并没有明确定义，执行中易造成执法机关的任意解释；同时，该办法将征求第三人意见的时间排除于程序期限之外，也未规定征求意见。

(三)民间对国企信息公开的推动

2005年第十届三次全国人大会议期间，人大代表马蔚华提案要求制定"国有企业信息公开法"，扩大全体人民与企业职工的知情权。[13]

2012年2月3日，严义明在博客上发表《要求国资委公开117家央企三表、高管收入及茅台酒消费的申请》，引起舆论关注。严义明提出三点信息公开要求：一是公开国资委管理的117家央企的资产负债表、利润表及现金流量表；二是公开117家央企董事长、总经理、副总经理等高管的年收入，以及中层干部的平均年收入、一线员工的平均年收入；三是公开这些央企茅台酒消费的数量及金额。

三、省级国有资产透明度的评估方法

从法律上讲，我国所有公民都是我国国有企业的真正投资者和最终股东，有权利享有股东的基本权利——知情权，了解和监督国有企业的资产保值增值、运营及社会责任的履行情况，有权利要求国有企业公开披露重要信息。近年来，我国的相关立法也确认了公民的这项权利。例如，2009 年 5 月 1 日开始实施的《中华人民共和国国有资产法》第 66 条规定："国务院和地方人民政府应当依法向社会公布国有资产状况和国有资产监督管理工作情况，接受社会公众的监督。"虽然我国在法律上早已为国有企业监督管理部门及政府设定了针对国有企业的信息报告与公开义务，却因为规定过于笼统并缺乏可执行性而形同虚设。

2008 年 5 月 1 日，《中华人民共和国政府信息公开条例》(以下简称《政府信息公开条例》)正式颁布实施。该条例规定了公民申请获取政府相关信息的权利，同时也明确了各级政府信息公开机构提供信息的责任和义务。《政府信息公开条例》第 19 条规定："行政机关应当编制、公布政府信息公开指南和政府信息公开目录，并及时更新。政府信息公开指南，应当包括政府信息的分类、体系、获取方式，政府信息公开工作机构的名称，办公地址、办公时间、联系电话、传真号码、电子邮箱等内容。"

依据《政府信息公开条例》及其规定、政府信息公开指南、政府信息公开目录，我们就课题研究所需的相关信息(见报告附录)，通过邮寄邮政挂号信函的方式，向 31 个省份[①]的省政府信息公开办公室、省财政厅、省国有资产监督管理委员会等相关部门提出了书面的信息公开申请。

课题组根据 31 个省份的省政府及相关部门对 17 项国有资产的信息公开情况进行打分。信息公开的统计既包括这些部门通过政府网站、年鉴、公报等方式主动公开，也包括本课题组依法申请公开得到的信息。此外，课题组还对 31 个省份的省政府及相关部门对本课题组的信息公开申请的回复情况进行统计。

四、省级国资委国有资产透明度态度评估

在课题规定的截止期内，我们收到了一些省份相关部门关于"信息公开申请"的回复，但也有许多省份拒绝回复。表 1 是 3 年来关于 31 个省级国有资产监督管理委员会对本课题组信息公开申请的回应情况统计。

表 1　31 个省级国有资产监督管理委员会对本课题组信息公开申请的回应情况

省　份	2010 年	2011 年	2012 年
安徽	0	0	0
北京	0	0	1
福建	1	1	1
甘肃	0	0	1
广东	1	1	1
广西	1	0	1

① 这里的"省份"是指省级行政区划，具体包括省、自治区、直辖市。

续表

省　份	2010 年	2011 年	2012 年
贵州	0	0	1
海南	0	0	0
河北	0	0	0
河南	0	0	0
黑龙江	0	0	0
湖北	1	1	1
湖南	0	0	0
吉林	0	0	0
江苏	0	0	0
江西	0	0	0
辽宁	1	0	0
内蒙古	0	0	0
宁夏	0	0	0
青海	1	0	0
山东	1	1	0
山西	0	0	0
陕西	0	0	0
上海	1	1	1
四川	0	1	1
天津	1	1	1
西藏	0	0	0
新疆	0	0	0
云南	0	0	0
浙江	0	0	0
重庆	1	0	0
总　和	10	7	10

说明:“1”表示该省国资委以电话、传真、电子邮件、信函等方式对本课题组的信息公开申请予以回复;“0”表示该省国资委未回复。

从表 1 可以看到,从理论上讲,我们在 3 年中应该能够收到 93 份回复(31 个省份×3),但是我们只收到了 27 份回复,仅占总应收量的 29.03%。3 年来,完全没有回复的省份竟然高达17个，只有福建、广东、湖北、上海、天津这5个省份每年都回复我们的信息公开申请。①《政府信息公开条例》第24条规定："行政机关收到政府信息公开申请，能够当场答复的，应当当场予以答复。行政机关不能当场答复的，应当自收到申请之日起15个工作日予以答复；如需延长答复期限的，应当经政府信息公开工作机构负责人同意，并告知申请人，延长答复的期限最长不得超过15个工作日。"另外，该条例第26条规定："行政机关依照申请公开政府信息，应当按照申请人要求的形式予以提供；无法按照申请人要求的形式提供的，可以通过安排申请查阅相关资料、提供复制件或者其他适当形式提供。"这些省份的国资委的做法显然违反了《政府信息公开条例》的要求。

五、历年国有资产透明度的评估结果

2003年3月10日，十届全国人大一次会议第三次会议经表决，设立国务院国有资产监督管理委员会。此后，全国各地也相继成立地方国资委。目前，我国国有资产监管运作体系基本是采用三层次的管理架构：国资委（出资人）—国有控股（集团）公司（运营者）—国有企业。因此，我们将调查也分为三个层次进行研究。当然，目前国资委直接管理的企业中，除了上述类型以外，还有两种：一是国有资产经营控股公司，例如，国家开发投资公司，以控股公司为平台，由控股公司对一些国有股权进行管理和投融资；二是国资委以控股的方式直接持有企业资产，在一些整体上市的国企中往往可以看到国资委是其第一大股东。为了方便统计，我们将统计范围设定为国资委直接管理的企业（包括后两种类型的企业）。

我们对国有资产透明度的调查项目共计17项（详见附录），分三部分：第一部分调查各省份国有企业合并财务状况和财务成果透明度情况，第二部分调查各省份各国有企业集团总公司的合并财务状况和财务成果透明度情况，第三部分则调查各省份各国有企业的财务状况和财务成果透明度情况。

（一）总体得分情况

对于上述17项调查项，有关部门每公布一项内容的信息，就得到10分，满分为170分。

4年来，31个省份的平均得分（满分为170分）分别是25.33分、27.80分、27.63分和32.26分，总的来讲，国有资产透明度的情况有所改善，但步伐太小、太慢。如果折合成百分制得分，则分别是14.90分、16.35分、16.25分和18.98分，离及格线还差很远。

从各省份的排名来看，似乎无规律可循：2009年排名并列第一的安徽和辽宁在2012年双双排名最后一名；2009年排名垫底的内蒙古则在2012年排名第一。

（二）各项得分情况（见表2）

1.国有企业合并财务状况与财务成果透明度情况（第1项—第7项）

关于此项，各省份的得分情况还可以。其中，第1项（本级国企的收入总额、费用总额和利润总额）、第4项（本级国企资产总额、负债总额和所有者权益总额）一般在每年的财

---

① 在对我们的申请回复中，有许多是拒绝提供信息的回复。但不管怎样，能够在规定的时间内进行回复，表明这些政府机关的办事态度还是认真的。

政年鉴中有公布，所有31个省份的这两项得分均为满分。除了这两项以外，其他各项均为一些省份提供。

2.国有企业集团总公司的财务状况与财务成果透明度情况（第8项—第13项）

关于此项，各省份的得分情况不是很理想。除了上海等地提供了少量的信息以外，几乎没有公开。上海市国资委在《2007上海国有资产统计年鉴》中提供了《2007年上海市国资委出资监管单位经济指标表（合并）》，涉及其出资监管的46家企业的9项指标（资产总计、负债总计、所有者权益、国有权益、营业收入、利润总额、净利润、职业人数、企业户数）。

3.各国有企业的财务状况与财务成果透明度情况（第14项—第17项）

这几年来，我们无法从各省份的相关部门获取任何信息，因此，各省份在上述4项中的得分均为0分。

表2　　国有资产透明度调查情况

	项目内容	各省份平均得分（满分为10分）			
		2009年	2010年	2011年	2012年
所有国企合并财务状况和财务成果	1.本级国企的收入总额、费用总额和利润总额	10.00	10.00	10.00	10.00
	2.本级国企合并利润表	1.29	1.94	1.29	2.26
	3.本级国企合并利润分配表	1.03	0.00	0.32	1.61
	4.本级国企资产总额、负债总额和所有者权益总额	10.00	10.00	10.00	10.00
	5.本级国企合并资产明细	1.05	1.61	1.61	2.58
	6.本级国企合并负债明细	0.98	1.94	1.61	2.58
	7.本级国企合并所有者权益结构	1.03	1.61	1.61	2.58
各集团公司（总公司）合并财务状况和财务成果	8.各集团公司的资产、负债和所有者权益	0.43	0.32	0.65	0.54
	9.各集团公司的收入、费用和利润	0.00	0.22	0.54	0.11
	10.各集团公司的合并利润和利润分配表	0.00	0.16	0.00	0.00
	11.各集团公司的合并资产负债表	0.00	0.00	0.00	0.00
	12.各集团公司的合并现金流量表	0.00	0.00	0.00	0.00
	13.各集团公司的所有者权益变动表	0.00	0.00	0.00	0.00
各国企的财务状况和财务成果	14.各国企利润及利润分配表	0.00	0.00	0.00	0.00
	15.各国企资产负债表	0.00	0.00	0.00	0.00
	16.各国企现金流量表	0.00	0.00	0.00	0.00
	17.各国企所有者权益变动表	0.00	0.00	0.00	0.00

令人痛心的是，由于国有资产透明度的缺失，长期以来，一些国企老总借改制之名，实施腾挪大法化公为私，侵吞国有资产高达上千万元。为什么成千上万元的国有资产就这么轻而易举地蒸发了？难道我们没有一系列行之有效的措施予以防范和管制吗？国有资产之所以人为流失，之所以成了少数贪婪者的侵犯对象，最为关键的原因正是在于国有企业经营及产权转让过程中信息披露的不公开。

六、透明度调查中发现的问题

除了上述结论以外，我们在调查中还发现我国国有资产透明度方面存在相关的管理问题。

（一）目前的经营性国有资产信息公开制度很不完善

以下各项法律均未能明确国有资产的透明度应该如何管理：

● 2009年2月，国务院国资委颁布了《国有资产监督管理信息公开实施办法》，提出国资委应当主动向公民、法人和其他组织公开的信息有15项。然而，这15项规定较为粗糙、模糊，如第六项“所出资企业生产经营总体情况”、第七项“所出资企业国有资产有关统计信息”、第八项“所出资企业国有资产保值增值、经营业绩考核总体情况”等。从这几项规定来看，公开信息内容似乎包括了国有企业的所有重要的财务信息、经营信息，但又无法让公众了解这些信息公布的口径是什么，公布的详细程度如何掌握，一些与上市公司不同的指标如何理解（如“统计信息”“保值增值”）。

● 2007年9月8日，国务院颁布《关于试行国有资本经营预算的意见》（国发[2007]26号），但对国有资本经营预算的信息公开没有任何规定。

● 2008年10月28日，全国人大常委会通过的《中华人民共和国企业国有资产法》只规定，国有企业必须向出资人提供真实、完整的财务、会计信息。

（二）信息公开的形式需要改进

1. 信息获得的便利性

（1）本应主动公开的信息不应设为依申请而公开。在调查中，福建等省份的财政厅依申请公开制度直接向我们提供了相关信息，广东等省份的国资委直接向我们提供了相关信息。依申请公开制度加大了信息获取的成本。我们认为，财政和国资等部门应尽可能增加主动公开的信息，减少依申请公开的信息。

福建省连续两年在信息公开方面高居榜首，但是其提供的大部分信息都是通过依申请公开获得的。有的省份的信息公开得分虽然远低于福建省，但是这些省份的信息全部是政府通过网络与出版物主动公开的。对公民、法人或者其他组织而言，行政机关主动公开是更为快速、便利、低成本获取政府信息的途径。

我们认为，国有资产的相关信息均应由政府主动公开信息。理由是：

第一，国有资产属于全国人民，并非少数人的自身利益。《政府信息公开条例》第九条规定：“行政机关对符合下列基本要求之一的政府信息应当主动公开：（一）涉及公民、法人或者其他组织切身利益的；（二）需要社会公众广泛知晓或者参与的；（三）反映本行政机关机构设置、职能、办事程序等情况的；（四）其他依照法律、法规和国家有关规定应当主动公开的。”国有资产的信息公开符合政府主动公开信息的条件。

第二，国有资产不符合“依申请公开政府信息”的条件。依申请公开政府信息制度之所以能免除行政机关的主动公开义务，一般是因为这部分政府信息不需要广泛知晓、不是普遍需求，只为少数公民、法人或者其他组织有影响或者所需要。[14]国有资产并不是针对少数公民、法人而设立。

（2）主动公开的信息也存在许多问题。这里主要存在几方面的问题：

第一，省财政厅和省国资委存在不同的统计体系。有的省财政厅可能直接要求省属国有企业直接报送报表；有的省财政厅直接采用国资委提供的数据；有的省财政厅提供的数据除了国资委出资监管企业以外，还包括其他国有企业。数据来源混乱和统计表格设计不统一，给国资信息带来了许多问题。各省份提供国资相关信息的出版物也是五花八门，有财政年鉴、统计年鉴、国有资产统计年鉴、企业集团统计年鉴等。即使同样是财政年鉴，每个省份的财政年鉴所包含的统计信息也不尽相同，而且在格式方面有很大的随意性。

第二，合并报表产生一系列混乱现象。我们的透明度调查提纲要求提供本级政府直属国有企业年末合并的资产总额、负债总额、所有者权益总额以及上述三项的明细数据。这几个调查项是依据当前财政和国资部门的现行报表格式设计的。我们认为，这些统计口径本身是不科学的。原因在于各地的财政和国资部门并没有真正地“合并会计报表”，而是直接将所有企业的数据直接加总，这样做将大大虚增资产总额和负债总额。我们认为，为了便于国际比较，便于与私营企业比较，以及方便社会公众的监督，国有资产的统计制度应该严格执行企业会计制度的一整套标准，尽量不要自行设计统计口径和报表，更不能出现“字相同、意不同”的情况。

第三，主动公开的信息难以获取。有关部门口口声声称信息早已公布，可是社会公众却根本无法获得所需信息。在调研之前，我们很难想象为什么政府主动公开的信息却难以获取？既然想“主动公开”，为什么又要遮遮掩掩呢？在调研中，我们发现，政府主动公开的信息存在的获取难点有：

首先，有些政府网站设置复杂，栏目分类混乱。例如，一些政府主动公开的信息本应放在显著位置并设置专栏，但这些信息被设置在新闻栏目，当作“新闻”发布。随着时间的推移，这些信息“下沉”后难觅踪迹。一些政府网站没有提供搜索引擎，给社会公众的查询带来一些障碍。

其次，信息公开的渠道庞杂，让人无所适从。例如，重庆市国资委在给我们的答复中认为：“重庆市国有企业改革发展的基本情况、国有企业概况、国有企业改革发展动态信息和有关数据，你们可以在重庆市政府公众信息网（http://www.cq.gov.cn/）、重庆市政府公报、重庆市国资委网站（http://www.sasaccq.gov.cn/）、《中国国有资产监督管理年鉴》《重庆年鉴》《重庆统计年鉴》《重庆经济年鉴》《重庆国企》（双月刊）等渠道自行查阅。”从表面上看，重庆有关部门已经公开相关信息，但是，面对这么多的信息来源渠道，一般的社会公众查找起来没有一两周时间恐怕是不够的。

再次，公开的资料无法购买。有些省份的财政年鉴、国资年鉴是内部出版物，根本无法买到；有些省份的年鉴虽然是公开出版物，但可能是省财政厅或省国资委自行包销的原因，在所有的书店都无法购买到。我们在调研中发现，有时为了获得政府已经主动公开的信息，我们竟然还需要动用私人关系。

（三）信息公开的范围没有做到全覆盖

目前，各省份国资委提供的国有资产信息基本上仅限于由其出资并监管的企业。然而，在国资委的监管范围之外，仍然存在大量的国有企业，这就造成国有资产信息的统计失真。例如，广西壮族自治区国资委在给我们的答复《依申请信息公开答复函》（桂国资函[2009]432 号）中，认为“目前广西自治区本级直属国有企业中只有 43 家划归我委直属监管，监管范围之外的区本级直属国有企业的相关信息我委并不掌握，故只公开我委监管企业的汇总数。如你们仍需申请公开我区全部国有企业决算信息，请向广西自治区财政厅、统计局等单位提出申请咨询”。目前除中央企业外，地方国有企业资产的74%已经纳入地方国资委的监管范围，如果加上国务院国资委监管的国有资产，这一比例为78%，这也就意味着还有22%的国有资产游离在监管范围之外。尽管这一比例看起来并不低，但各地国资委在监管范围上却存在着较大的差距，大的已经超过了95%，小的却还不到30%。[15]

目前，尚未纳入国资委出资并监管的企业主要有：

第一，一些委办局仍然管理许多企业，没有移交给国资委。以上海市为例，截至2009年底，上海尚有数千亿经营性国有资产分散在33个委办局，并未纳入市国资委的统一出资与监管范畴。[16]

第二，金融性国有资产是否归属国资委监管仍然存在争议。上海市属金融国企共有16家，资产总额逾2.45万亿元。[16]其中，上海国际集团为上海市国有独资，其余东方证券、华安基金、富国基金、申万巴黎基金、安信农保等15家均为股份制企业。长期以来，这些市属金融国资的经营性国有资产，并未被纳入市国资委的“履行出资人职责单位名单”内。

第三，行政事业单位(例如高校、医院)也拥有大量的国有企业，游离于国资委的监管之外。在2003年国资委成立之初，就有专家提议，对于北大、清华、交大这类中央直属高校，应该有明确的高校国资管理条例。遗憾的是，时隔5年，高校国资管理在规章制度建设上仍无明显进展。[17]

由于部分国有经营性资产直接从属于各党政机关、事业单位，长期形成的多头监管、政企不分格局仍未被彻底打破。而近年来，各地也在探索相应的解决方法。例如，2008年8月31日，上海市委、市政府印发了《关于进一步推进上海国资国企改革发展的若干意见》(沪委发[2008]9号)，提出市属经营性国资统一纳入国资监管范围。2010年1月7日，上海市国资委与市委宣传部、市金融办签署了《委托监管书》，将宣传部、金融办旗下的64家企业纳入国资委统一监管范畴，涉及的国资权益数总计646.29亿元(按2008年底经审计数额)。对这64家企业，上海市国资委将作为出资人，委托市委宣传部、市金融办进行监管。但是，2009年5月1日起实施的《中华人民共和国企业国有资产法》第11条规定：“国务院和地方人民政府根据需要，可以授权其他部门、机构代表本级人民政府对国家出资企业履行出资人职责。”这实际上承认了国有资产分割管理的合法性。

从财政透明度调查研究的目的来讲，我们并不关注国有资产是否应该全部纳入国资委的出资和监管范围，但我们坚持各级必须有统一的机构、统一的统计口径、统一的信息发布人来公开国有资产的信息，接受社会公众的质询。

(四)地方政府滥用“信息保密”的规定

我们在调研中遇到许多省份以信息保密为由拒绝公开信息。例如：

● 2009年10月29日，山东省国资委在《关于答复政府信息公开申请的函》中认为：“结合山东省国资委工作实际和保密规定，现提供申请公开的第97项和第100项中的有关数据，其他数据属于我委确定的工作秘密和企业商业秘密，不便向社会公开。”

● 2009年10月23日，福建省国资委在《关于答复温娇秀等6位同志信息公开申请的函》(闽国资信息公开[2009]3号)中认为:“二、关于调查项目编号第98、99、101、102、103条,根据《中华人民共和国政府信息公开条例》及《国务院国有资产监督管理委员会国有资产监督管理信息公开实施办法》,所述申请公开的内容并不属于政府信息公开的范围。三、关于调查项目编号第104—113条,所述申请公开的内容因涉及商业秘密,根据《中华人民共和国政府信息公开条例》第二十三条规定,不予公开。”

我们认为,国资委及国有企业不是一般的民事主体,上述“信息保密”理由是站不住脚的,依据是:

第一,国家出资企业是全体国民共同投资设立的,拥有比上市公司数量更多的投资者,具有明显的联合众人资本、使用社会信用的特征。人民将自己的财产委托给政府,政府再将其委托给国家出资企业的经营者经营管理,在这个双重委托关系中,人民是国有产权的所有者,政府是出资人代表。目前对国有产权经营的监管方式是,全体投资者通过人大对政府预算、决算进行监督管理,各级国有资产监管机构代表政府直接或间接地对国家出资企业进行监管。由于制度和人的因素,这个双重监管链条中的多个环节都存在疏漏,国家出资企业事实上基本不受最终投资人的监督和约束,而为内部人所控制。即使企业盈利的剩余索取权仍归投资者,也因缺乏真正负责的代表以及委托人与代理人的信息不对称而使得人民的利益受损。财务信息公开披露管理将国家出资企业的财务信息公开,体现了国有资产的所有者——人民管理和监督国有资产的权利,从而有效地保护了出资人、投资人及相关利益人的利益。

第二,国有企业具有私人企业所不拥有的特权,在许多投资领域,只有国有企业能够进入。如果是一个私人部门,那么各级国资委就不应享受财政拨款,其办公经费应来自被投资企业。正如本课题成员蒋洪所认为的,“国有企业应当如同上市公司那般,有责任报告给民众其经营状况。理由很简单,国有企业用的是纳税人的钱,我们大家都是它的股东,理所当然要知道它的运行情况”[18]。

第三,事实上,我国的国有企业承担了许多社会功能。和一般企业不一样,中央企业还承担着国家定点扶贫和援疆援藏工作。93家中央企业定点帮扶189个国家扶贫工作重点县,占国家扶贫开发工作重点县全部数量的31.9%。44家中央企业在新疆、40家中央企业在西藏开展了各类援助帮扶工作。2011年初的利比亚撤侨中,相关中央企业出动飞机76架次、轮船6艘,撤出了员工25 481人,并协助使馆撤离其他中资企业员工、留学生和外籍员工近8 000人。电网、电力、电信等企业还在保障广州亚运会、深圳大运会中发挥了重要作用。在汶川地震、玉树地震、舟曲泥石流等重大自然灾害中,电力电网、石油石化、航空运输、建筑施工等央企挺身而出,发挥了关键作用。北京奥运会、上海世博会、广州亚运会等重大活动的设施保障,处处跃动着中央企业的身影。国有企业发挥了主力军作用,出色完成了世博园区80%的建设任务、70%的设计任务、60%的项目管理,为上海举办“成功、精彩、难忘”的世博会作出了重要贡献。

(五)信息公开的责任主体

我们在申请信息公开的过程中,遇到一些省份的财政厅和国资委互相推诿。有的省国资委甚至表示自己没有公开信息的权力。例如,内蒙古自治区财政厅在《关于对上海财经大学蒋洪等同志申请公开信息的复函》中认为,“提纲第三部分不予公开政府信息的理由:此部分内容属于不予公开事项,理由:企业的信息公开有企业公开的渠道,作为企业的监管部门没有权力将企业提供的信息对外公开,况且许多信息还涉及企业的商业秘密”。我们认为,财政部门作为政府的“总账房”,只要是政府的资产(包括国有资产)信息,都有向公众公开的义务;国资委作为国有资产的出资人和监管者,更有义务披露国资信息。前述内蒙古国资委竟然以“作为企业的监管部门没有权力将提供的信息对外公开”为由拒绝公开信息,真是荒谬! 2009 年 5 月 1 日开始实施的《中华人民共和国企业国有资产法》第十一条规定:“国务院国有资产监督管理机构和地方人民政府按照国务院的规定设立的国有资产监督管理机构,根据本级人民政府的授权,代表本级人民政府对国家出资企业履行出资人职责。”第十五条规定:“履行出资人职责的机构对本级人民政府负责,向本级人民政府报告履行出资人职责的情况,接受本级人民政府的监督和考核,对国有资产的保值增值负责。履行出资人职责的机构应当按照国家有关规定,定期向本级人民政府报告有关国有资产总量、结构、变动、收益等汇总分析的情况。”因此,国资委不但是“监管者”,更是“代表本级政府的出资人”,理应向社会公众公布其出资并监管企业的所有信息。

世界上大多数国家在建立国有企业信息披露制度时也要求其国有企业监管部门承担一定的披露义务。《OECD 国有企业公司治理指引》指出,“协调主体或集中的所有权实体(The Coordinating and Ownership Entity)应当开发覆盖所有国有企业的合并报告”[3]。该指引没有关于“协调主体或集中的所有权实体”定义的确切表达,但这一组织的建立是为了将所有权的职能集中于一个独立于政府的或受政府管辖的部门,因此可以认为“协调主体或集中的所有权实体”实际履行与我国国资委类似的职责。又例如,新西兰《国有企业法案》(State-Owned Enterprises Act 1986)规定,不仅国有企业(Crown Corporate and SOEs)负有信息披露义务,承担国有企业管理职责的大臣(Responsible Minster)也有向国会报告并向公众披露信息的义务。

从能力上看,国资委也具备一定的信息管理优势。实际上,在多年的国有资产监管实践中,国资委也已经承担了部分信息披露的职责。国资委通过《中央企业财务决算管理办法》《企业国有资产统计报告管理办法》《企业国有资本以财务管理暂行办法》等对中央企业的财务决算报告编制、审核、审计、分析、披露等方面进行了规范,并结合由稽查特派员制度演变来的监事会制度,通过向国务院报送监督检查或专项报告的形式,行使多角度的监督管理。例如,根据《国有企业国有资产统计工作指南》的规定,地方所属国有企业、中央部门所属国有企业和中央监管企业,一般应在每年 4 月 30 日前上报企业会计报表等相关材料。其中,企业会计报表按照国家财务会计统一规定,由资产负债表、利润及利润分配表、现金流量表、所有者权益变动表、资产减值准备计提情况表及相关附表构成。企业会计报表应当经过中介机构审计。然而遗憾的是,虽然有对国有企业的信息搜集,但国资委还没有实际承担综合国有资产各部门运行信息,汇总上报最高议事机构并向社会公众公开的职责。

总体来看,由国资委作为信息披露义务人(见图 5),一方面可以向国有企业收集信息,另一方面又能协调其他监管机构将所得信息汇总整理,从而建立一个有层次、有协调、有

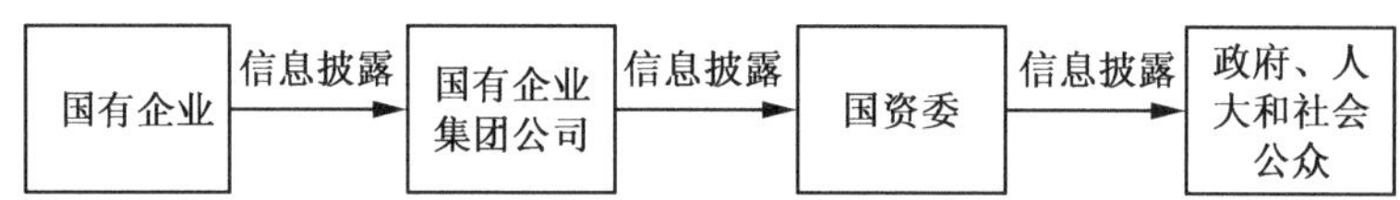

图5 国有资产信息披露的流程

监督的三层模式:在国有企业层面,针对不同事项定期与不定期向监管机构报告,根据报告内容的不同,决定是否公开披露;在国资委层面,制定国有企业的报告与信息披露制度,对国有企业运营状况进行监督,并向国务院报告,对报告内容进行公开披露;以国资委为主,通过与各个国有资产监管部门的协调,制定覆盖所有领域的合并报告,面向所有公众及媒体公开。

(六)国有资产信息的分类管理

国有企业有多重使命。有的国有企业是政策性公司,例如处置不良资产、推进企业后勤服务社会化、为建设公益性基础设施而专门成立的项目公司等;有的国有企业是市场化经营、追求股东利益最大化的。以上海世博(集团)有限公司为例,该公司的主要任务是在世博会工作中,负责建造中国2010年世博会世博中心、主题馆两大永久性场馆,并负责这两个场馆世博会期间的运营管理以及世博会后的后续利用[19],而世博会的目标是"收支相抵"而非"利润最大化"。因此,国有企业宜分类监管,分类考核,防止企业以政策性亏损为由推卸经营责任。上海市国资委也曾提出过"统一授权、统一规则、分类监管"的想法。我们建议财政和国资部门将国企按经营目标进行分类并相应提供数据,以符合这一现实情况。我们考虑在今年的后续调查中增设不同的指标。

七、政府在推进国有资产透明度方面存在的操作性难题

我们还应该看到,国有资产信息公开与政府资产信息公开是不一样的,国有资产信息公开在实际操作中存在一些难题,需要进一步探索如何完善。

一是国有资产经营预算信息公开制度。国有资产经营预算信息公开制度的标准应比照财政预算的公开标准,但在操作中有一些难度,例如国有资产经营预算涉及许多上市公司,编制预算阶段的信息公开可能造成一些上市公司的经营计划提前公布。国有资产经营预算与财政预算不同的是,前者需要编制合并报表,否则毫无意义。但合并报表的编制费时长,影响时效性。

二是国有企业的信息披露制度。从理论上讲,只要是国有企业,都应该披露其财务信息。但目前股份制的推行,实际上造成了大多数国有企业都有合资公司,许多国有企业都是投资性公司。如果仅公开母公司的报表,则没有实质性的信息;如果要求公开股份制公司的信息,则需要征得其他股东的同意。

三是国有资产重大事项专项信息公开制度。国有资产重大事项,例如资产重组、公司购并等,应该全面披露信息,以便从全社会范围最大限度地进行监管。但是,公司购并、资产重组等都是商业信息,在某种程度上,不公布是出于其商业上的利益考虑。因此,如何把握公开程度,也是一个很大的问题。

附录:国有资产透明度调查内容

类　别	项目内容
所有国企合并财务状况和财务成果	1.本级国企的收入总额、费用总额和利润总额 2.本级国企合并利润表 3.本级国企合并利润分配表 4.本级国企资产总额、负债总额和所有者权益总额 5.本级国企合并资产明细 6.本级国企合并负债明细 7.本级国企合并所有者权益结构
各集团公司(总公司)合并财务状况和财务成果	8.各集团公司的资产、负债和所有者权益 9.各集团公司的收入、费用和利润 10.各集团公司的合并利润和利润分配表 11.各集团公司的合并资产负债表 12.各集团公司的合并现金流量表 13.各集团公司的所有者权益变动表
各国企的财务状况和财务成果	14.各国企利润及利润分配表 15.各国企资产负债表 16.各国企现金流量表 17.各国企所有者权益变动表

参考文献:

[1]白天亮. 央企资产总额10年来从7.13万亿增至28万亿[N].人民日报,2012-04-12.

[2]上海市国资委. 上海市国资国企改革发展"十二五"规划. [2012年5月17日]http://www.shgzw.gov.cn/gzw/sub2_1_1.jsp? main_colid=24&top_id=2&artid=19795&third_id=33&fourth_id=59.

[3]经济合作与发展组织. OECD国有企业公司治理指引[M]. 北京:中国财政经济出版社,2005.

[4]何顺文,李元莎. 国有企业深层改革应重视信息披露提升[J]. 财政监督,2006(2).

[5]孔玉生,苗晴,宋文阁. 试论国有企业财务信息公开披露管理//中国行政管理学会."建设服务型政府的理论与实践"研讨会暨中国行政管理学会2008年年会论文集.

[6]冯鸿光. 国有企业信息公开立法初探[J]. 中山大学学报论丛,2006(4).

[7]李利军,李艳丽. 国有企业信息公开制度刍论[J]. 资本市场评论,2001(11).

[8]郭媛媛. 中央企业信息披露的制度重构:国际经验及启示[J]. 改革,2009(11).

[9]王献锋. 建立信息披露制度完善国企监督机制[J]. 中国审计,2005(22).

[10]綦好东、黄跃群. 我国非上市国有企业信息公开披露:现状分析与制度设计[J]. 管理世界,2009(2).

[11]孙汝祥. 国资信息公开今迈步. [2009-04-13]http://finance.sina.com.cn/leadership/mroll/20090413/13406096212.shtml.

[12]黄淑慧. 上海国资证券化率今年提至30%以上[N]. 东方早报,2010-01-13.

[13]张建平,姚润丰. 马蔚华:应制定国企信息公开法把国企资产置于群众监督之下. http://news.xinhuanet.com/newscenter/2005-03/04/content_2648136.htm.

[14]罗长青. 政府信息依申请公开若干法律问题. http://www.sls.org.cn/xuezhe_article_detail.jsp?main_id=7&id=2008631143241.

[15]康怡，席斯. 地方先行"大国资"雏形渐成[N]. 经济观察报，2011-07-22.

[16]周呈思. 上海国资委"大一统"：金融国资也进入[N]. 21世纪经济报道，2010-01-08.

[17]贾丽. 交大南洋股权转让迷雾[N]. 证券日报，2008-07-08.

[18]潘高峰，江跃中. "麻辣委员"蒋洪紧盯政府"钱袋子"，为阳光财政奔走呼告[N]. 新民晚报，2010-03-07.

[19]http://www.shanghaiexpogroup.com/jtgk.htm.

中国省级财政透明度的变化趋势、原因及建议*

温娇秀　邓淑莲　杨丹芳**

摘　要： 通过对2009—2013年我国31个省级政府财政透明度的调查和评估，我们发现我国省级财政透明度逐年上升，但整体水平依然很低；各省份①特别是排名前列省份财政透明度的跨年度变化较大；省际间财政透明度差距较大，且呈现先缩小后扩大的趋势。我们认为，与财政信息公开相关的法规制度方面的进展和不足是解释省级财政透明度变化趋势的重要因素。为进一步提高省级财政透明度，我们建议：修订现行有关信息公开的法律法规；在《中华人民共和国预算法》中明确预算公开的法律界限；进一步加强中央政府的示范和推动作用，将财政信息公开纳入政府绩效考核体系。

关键词： 省级政府　财政透明度　法规制度

中共"十八大"报告指出："坚持用制度管权管事管人，保障人民知情权、参与权、表达权、监督权……让人民监督权力，让权力在阳光下运行。"保障人民知情权、让人民监督权力的一个重要前提是让人民知晓他们委托政府管理的所有公共资金和资产的运行状况，即必须要有一个公开、透明的财政。然而，长期以来，由于原有制度的影响以及其他方面的原因，我国财政仍然缺乏足够的透明度。为推动财政信息公开，实现"让权力在阳光下运行"的目标，上海财经大学公共政策研究中心"中国财政透明度评估"项目组依据《中华人民共和国政府信息公开条例》，于2009年开始对中国省级财政透明度状况进行评估，迄今已连续进行了5年，并发布了5份年度评估报告。5年过去了，人民的知情权是否有了更可靠的保障？财政透明度的变化如何？我们连续多年的跟踪调查和评估可以反映这一状况。

一、5年来省级财政透明度的变化趋势

项目组对我国31个省级政府财政的透明度进行了连续5年的调查和评估，各年的调

* 本文系国家社会科学基金项目"我国省级政府透明预算实现机制研究"（项目号：11BZZ061）的阶段性研究成果。感谢蒋洪教授、刘小兵教授、曾军平副教授以及郑春荣副教授等为调查和评估所做的工作。

** 作者简介：温娇秀，上海财经大学公共经济与管理学院副教授；邓淑莲，上海财经大学公共经济与管理学院教授；杨丹芳，上海财经大学公共经济与管理学院副教授。

① 此处"省份"表示省级行政区划单位，具体包括省、自治区、直辖市，下同。

查项目和评分标准基本保持一致[1]，因此评分具有可比性。从我们 5 年的调查和评估结果来看，中国省级财政透明度的变化趋势呈现出以下特点：

(一)省级财政透明度整体水平虽逐年上升，但依然很低

从 2009 年至 2013 年，我国 31 个省级政府财政透明度的平均得分以百分制来计算分别为 21.71 分、21.87 分、23.14 分、25.33 分和 31.40 分。5 年来的平均得分逐年上升，最初 3 年上升势头比较平缓，后两年有加速上升的趋势，特别是最后一年的增幅最大。尽管如此，我国省级财政透明度的整体水平依然很低，即使是得分最高的 2013 年，其平均得分也仅有 31.40 分，这说明 31 个省份作为一个整体来看的话，只公开了全部调查信息中不到 1/3的信息。

同期 31 个省份中，财政透明度排名前 5 位省份的平均得分分别为 37.33 分、30.90 分、35.87 分、43.75 分和 59.24 分。数据显示，排名前列省份的透明度状况在这 5 年中并不是逐年上升的，其在 2010 年有一个较大的下降，2011 年以后再逐年上升，其增幅也是在 2013 年达到最大。财政透明度排名最后 5 位省份的平均得分分别为 15.33 分、16.80 分、16.65 分、16.85 分和 18.57 分。从总体来看，处在透明度低端的省份前 4 年的改进非常有限，基本上徘徊不前，最后一年有所改进，但幅度很小，透明度依然处在极低的水平上。

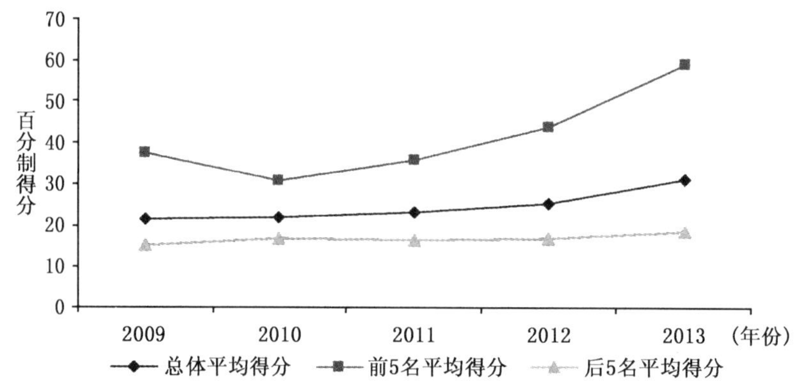

图 1　省级政府财政透明度平均得分、前 5 名平均得分和后 5 名平均得分及变化

(二)各省份财政透明度跨年度变化较大，排名前列省份的变动相对更大

综合 5 年的排名情况可以看出，我国各省份财政透明度年度排名变化较大，各省份的年度排名几乎很少保持稳定(见表 1)。5 年综合排名第一的是福建。该省在 2009 年和 2010 年的年度排名中都列居首位，在 2013 年排名第二，是省级财政透明度的佼佼者。尽管如此，该省的财政透明度状况仍然缺乏稳定性。2010 年该省虽然继上年仍排名第一，但得分却由上年的 62.66 分下降为 50.41 分，2011 年和 2012 年更是降至 21 分左右，排名则分别下降到第十五和第十八位，只是到了 2013 年排名才重新回升到第二位。

综合排名第二的是海南，在 2013 年的省级财政透明度评估中，海南表现得特别突出，获得了 77.70 的高分，是 5 年来各省份年度得分中的最高记录。海南在财政透明度方面的进步无疑是最为显著的，它从 2009 年的第二十八位跃居到 2013 年的第一位。很明显，海南在财政透明度方面表现出相当大的不稳定性，年度排名有很大的起伏。

此外，尽管综合排名靠后省份的年度排名也有变化，但相对于排名前列的省份来说，它们的变化相对要小。5 年综合排名倒数第一的是吉林，其年度排名分别是两次倒数第二、倒数第四、倒数第七和倒数第一，年度之间尽管也有波动，但 5 年间有 4 年都是在最后 5 名的名单之中。类似的情况还有贵州、山西等排名靠后的省份。

为进一步展示各省份财政透明度的跨年度变化情况，我们计算了各省份得分的变异系数指标。数据显示：海南的变异系数最大，福建、新疆等综合排名前列省份的变异系数也较大，且排名前列；与此相反，山西的这一指标值最小，同时贵州等排名靠后省份的这一指标值也较小且排名靠后。由此可见，综合排名前列省份财政透明度的跨年度变化相对更大。

表 1 **各省级财政透明度跨年度变化情况**

省份	排名						名次变化				得分变异系数	
	5 年综合	2009 年	2010 年	2011 年	2012 年	2013 年	2010 年比 2009 年	2011 年比 2010 年	2012 年比 2011 年	2013 年比 2012 年	值（%）	排序
福 建	1	1	1	15	18	2	0	−14	−3	16	49.70	4
海 南	2	28	9	25	5	1	+19	−16	20	4	73.21	1
新 疆	3	21	29	1	4	3	+8	28	−3	1	45.47	5
内蒙古	4	2	18	3	3	22	−16	15	0	−19	34.53	8
河 北	5	24	13	2	8	6	+11	11	−6	2	40.21	7
湖 北	6	15	23	19	1	7	−8	4	18	−6	45.09	6
黑龙江	7	27	19	29	2	5	+8	−10	27	−3	54.83	3
山 东	8	14	2	10	6	10	+12	−8	4	−4	23.65	12
北 京	9	4	14	17	9	12	−10	−3	8	−3	19.16	15
西 藏	10	12	11	27	30	4	+1	−16	−3	26	57.19	2
广 西	11	23	7	24	7	8	+16	−17	17	−1	34.49	9
上 海	12	15	6	5	13	11	+9	1	−8	2	18.86	16
江 苏	13	6	15	6	11	15	−9	9	−5	−4	10.00	26
河 南	14	9	12	14	21	9	−3	−2	−7	12	29.60	10
广 东	15	11	3	8	12	20	+8	−5	−4	−8	9.34	28
安 徽	16	3	10	13	29	19	+7	−3	−16	10	23.39	13
四 川	17	8	8	9	20	23	0	−1	−11	−3	7.64	29
湖 南	18	18	4	7	2	28	+14	−3	5	−26	12.98	23
江 西	19	19	16	4	26	16	+3	12	−22	10	16.82	19
浙 江	20	15	5	12	15	29	+10	−7	−3	−14	10.93	25
重 庆	21	25	25	16	23	13	0	9	−7	10	25.31	11
甘 肃	22	30	21	22	10	14	+9	−1	12	−4	22.79	14
辽 宁	23	5	24	18	22	30	−19	6	−4	−8	16.07	20

续表

省份	排名						名次变化				得分变异系数	
	5年综合	2009年	2010年	2011年	2012年	2013年	2010年比2009年	2011年比2010年	2012年比2011年	2013年比2012年	值(%)	排序
天津	24	7	20	21	19	21	−13	−1	2	−2	7.21	30
陕西	25	20	27	11	16	25	−7	16	−5	−9	10.95	24
云南	26	29	6	23	14	17	+23	−17	9	−3	17.60	18
山西	27	22	17	20	28	27	+5	−3	−8	1	6.32	31
青海	28	10	22	26	31	24	−12	−4	−5	7	14.68	21
贵州	29	13	28	31	27	26	−15	−3	4	1	9.95	27
宁夏	30	26	31	30	24	18	−5	1	6	6	17.89	17
吉林	31	30	30	28	25	31	0	2	3	−6	13.15	22

资料来源：根据上海财经大学“中国财政透明度评估”项目组2009—2013年调查资料计算得到。

（三）省际间财政透明度差距较大，且呈现先缩小后扩大趋势

从表2可以看出，我国省际间财政透明度差距较大，且这一差距呈现出先缩小后扩大的趋势。从2009年至2013年，年度得分最高的省份与得分最低省份的差距分别为47.87分、35.04分、27.91分、31.01分与63.70分，各年度最高得分与最低得分的差距很大，特别是在2013年，得分最高的海南（77.70分）是得分最低的吉林（14.00分）的5.55倍，其绝对差距高达63.70分。此外，为准确地反映出省际间财政透明度整体差距的变化趋势，我们也计算了变异系数指标，2009—2013年该指标的值分别为48.96%、37.68%、32.88%、30.81%和43.21%，从中可以看出，我国省际间财政透明度整体差距在2009—2012年间呈现出逐年缩小的趋势，但在2013年度，省际间财政透明度的整体差距有较大的上升，其仅次于2009年。由此可见，我国省际间财政透明度呈现出先“竞争”后“趋同”然后再“竞争”的现象。

表2　2009—2013年省际间财政透明度差距变化

年　份	2009	2010	2011	2012	2013
最高分	62.66	50.41	43.65	45.2	77.70
最低分	14.79	15.37	15.74	14.19	14.00
最高分与最低分之差	47.87	35.04	27.91	31.01	63.70
标准差系数(%)	48.96	37.68	32.88	30.81	43.21

资料来源：根据上海财经大学“中国财政透明度评估”项目组调查资料计算得到。

二、我国省级财政透明度变化的原因分析

财政信息公开需要法律制度的保障，这方面的进展与不足是解释我国省级财政透明度呈现如此变化趋势的重要因素。

（一）省级财政透明度整体水平呈上升趋势但依然较低的原因分析

2008年5月1日起实施的《中华人民共和国政府信息公开条例》（以下简称《政府信息公开条例》）无疑是推动我国政府信息公开的一个具有里程碑意义的文件。自新中国成立以来到该条例颁布之前，我国只有保密法和保密条例，因此，该条例的颁布与实施在法律上为政府信息公开奠定了基础，同时也为财政透明开拓了道路。《政府信息公开条例》第九条规定了行政机关应当主动公开的信息，这为政府信息公开开拓了广阔的空间，显示了“公开为原则，不公开为例外”的基本精神。此外，该条例还规定了政府应重点公开的内容之一是“财政预算、决算报告”。[2]可以说，我国省级政府财政透明度逐年提高与该条例的颁布和实施有直接关系。

省级政府财政透明度水平呈上升趋势与中央政府的示范和推动也密切相关。在《政府信息公开条例》实施的第二年（即2009年），财政部在其官方网站上首次公布了经人大审议通过的中央财政预算。2010年1月，国务院下发了《关于做好政府信息依申请公开工作的意见》（以下简称国办《意见》）[3]，对依申请公开实践中的一些具体问题作出了规定。此后3月，财政部制定了《关于进一步做好预算信息公开工作的指导意见》（以下简称财政部《意见》）[4]，要求政府及其部门主动公开预算和决算，并积极推动部门预算公开。中央政府及各部委在以指导精神和意见推进政府信息公开的同时，自身也在实践财政透明，如财政部将中央财政预算表格公布在其门户网站上、中央各部委陆续公布其部门预算等。2011年，国务院要求细化中央财政总预算和总决算，同时推进中央部门预算和决算公开，并要求地方政府和有关部门比照中央做法，公开经同级人大及其常委会审查批准的政府财政预算、决算。中央的示范和推动在一定程度上营造了有利于信息公开的环境氛围，这直接强化了地方公开财政信息的责任心，从而使它们对依申请公开给予应有的答复，同时也加强了主动公开财政信息的力度。

尽管如此，我国省级财政透明度水平仍然很低。一方面，这与《政府信息公开条例》本身的缺陷有关。如前所述，《政府信息公开条例》规定的政府应重点公开的内容之一是“财政预算、决算报告”，但“报告”通常被理解为各级人代会上政府提交并宣读的那份文件。这样一份“报告”所提供的信息是很笼统、有限的。一些政府部门以此为由，拒绝提供除“报告”以外的其他财政信息，特别是具体的信息，从而使财政信息公开变成一种形式，这一点在我们的调查中亦得到证实。

省级财政透明度水平依然较低的另一个重要原因是《中华人民共和国保密法》（以下简称《保密法》）中的相关规定。《保密法》规定的国家秘密范围非常宽泛。涉及财政信息的保密事项是由国家保密部门牵头制定的《经济工作中国家秘密及其密级具体范围的规定》来确定，根据这一规定，全国财政收入、财政支出、国家年度预算草案等都属于绝密级事项，各省、自治区、直辖市及计划单列市和省会城市年度预算、决算草案等都属于机密级事项，历年国家财政、中央财政和各省、自治区、直辖市及计划单列市和省会城市财政明细统计资料等属于秘密级事项。毫无疑问，这些规定是财政信息公开的最大障碍。在《保密法》修订过程中，众多学者和人士对《保密法》将国家秘密的范围界定过宽提出了中肯的修改意见，然而，这些意见没有被采纳。2010年4月28日，全国人大常委会通过了新的《保密法》，对“国家秘密”范围界定未作任何实质性的修改。[5]到目前为止，国家保密部门对财政预算中国家秘密事项的规定也未作任何调整。这些情况是令人遗憾的，它不仅阻碍了以往财政信息的公开，而且还会在未来产生很大的负面影响。

（二）各省份财政透明度跨年度变化较大特别是排名前列省份变动更大的原因

各省份特别是排名前列省份财政透明度跨年度变化较大，其直接原因是各省份对信息公开申请的回复比较随意，从而导致在不同年度提供信息的数量不同。那么，究竟是什么深层次原因使得各省对信息公开申请回复比较随意呢？我们认为，其主要原因是缺乏法律制度的保证，从而使行政部门和行政人员的自由裁量权过大、随意性大，进而导致财政透明度时好时坏。

《政府信息公开条例》尽管规定了“财政预算、决算报告”是政府应重点公开的内容之一，但在这里，预算公开只是“应当”，而不是“必须”。这就使得政府必须履行的基本职责在法律上变成了只是值得提倡的事项，合法与非法的界限退化为一种评优标准，失去了法律的属性，从而在很大程度上造成了省级政府对信息公开申请回复比较随意的现象。此外，《政府信息公开条例》对于所必须公开的财政信息的范围、具体程度等也缺乏明确的法律规定，从而造成同一个省级政府在一些年度公开了较多的信息，而在另一些年度则公开较少的信息。

至于综合排名前列省份财政透明度变化更大的另一个原因，我们认为这在很大程度上是由财政信息公开的外部环境所致。由于财政信息的重要性以及目前仍然存在的财政管理等方面的缺陷，政府在财政信息公开上仍然心存顾虑，从而使得各地政府争先的意愿不强，领先者并不想保持领先地位或扩大领先优势，甚至害怕“枪打出头鸟”，从而主动采取退缩行动。一些年度透明度领先的省份在之后的年度中往往会在第一梯队中消失，便是佐证。

而落后省份排名进步不大，除了法律规定方面的缺陷外，我们认为，另一个非常重要的原因是财政信息公开尚未纳入政府绩效考核内容之中[6]，这使得落后者缺乏上进心，甚至对自己的落后状态抱无所谓的态度，年复一年地安于落后。

需要说明的是，过去5年我国一直在修订《预算法》。2014年8月，《预算法》经审议通过，其中预算公开条款是社会所关注的焦点之一[7]。预算公开作为一个原则写入《预算法》无疑是一个进步，但其在公开的完整性、详尽性等方面仍然没有明确的法律规定，并且还存在公开方式规定不当、对行政部门授权过大等问题，如果这些问题得不到解决，势必会影响《预算法》的法律权威性和可操作性，从而阻碍财政透明进程。

（三）省际间财政透明度差距先缩小后扩大的原因分析

如前所述，我国省际间财政透明度的整体差距呈现出先缩小后扩大的趋势，那么，究竟是什么原因造成我国各省份在财政信息公开方面先竞争、后趋同、然后再竞争的现象呢？

我们认为，2008年《政府信息公开条例》开始实施后，由于对财政信息公开内容缺乏明确的法律规定性，从而导致各省级政府对财政信息公开的理解各不相同，在尚未获得中央政府对财政信息公开的统一指导下，各省级政府按照各自的理解和偏好来处理财政信息公开事宜。因此，在2009年的调查和评估中，有些省级政府（如福建省政府）就积极地回应了我们的财政信息公开申请并提供了比较详尽的信息，而有些省份则从头至尾对我们的财政信息公开申请未给予任何形式的回复，从而使2009年度省际间财政透明呈现出较大的差距。

2010年1月和3月，国办《意见》和财政部《意见》相继出台，尽管其目的是深化政府信息公开，但其中的某些规定却事实上不利于财政信息的进一步公开。如“各级政府财政部门负责本级政府总预算、决算的公开，各部门负责本部门预算、决算的公开”，这一规定使本应由财政部门统一公布的部门预算信息，由分散的各部门在不同的地点公布，其结果是造成财政信息的碎片化，大大增加公众获取财政预算信息的时间与成本。又如，“对一些要求公开项目较多的申请，可要求申请人按照‘一事一申请’原则对申请方式加以调整……”，这一规定在概念上不清晰，给信息公开申请带来了很多不必要的麻烦，并且成为有关部门拒绝提供信息的一个借口。这些规定在很大程度上体现了中央政府对政府信息公开尤其是财政信息公开的谨慎和小心，在很大程度上也影响到了省级政府，2011年各省级政府的回复率最低便是证明。此外，财政部《意见》在很大程度上还对预算信息的公开作了不恰当的限制，“一般预算收支预算表和一般预算收支决算表的收支项目按照《政府收支分类科目》的收入分类和支出功能分类基本编列到款级科目”，类似这样的规定束缚了省级政府的手脚，由此导致了2010—2012年各省级政府在财政信息公开上的“趋同”现象。

尽管如此，信息公开已成为社会的一个共识，尤其是过去5年来，“公开”已经是社会政治生活中最常用的词汇。2012年，国务院办公厅发布了《2012年政府信息公开重点工作安排》，其中对省级政府财政信息公开提出了新的要求，如“各省（区、市）政府要按照要求，在普遍公开财政预算决算的基础上，推进省级政府部门公开部门预算和决算，并扩大范围，细化内容”。中央政府的新要求提高了各省级政府对财政信息公开工作的责任心，主要体现在2013年所有31个省级政府首次全部对我们的信息公开申请进行了回复。只不过一些省级政府（如海南和福建等省份）按照中央的要求给我们提供了比较详细的信息，而其他一些省份仍未提供任何实质信息，从而使省际间的透明度差距再次扩大。

三、提高我国省级财政透明度的政策建议

从上述分析可以看出，当前我国省级财政透明度仍然较低，且提高透明度的动力不足，究其主要原因是法规制度建设方面仍然存在一些问题。因此，要使我国的财政透明度跃上一个新台阶，必须加强相关法规制度建设。

第一，修订现行有关信息公开的法律、法规。首先，应重新修订《保密法》，对国家秘密的范围作具体、明确的界定，通过列举法来规定国家秘密，不列入的均属于公开的内容，从而使“保密”真正成为“例外”。其次，应提升《政府信息公开条例》的法律层次。目前实施的《政府信息公开条例》属于政府行政法规，法律阶次较低，当与《保密法》的规定发生冲突时，它必须服从《保密法》，从而在实践中不利于政府信息公开。因此，应提升《政府信息公开条例》的法律层次，并将“公开为原则，不公开为例外”写入法律。最后，应废除或修改与

政府信息公开基本原则相抵触的各项规定。如国办《意见》中关于依申请公开的"相关性"标准、"内部管理信息"及"过程信息"不予公开的规定、"一事一申请"等规定，对此我们建议按照便利民众及时获取完全、详细的信息的原则修改这些规定，否则政府信息公开进程势必受到影响。

第二，修订《预算法》的有关条款，明确预算公开的法律界限。《预算法》增加了预算公开原则无疑是一个进步，然而，法律需要阐明的不单是原则，而是需要进一步明确合法与非法的界限，这样才能具有法律所具有的约束性和可操作性。针对《预算法》在公开的完整性、详尽性等方面仍然没有明确的法律规定，我们建议：预算必须公开，预算公开以保证公民和各级人民代表大会在预算全过程中行权履职的信息需要为原则；公开的预算信息应覆盖所有公共收支和公共资产；预算收入公开细化到目级科目，预算支出公开按功能分类细化到项级科目，按经济分类细化到款级科目，项目支出按项目公开，资产负债按规范的会计科目公开；各政府财政部门有责任收集、整理并通过网站集中公开总预算、本级预算以及所覆盖的部门预算和单位预算信息。

第三，进一步加强中央政府的示范和推动作用，同时将财政信息公开纳入政府绩效考核体系。近年来，党中央、国务院对财政信息公开问题高度重视，前国务院总理温家宝多次就财政信息公开问题发表重要讲话，中央政府及各部委在推动财政信息公开的同时，自身也在实践财政透明，应该说，中央政府的示范和推动是省级政府财政透明度不断提高的重要原因，因此，为进一步提高省级财政透明度，应加强中央政府的示范和推动作用。此外，针对政府透明度提高的动力不足的问题，我们认为，应根据我国国情，将财政透明度水平纳入政府政绩考核体系，作为考核政府官员的重要内容之一。

参考文献：

[1]上海财经大学公共政策研究中心.中国财政透明度报告[M].上海：上海财经大学出版社，2009—2013.

[2]中华人民共和国政府信息公开条例，http://www.gov.cn/xxgk/pub/govpublic/tiaoli.html.

[3]国务院办公厅关于做好政府信息依申请公开工作的意见，http://law.baidu.com/pages/chinalawinfo/12/84/e379aee058099024b2140abad6a276bf_0.html.

[4]关于进一步做好预算信息公开工作的指导意见，http://www.mof.gov.cn/zhengwuxinxi/caizhengwengao/2010nianwengao/wengaodi4qi/201006/t20100612_322613.html.

[5]中华人民共和国保守国家秘密法，http://news.xinhuanet.com/politics/2010-04/30/c_1264717.htm.

[6]邓淑莲.中国省级政府财政信息公开的评估与分析[J].政治学研究，2012(5).

[7]中华人民共和国预算法[M]. 2014最新修正版.北京：法律出版社，2014.

加强对宗教团体财产与收入的税收管理之研究

刘守刚　郭亚庆*

摘　要： 当前宗教团体的财产与收入日益庞大，但国家对其进行的公共管理却严重不足，事实上形成了大量宗教团体财产与收入脱离于国家掌控范围之外的局面。由于宗教团体拥有自主管理的法律地位，不能对其运用一般的公共管理手段，因此具有相对中立性质的税收工具，是管理宗教团体财产与收入的良好手段。本文建议进一步以是否从事慈善事业来决定免税资格，以此为基础加强对宗教团体财产与收入的税收管理，即对于那些向慈善组织转化的宗教团体所拥有的财产与收入给予免税待遇，但监管其财产与收入的运用，对那些无意于向慈善组织转化的宗教团体所拥有的财产与收入通过征收相应税收来实行管理监控。

关键词： 税收管理　宗教团体　慈善组织

当前我国宗教团体正处于蓬勃发展之中，宗教团体掌握与运用的财产及收入也日益庞大。与这种发展形成鲜明对照的是，国家对宗教团体的财产与收入所进行的公共管理却严重不足，事实上形成了大量的宗教团体财产与收入脱离于国家管理范围之外的局面。由于宗教团体自身的特殊性，也因此拥有自主管理的法律地位，所以对其财产与收入不能运用一般的公共管理手段。

一直以来，税收都是一种重要的公共管理工具，正如熊彼特所说："税制是一种机构，它的发展促使其他机构的发展。国家的手上拿着税单，便可以渗透到私有经济中去，可以赢得它们的日益扩大的管辖权。"[1-2]相对于其他以刚性为主要特点的公共管理工具，税收显得比较中立平和；若以税收工具来管理宗教团体的财产与收入，也不会侵犯其自主管理权。因此，税收工具是管理宗教团体财产与收入的良好手段。

2009 年 12 月，国家宗教事务局转发了财政部、国家税务总局《关于非营利组织免税资格认定管理有关问题的通知》及《关于非营利组织企业所得税免税收入问题的通知》，指出宗教团体、宗教活动场所及宗教院校属于民间非营利组织并适用这两个规定，要求各地宗教管理部门指导相关团体进行免税资格申报。与此同时，相关部门也颁布了一些涉及宗

---

* 作者简介：刘守刚，上海财经大学公共经济与管理学院副教授，经济学博士、法学博士；郭亚庆，上海财经大学公共经济与管理学院税务硕士。

教团体财产与收入运用的文件。然而，这些做法在现实中效果似乎并不佳，同时还带来一些其他问题。

本文的目的是探索进一步加强以税收工具来管理宗教团体的财产与收入，包括两个方面：一方面说明运用税收手段对宗教团体进行公共管理的必要性；另一方面则探讨如何加强运用税收手段来管理宗教团体的财产与收入，主要以是否从事慈善业为标准来设计免税资格的认定及改进相应的税收管理活动。

一、宗教团体庞大的财产与收入脱离于公共管理范围之外

虽然无法进行精确地估计，但通过现实的考察可以发现，许多宗教团体已经拥有了相当庞大甚至惊人的财产与收入。

就财产而言，宗教团体拥有的财产有以下几种形式：第一，宗教团体拥有的固定活动场所、场所内各种设备及物品，若考虑到这些场所具有的区位优势（如位于黄金地段）或独特资源（如拥有风景旅游资源），则其财产价值更高。第二，宗教团体开设的实体企业或进行股权投资获得的权益类资产，这种财产形式在宗教团体财产中比例越来越大。第三，宗教团体拥有一些商业房产、储蓄或其他形式的可变现财产。

就收入而言，宗教团体的收入主要有以下几个方面：一是政府拨款，即政府对宗教团体及其成员的财政拨款，如对寺观、教堂等建筑物的建造与维修的拨款或补助，对部分宗教从业人员（特别是担任一定社会职务或具有较高名望与地位的人员）支付的固定薪金和相应福利待遇。二是营业收入，这主要包括宗教团体的商业经营收入（出售与宗教相关的书籍物品、提供宗教服务等）、旅游收入（门票、餐饮、交通、展览等收入）、农牧业（土地耕种、牲畜饲养等）收入、教育医疗收入等。三是信众捐赠收入，即宗教团体因信众赠与的钱物而获得的收入，这是宗教团体特别是佛教寺庙获得收入的传统方式，并伴随民众富裕程度提高，其数量日益庞大。

宗教事务由于其特殊性，各国政府一般都对其实行以自我管理为基础的公共管理方式。我国的《宗教事务条例》也允许宗教团体对其内部的正常活动进行自主管理，政府的宗教事务管理部门只是每年对相关宗教团体的财产和人员实行备案管理。对宗教团体的内部活动，实行以自主管理为主的公共管理方式，自然符合宗教本身的特点及国家相应的法律与法规。但是，这并不意味着国家不应对宗教团体的收入与财产加以管理。虽然当前政府有关管理部门对宗教团体的财产与收入也颁布了一些管理规定，但现实中宗教团体的财产与收入却有相当大部分事实上脱离于国家监控范围之外，这并不符合公共利益。

二、税收是对宗教团体财产与收入进行公共管理的良好手段

相对于其他公共管理手段来说，税收管理具有中立的特点，即不干涉纳税主体的内部事务、一般不强行干预财产和收入的具体来源或运用（会进行一定的诱导）。因此，对宗教团体的财产与收入进行税收管理，一方面不会影响宗教团体的自主管理权，充分尊重宗教自由，另一方面可以对目前事实上脱离于公共管理范围之外的庞大财产与收入实行一定程度的监控。与此同时，对宗教团体的财产与收入进行税收管理，还可以促进宗教团体内

部管理水平的提升，即在税务处理中要求其提供相关账册，由此可促进其内部财务会计制度的完善、财会人员水平的提高。

如前所述，国家宗教管理部门通过转发相关财税部门的相关文件，要求各地宗教管理部门指导宗教团体申报免税资格认定，以民间非营利组织的形式获得免税待遇，相关政府管理部门也制定和颁布了一些管理宗教团体收入与财产的文件。然而，这样的做法仍存在许多问题。一方面，在实施过程中成效并不显著，其具体表现是迄今相关部门并不真正掌握宗教团体所拥有的财产与收入信息，更不用说使其公之于众，以至于宗教团体所掌握的庞大的财产与收入事实上脱离于公共管理的范围之外。另一方面，不能简单地将宗教团体视为民间非营利组织，对于获取财产与收入的宗教团体，公共管理应处于中立地位，即只应对那些从事慈善事业的宗教团体因其慈善地位而给予免税待遇，在政策上应该允许部分宗教团体获取宗教服务性营业收入而不强求其成为非营利性组织。

对宗教团体的财产与收入进行税收管理，是中国自古以来公共管理的智慧，也是发达国家及地区所普遍运用的手段。如唐代，政府对佛教寺庙获得的私人捐赠收入与庙产经营收入的数量与形式，就有明确的法律限制。在宋代，只有功德寺和坟寺享有赋役优免权，而普通寺庙没有这种特权，僧人数量和寺庙规模也都有严格的控制。在发达国家（或地区），传统宗教团体基本已成为慈善组织并因此获得免税待遇，而新生宗教团体能否获得免税待遇则由税务部门进行严格审查。我国香港地区对宗教团体财产收入进行税收管理的情况可作为进一步的参考。例如，香港法律规定，如果宗教团体经营业务所获利润同时满足以下情况：所获利润纯粹用于慈善事业，所获利润大部分在香港使用，经营的业务目的始终贯彻慈善机构宗旨，那么该宗教团体可以免交所得税。与此同时，在香港宗教团体要取得免税资格就必须提交一系列材料并经过严格审查，取得免税资格后还会受到持续的严格监管。[3]

因此，我国应该强化对宗教团体财产与收入的税收管理。当然，对宗教团体的财产与收入进行税收管理，不是说对其实行普遍征税，而是以免税资格区分为基础来监管宗教团体的财产与收入。具体来说就是：第一，不是简单地将宗教团体认定为民间非营利组织，而是根据宗教团体对财产与收入的运用状况，将其区分为慈善组织与非慈善组织。第二，对认定为慈善组织的宗教团体给予免税待遇，但应要求其进一步健全相应账册，同时实行公开透明的管理。第三，对认定为非慈善组织的宗教团体，将其视为经营组织，在对其进行一定税收监察（如要求建立健全相应账册、定期或不定期实行财务检查等）的基础上征收相应的税收。

以是否从事慈善事业为标准来决定免税资格，将进一步加强对宗教团体的财产与收入进行税收管理，这至少有如下好处：

首先，进一步规范宗教团体财务管理。进行税收管理，必然会强制要求各宗教团体进行税务登记，而各宗教团体为了满足税务部门要求，其必然会按照会计制度和相关税收制度的要求规范其财务制度和操作，如规范财产、收入与支出的登记制度，编制财务预算以合理管理资产、建立会计内部控制体系、改革宗教团体财务管理人才培养模式等。当前，虽然有要求对宗教团体进行免税资格认定，但其管理力度远远不够。

其次，增强宗教团体公信力。加强对宗教团体的税收管理，不仅会规范其内部财务管理，而且通过定期填写申报表(内容包括期间内开展的活动形式、活动收支、接受捐赠收入等)提交给税务机关，每年提交财务报告等，宗教团体事实上不断地向社会进行信息披露，从而增加了财务透明度，有利于增强其在公众心中的公信力，为日后的筹款及慈善活动的推行提供便利。与此同时，宗教团体所掌握的财产与收入也始终处于公共管理的监控范围之中。

再次，促进宗教团体慈善化发展。宗教团体具有从事慈善事业的天然优势(利他的教义、神意的约束、求福报的心理等)，可以在慈善事业方面发挥大作用。但由于种种原因，当前我国宗教团体在慈善事业方面发挥的作用并不突出。以从事慈善事业才授予免税资格为基础的税收管理活动，具有一种宣告效应(即宗教团体从事慈善事业是受到鼓励的行为)，会激发绝大多数宗教团体在公开透明管理的基础上从事慈善活动，从而向慈善机构转化。

三、加强对宗教团体的财产与收入进行税收管理的政策设计

以是否从事慈善事业为标准决定免税资格，来加强对宗教团体财产与收入的税收管理，政策设计可以从以下几个方面进行：

(一)对宗教团体进行分类

宗教团体不能被简单地认定为民间非营利组织。从税收管理的角度看，宗教团体大致分为以下几种：一是没有或几乎没有收入和财产，以接受供养来维生的苦修人员组成的团体；二是财产与收入仅够维持机构运转或从业者生活的团体；三是财产与收入超出必要的维持成本的团体。显然，第三类团体才是税收管理的主要对象，对于前两类团体，税务部门所要做的是进行一定的资格认定或要求其提供相应账册进行必要的查备等。

对于第三类宗教团体，又可以区分为三种：第一种是完全不从事慈善活动的宗教团体(非慈善性宗教团体)，第二种是将部分财产或收入用于慈善活动的宗教团体(部分慈善性宗教团体)，第三种是将扣除机构运行成本与人员生活费用之外的财产与收入全部用于慈善活动的宗教团体(慈善性宗教团体)。显然，第一种机构是征税管理的对象，适用国家针对经营机构的全部税收政策，后两者则需要税务监管部门进行一定的核查与相应税务处理。

(二)非慈善性宗教团体

对于不从事慈善事业的非慈善性宗教团体，政府不应给予任何财政拨款，税务部门应视其为正常经营机构，按经营性企业对其正常征税。这样的机构，可能涉及的税收有以下几种：

一是增值税或营业税，即在销售宗教产品、销售门票、提供宗教服务时获取的收入，就其销售额或服务收入征收增值税或营业税(营改增完成后统一征收增值税)。

二是财产税，此处所说财产税不仅指现已开征的部分财产税性质的税收，还包括未来可能开征的财产税。

三是所得税，即对非慈善性宗教团体的经营收入和信众捐赠收入，应在扣除法定的成本费用或所得税法规定的其他可以扣除的支出之后，缴纳企业所得税。

四是税法规定的其他税种。

（三）慈善性宗教团体

对于将除正常维持成本外几乎全部财产与收入用于慈善活动的宗教团体，可以继续实行现有的税收管理制度，给予其免税待遇，但应强化进行相关的税收管理。税收管理的内容大致有以下几个方面：

第一，以慈善为标准认定免税资格。对已设立并愿意从事慈善事业的宗教团体，应进一步将其登记为慈善组织并因此认定其有免税资格。对于新设立的宗教团体，要求自成立之日起30日内必须去税务机关进行税务登记并申请成为慈善组织以获得免税资格。税务管理部门应在现有相关管理规定的基础上，进一步规范、细化相应管理程序，并切实加以落实。

第二，强化实施日常监督。税收管理部门应进一步落实当前相关宗教团体财产与收入申报的制度，准确掌握有关宗教团体开展的活动、财务收支状况等。同时，税收管理部门要定期或不定期地进行审查，特别是对那些出现负面消息或疑似有问题的宗教团体更应该进行严格复查。

第三，完善信息披露。因慈善地位获取免税资格的宗教团体，其拥有的财产与收入应该定期向公众公开，税务管理部门进行相应的核查。特别地，从事慈善事业的宗教团体，许多时候获取的收入是公众捐献而来的，这部分收入与运用情况更要及时向大众披露，接受包括捐赠者在内的社会各界人士的监督。为了保证宗教团体自主管理权，税务机构可以鼓励从事慈善事业的宗教团体将机构内部活动与外部慈善行为区分开：机构内部活动（如僧众生活、举办宗教仪式或宗教场所建造维修等）可以不公开，或者在一定范围内公开，财务上实行不盈利的成本管理方式；外部慈善行为可以通过建立相关慈善基金会，以此为主体从事慈善行为，并实行透明公开管理，慈善行为可以产生合理利润但必须继续投入慈善活动等。

（四）部分慈善性宗教团体

部分慈善性宗教团体只是将其一部分（扣除合理维持成本之后）的收入或财产用于慈善事业。对于这样的团体，应该在认定其为经营机构、对其正常征税的基础上，就其用于慈善事业的支出，实行一定的税收抵免。当然，与普通经营机构不同的是，宗教团体对慈善事业的支出或捐赠，不应设定上限。与此同时，政府相关部门可以鼓励这样的机构向慈善组织转化。为了简化处理，税务部门可以在这样的宗教团体提交申请表（内容包括自身情况及从事慈善事业的意愿等）和保证书（即保证一定时间内达到慈善组织的标准）的基础上，先行给予税收优惠待遇。与此同时，为这样的宗教团体设定一定的时间（如3年）限制，超过期限未达到慈善组织标准的，则取消免税待遇，并给予一定的税收惩罚。

参考文献：

[1]Schumpeter J. The Crisis of the Tax State[M]//Swedberg R. *The economics and sociology of capitalism*. Priceton：Princeton University Press，1991.

[2]丹尼尔·贝尔. 资本主义文化矛盾[M]. 赵一凡，蒲隆，任晓晋，译. 北京：三联书店，1989：284—285.

[3]莫岳云. 香港、澳门政府对宗教公益慈善事业的管理[J]. 华南理工大学学报（社会科学版），2011(4).

收费公路的定价机制：美国经验借鉴

赵志荣*

摘　要： 中国的公路收费问题是公众讨论的一个新近热点。本文从公共财政角度，根据设施受益和财政负担相匹配的原则，提出基础设施投融资的一个分析框架。在此基础上，笔者回顾美国收费公路的历史演变，介绍相关的定价和管理机制，并以此为借鉴分析探讨与中国收费公路发展有关的若干问题。对于国内道路设施的进一步发展，笔者认为应当加大政府直接投入，以逐步降低对融资和收费公路的依赖度。在收费定价的具体管理上，应加强技术分析、决策程序以及法律契约方面的考量。

关键词： 公共财政　基础设施投融资　交通　收费公路

中国的公路收费问题是公众讨论的一个新近热点。据统计，2006 年时全世界已建成 14 万公里收费公路，其中 10 万公里在中国。[1]世界银行在名为《中国的高速公路：链接公众与市场，实现公平发展》的报告中认为，中国高速公路通行费和国际相比偏高。[2]很多媒体报道都认为中国收费公路是物流成本过高的主要原因。[3]2012 年，国内出台了重大节假日免收小型客车通行费的做法也引发多方面讨论。中国的公路该不该收费？如果收费，应该怎么收，收多久，又怎么用？如何制定并规范公路的收费价格？诸如此类的众多相关问题，都值得从交通、财政和法制等多方面进行分析。

本文从公共财政的角度，提供一个基础设施投融资的分析框架，并以美国收费公路的发展经验为借鉴，来探讨中国收费公路的定价机制。文章分三部分：第一部分提出“W5 基础设施受益分析框架”；第二部分回顾美国收费公路的历史演变，介绍相关的定价和管理机制，并做简单的数量分析；第三部分归纳并提出与中国收费公路发展有关的若干问题，希望引发更多的相关讨论。

一、W5 基础设施受益分析框架

基础设施的改善，往往带来特定的社会经济效益。不同区域的不同群体，受益时序或程度也有不同。从经济学的角度，如果设施受益对象能承担与其受益程度相当的成本，在价格信号“看不见的第三只手”的指引下，容易达到社会资源的有效配置，同时也能实现设

---

* 作者简介：赵志荣，明尼苏达大学 Hubert H. Humphrey School of Public Affairs 副教授。

施使用方面的公平。据此,我提出了一个"W5 Infrastructure-Benefit Analysis"(W5 基础设施受益分析)的框架。[4]一般来说,基础设施投入的五个关键性政策选择,取决于对该设施受益情况五个"W"的分析:(1)Whom to benefit (受益对象),(2)Where to benefit(受益范围),(3)When to benefit(受益时机),(4)Which mechanism to repay(受益回收机制),(5)At what pricing level (受益定价水平)。相关的分析原则,不仅适用于这份报告中的交通设施,也可用于其他基础设施(如市政环保设施),甚至广义的社会基础设施(如文化教育事业)等。

(一)Whom to benefit (受益对象)

对受益对象的分析,主要是衡量设施服务的"公共性",也就是说,在多大程度上,该项设施所提供的服务具有非排他性和非竞争性。"公共性"强的设施理应更多依赖公有部门的投入;反之,"公共性"弱的设施应该尽可能地交给市场自己去提供。以交通设施中的航空客运和城市道路为例,前者的排他性明显高于后者:因为只有买了飞机票的实名用户才能凭证登机;而城市道路在一般情况下是自由通行的,不会或不便设施太多的关卡来限制使用。同时,前者的竞争性也高于后者:不同的机型都有明确的座位限制,多一个顾客就少一个空座;而城市道路,在不拥堵的情况下,多一辆车或多一个人,提高了道路的使用率,却不会带来太多的边际成本。因此,我们可以说,航空客运比城市道路有更低的"公共性"。不难理解,航空客运在大多数国家里都是由私有市场提供的,而城市道路则一般依赖政府的财政投入。

需要注意,即使是"公共性"的基础设施,其"公共性"也是在一定程度之内的。比如说,收费公路(或者收费专用车道)在一定的情况下是合理可行的,这时城市道路就有了明确的排他性。再之,如果道路通行能力满足不了车辆出行需求,每增加一辆车都可能严重加剧整个系统的拥堵,造成时间、生产力和环境的很多损失。这种情况下,超过负荷的城市道路就有了竞争性,就产生了拥堵收费的可能性前提。

(二)Where to benefit(受益范围)

满足了"公共性"的特定设施需要政府的投入。那么,究竟由哪一层政府(或公众)来担负相应的财政责任呢? 这往往取决于设施受益的空间范围。假设一个简单的政府模型只有中央和地方两级,公共财政决策分别制定,由相应范围的公众从理性自利的角度作出选择。那么可能有两种基本情况。其一,公共服务的受益人集中在特定地域的话,设施成本理应由相应层级的地方政府来支付。假如由中央政府买单,地方政府会有过分投入的倾向,因为花的是别人的钱,而中央政府则会有投入不足的倾向,因为全国的大多数人得不到相应的好处。其二,如果公共服务的受益人不局限于特定地域,设施成本理应部分由中央政府来承担。否则,全国范围内享受便利的公众希望有更多投入,而负有出资责任的地方政府则缺乏足够的动力。

把该原则应用到美国的交通设施方面,可以看看对各级道路的政府层级责任划分。首先,全美的高速公路网络主要受益范围是全国,投入主体应该是联邦政府。其次,区域级的高速公路,受益范围主要在本州,应由州一级的政府来承担。这里可能有很强的经济外部性,因为州级公路也部分服务于过境交通。因此,可以通过联邦政府的转移支付来提供一定补贴,以内化这样的外部性。最后是地方性的街坊道路。其最主要的受益人是当地的房地产业主,因为道路设施质量直接影响他们的交通可达性和房地产价值,因此在美国往往依赖于地方政府的房地产税。不消说,地方道路也有经济外部性的,所以地方政府在相应设施建设时,也得到了联邦和州政府的专项转移支付。

(三)When to benefit (受益时机)

各种公共服务或设施让公众受益的时机有所不同。有的举措着重于当期利益,比如说社会维稳或民生救助;有的设施具有明显的长期效益,比如说修路造桥或者环境整治。分析设施受益时机,有助于决定是否该使用现金流,或者可以考虑长期融资手段,包括政府直接借债的债务融资和私有部门投资的收益融资。一般来说,地方政府债务融资适用于对当地财力来说相对昂贵,并且具有长期效益的设施,也就是通常所说的资本项目或资本设施。

诸多国际经验表明,长期效益是地方债务融资的必要条件,却不是充分条件。也就是说,地方政府长期融资,不适合用于日常的政府开支,或者只有当期利益的公共服务。从另一方面,有长期效益的资本项目可以考虑投融资手段,但也可能通过现金流支付,尤其是在提供服务的政府层架较高的情况下。政府借债伴随着多方面的成本,比如说:(1)政治成本,包括政府不顾未来超前透支的可能;(2)管理成本,因为债务管理需要专业技能;(3)市场成本,借债需要支付利息和其他发行成本;以及(4)其他机会成本,地方政府负债能力是有限的,债务负担越高,将来可以继续发债的潜力就越小。在可以考虑借债的前提下,如何权衡利弊,决定采用现金流或者债务融资,是近些年基础设施财政的一个实证研究热点。

(四)Which mechanism to repay(受益回收机制)

如果通过恰当的手段,让公共设施的受益人承担相应的成本,不仅在设施使用上是公平的,而且有助于促进资源的合理配置。一方面,公众可以根据设施的价格信号,权衡他们使用设施的成本和受益,据此作出相应的行为调整;另一方面,公共部门也可以通过公众的行为反馈,获取准确的公众需求信息,并作出相应的投资决策。政府的受益回收机制通常包括强制性的税收手段、半强制性的使用费,以及非强制性的合作或协商获取。在这里,笔者采用另外一种分类办法,按设施的受益人和受益情况的衡量,区分为三种回收模式:一是广义的设施使用费,二是全体公众的一般性税费,三是面向业主或开发者的溢价归公。

首先是广义的设施使用费(user-fee approach),即向设施直接使用者收取的费或税,例如使用自来水要缴纳水费。在道路交通领域,典型的设施使用者是机动车驾驶者,如果他们的受益(即路面使用)状况用燃油消耗来衡量,燃油税就是一种相对应的使用费。在美国联邦和州政府,这就是道路交通资金的主要筹集模式。要注意到,燃油消耗并不是道路使用的唯一衡量方式,而且随着新能源车辆的使用,正变得越来越不准确。其他一些衡量方式也都可以有相对应的使用费征收措施。以路面行驶距离来衡量,可以根据里程收费;以路面负荷或磨损来衡量,可以采用专门按重量征收的卡车通行费或卡车轮胎税;以车辆类型衡量,可以实行分类别的车辆销售税或年度登记费;以道路通行权来衡量,可以有收费专用道或者收费专用路；以造成的排气污染来衡量，可以有车辆交通环境费；等等。这种种情形，都有实际使用或正在研究讨论中的例子。从总体上看，都划入广义的设施使用费模式。

第二种常见模式是面向全体公众的一般性税费(general-revenue approach)。基础设施的改善不仅为设施的直接使用者带来了好处，也往往带动了整体的经济发展和社会进步。从这个意义上来说，也可以考虑用政府的一般性税费(就是没有事先指定用途的各种政府财源)，来支持基础设施建设。在交通设施领域，这是很多欧洲国家的通行模式。美国地方政府征收房地产税、地方销售税，或其他一般性税费，然后通过特定的预算程序，划拨一部分用于地方道路建设，或偿还用于相关建设的市政债券，本质上看，也是一般性税费模式。

第三种模式是面向房地产业主或者开发者的"溢价归公"(value capture)。在很多情形下，基础设施的改善，不仅便利了设施的使用者，还造福了处于特定区位的某些群体。具体来说，因为新近获得的区位优势，他们的房地产价值上升了，或者获得了更好的开发机会。在传统的使用费或一般性税费模式下，这些群体不需要承担额外的设施成本，他们的区位所得，例如因城市扩张所带来的城郊土地的价值暴涨，就成为所谓"无偿落果"的意外利润(windfall benefits)。所谓的溢价归公，就是通过某些特定财税手段，合理有效地回收部分暴涨的区位价值，用于反哺基础设施建设。

(五)At what pricing level (设施定价水平)

如果采取用户使用费这种回收模式，就引出了设施如何定价的问题。经济学上的理想方案，是让用户使用费等于设施使用的边际成本。在这个前提下，不管从用户行为的角度还是设施投资的角度，都可以达到资源的合理有效配置。不过，出于经济效率的考量，设施的使用也应考虑社会公平。因此一定情况下，可能出现项目间、地域间或群体间的补贴。

设施使用的边界成本不容易准确界定和衡量。对于一些设施，往往假设边际成本就等于建设或监管成本，期待着收取足够的使用费来达到收支相抵。如果某些部门通过垄断定价来牟利时，使用费往往定价太高，压制了公众的相关使用行为，造成设施的使用不充分。相反，如果使用费定价过低，就会导致公众对相关设施或资源的过度使用，在供不应求的背后往往伴随着巨大的浪费。如果设施使用存在明显的经济外部性，边际成本还应该包括对其他用户乃至整个社会经济或环境的其他影响。比如说，从国际比较来看，美国的汽油税相当低，导致公众对私人车辆出行的过度依赖。为了满足车行要求，需要建造更多的道路和停车场，造成了城市的低密度蔓延。车辆使用的边际成本，不仅包括修路造桥的建设维护费用，还应包括拥堵时间的生产力浪费、燃油低效能使用的尾气污染，以及土地低密度开发的效益浪费，等等。近些年，美国交通财政研究的一个持续热点，就是如何适当提高车辆使用的成本，不仅用来补贴设施投入，还可以直接调节需求。

设施使用费的设定还要兼顾公平性。如果从受益公平原则(benefit-received principle)出发，上文所说的由使用者支付边际成本就是公平合理的。不过，社会公平的另外一个常用衡量方式是购买力公平原则(ability-to-pay principle)，也就是说，要考虑不同收入群体的税费负担。在一般情况下,在公共基础设施使用方面,我们希望避免过度累退的税费,也就是说要适当照顾低收入群体的使用需要。具体实施中,可能对特定项目(如公交系统)、特定区域(相对不发达地区)或特定群体(低收入或老年群体)采用低于边际成本的使用费,也相当于一种隐形的补贴。

二、美国收费公路发展及其定价机制

(一)美国收费公路的发展历史

回顾美国的公路发展历史,大致可分为早期道路建设和现代高速公路体系这两大阶段。这里所用的公路概念,是以私有道路相对应,包括所有公众可使用的收费或者不收费的道路。早期的美国道路,主要是供行人、骑马或者马车所用。进入现代交通时代后,一般指供车辆使用的道路,尤其是高速公路体系。不管是早期还是现代阶段,都有一个类似的发展特征:在不同年代里,政府和市场两大主导力量的相互交替,收费道路的使用几起几落。[5-6]

1. 美国的早期道路建设

直到18世纪末,美国还没有收费公路,道路投资和建设主要依赖地方政府组织的集体劳动。例如,在纽约州,成年男子每年需要参加至少3天的道路建设,或付款62.5¢减少一天劳动。这非常近似于中国历史上的徭役。因为组织者和劳动者通常是当地农民,道路建设和维修只能安排在农闲季节,而且缺乏区域间的衔接。[7]

1790年前后,美国政府意识到自身财力无法满足道路建设的需求,开始依赖私有企业的力量,带来了早期收费公路的兴起。[8]1792年,美国最早的私有收费公路(private turnpike)公司在宾夕法尼亚州成立,其他州迅速效仿。短短八年里,就发展到了69家,主要集中在康涅狄格州和纽约州。到1830年,美国的Turnpike公司就有了近千家,占当时所有注册公司的1/4左右。[5]早期的Turnpike公司多是私有股份制的,希望通过收费盈利来分红。然而,人们很快发现,尽管收费公路带来了很多间接效益,但多数路段无法直接盈利。Turnpike公司股票价格暴跌。相当部分关闭,其他公司则依赖于政府补贴、社区集资或社会名流的无偿捐助来保持运营。

19世纪下半叶,是美国收费公路发展的一个新时期,主要建设活动集中在西部。因为地域政治文化的区别,美国西部缺乏东部那样发达的政府和社区组织,收费公路的私有盈利性质更为明显。1853年通过的加州法律把收费公路的主管权下放到了县政府(county),允许它们设定收费标准,只要控制收益率在20%之下。随后几十年里,加州设立了414个收费公路公司,其中只有159个成功地建设和运营了一些路段。科罗拉多州、内华达州和得克萨斯州纷纷仿效,也以多种方式立法和授权,成立了很多收费公路公司。不过,这些公司有多大比例上能取得运营成败,还有待考据。[5]

美国早期的私有收费公路热潮,在1890—1920年间的美国"进步时代"(Progressive Era)逐渐降温。这是美国社会活动和改革繁荣的一个时期,强调对政府的净化,消除腐败和打击政治寡头。当时的主流政治思潮是政府积极主导的政策变革,认为公路这样的公共物品不应该由私有部门来拥有和运营,因此提出逐步废除私有收费公路。[9]同时,新兴交通工具包括自行车和汽车的逐渐推广,对路面提出了新的要求,也催生了新的政府交通投资机制。1916 年通过的 Federal Aid Road Act,标志着联邦政府统一筹划和协助拨款的现代高速公路体系的开始。

2. 美国的现代高速公路体系

有人称 1920—1960 年为美国的"公有收费公路"时代。1921 年的 Federal Highway Act 开始为州政府提供了一些路桥资金。与此同时,政府成立了一些收费路桥的委员会,大量发行债券用于建设公路、桥梁和隧道,然后收取使用费来还债。20 世纪 20 年代建成的纽约州的 Holland Tunnel,30 年代建成的加州旧金山金门大桥,还有 40 年代建成的宾州 Pennsylvania Turnpike,都是那个时期公有收费路桥的成功代表。直到今天,当年建成的部分设施还保持着收费。[10]

美国从 20 世纪 30 年代开始筹建完整的州际高速公路系统,是否依赖公路收费或其他财税手段的问题,却引发了激烈的争论。1956 年通过的 Federal-Aid Highway Act,最终确定了以专款专用的联邦汽油税为基础、免收费的交通财政模式,基本沿用至今。20 世纪 50—80 年代,通常被称为美国的"州际高速公路年代"。到 1991 年,美国已经建成了 45 074英里的高速公路网络,其中联邦政府的汽油税专用基金承担了将近 90%的经费,其余 10%左右来自各个州政府的自筹资金,来源包括州汽油税或其他交通专用资金。除了当时已经运营或大体建成的收费路段,法律禁止在接受联邦资助的高速公路上收费。[11]

在美国现有的高速公路体系中,收费公路依赖度非常低。但有关道路收费的相关讨论,从 20 世纪 80 年代中期后又开始持续升温。一些学者认为,也许美国即将进入一个"新收费公路时代"。

原因之一是美国交通财政的资金短缺。人口和经济增长推动了道路设施需求的上升。然而,因为汽油税金额上涨乏力、通货膨胀和日益上涨的建设运营成本等原因,交通专用基金的实际购买力却逐年下降。另外,从 20 世纪 80 年代以来,专用基金也部分用于资助公交系统,更加剧了高速公路的资金短缺。因此,很多州和地方政府都在积极考虑通过收费公路(包括公私合营关系 PPP 的应用)补充交通资金的可行性,也在一定程度上得到了联邦政府的支持和鼓励。

原因之二,则源于交通经济学的一些新思考。随着车辆燃油使用率的提高和新型能源汽车的出现,很多专家认为汽油的消耗已经不再是车辆使用程度一个很好的衡量标准,因此,交通专用汽油税也就失去了原有的作为间接使用费的合理性。取而代之的,也许应该是一些新型的道路里程收费。[12]除此之外,随着大城市交通拥堵问题日益严重,人们逐渐意识到车辆使用对社会所造成的拥堵成本,并尝试使用各种拥堵收费手段,不仅在现有收费公路上进一步完善了定价机制,也增加了对局部路段或车道(例如联邦政府 HOV 转 HOT,下文还会详述)的收费管理。

(二)美国收费公路的定价机制

美国收费公路(含桥梁或隧道等收费设施)的定价机制可以分三类进行讨论:一是作为融资手段的收费,目的是收取资金用于路桥本身的建设维护或者偿还相应债务;二是旨在拥堵管理的收费,目的是以收费和定价手段来管理交通需求,提高整个系统的通行效率；三是用户看不见的间接收费，包括所谓"影子收费"或者"通行付费"等。为了提供参考，以下有部分案例来自美国以外的英国、加拿大或其他国家。

1. 作为融资手段的收费

美国的收费路桥可能由公有机构负责运营，也可能通过公私合营(PPP)的方式来管理。公营收费公路的定价，一般是通过特定的市政委员会(英文可通称 public utility commissions, PUC)。以华盛顿州为例，州内收费路桥设施的定价和减免由 Washington State Transportation Commission① 负责。7 名委员由州长任命，任期一般 5～6 年。他们来自公共、私有或非营利部门，有多年交通、规划或经济发展相关经验。② 收费分很多类别，包括不同车型、是否周末、不同时间，以及不同的缴费方式。定价时不仅要考虑还债需求和维护成本，也兼顾最大交通流量。因为收费太低时，车辆增多，设施拥堵，流量下降；收费太高时，车道太空，流量也会下降。只有收费适中，才能保持最高交通流量。定价至少每年重新评估一次，有特定的政治程序，包括会议公开、信息公开和公众参与等。③ 有关费用的征收，则由华盛顿州交通部管理(可能承包给专门的收费公司)。收取金额一律纳入州政府的财政部。

PPP 收费公路的定价更为复杂一些，既要保护私有经营方的合理收益，也要防止他们收取垄断高价影响公众利益。有些 PPP 收费也通过 PUC 进行价格调控，例如弗吉尼亚州的 Dulles Greenway。不过更常见的是另外两种方式。其一，通过强制竞争，来限制回报率。英国的 M6 收费公路，直接面临邻近免费路的竞争。加拿大多伦多的 HW407，要求有效降低相邻免费辅路的拥堵，否则罚款。在美国，加州高速公路 SR-91 也面临着邻近免费设施的竞争，因此不许直接限制回报率。其二，没有强制竞争，但直接限制价格或者回报率(return of investment, ROI)。芝加哥的 Chicago Skyway 是个私有部门长期租用经营的项目，管制措施是直接价格控制(允许每年根据通胀调整)。[10] 1990 年，加州交通部对四个计划中的 PPP 收费公路按照风险程度分别设定了最高回报率。其中，SR-125 的风险较小，允许的最高 ROI 是 18.5%，超过的金额归加州政府。SR-57 和 Mid-State Tollway 的风险较高，最高 ROI 分别是 20.25%和 21.25%。SR-91 则规定，ROI 在 17%～23%区间的，收费金额与州政府分享，ROI 超过 23%后的收费全归州政府。

2. 旨在拥堵管理的收费

经过城市地区的美国收费高速公路，很多采取分时段收费。定价时既区分是否周日，也看是否上下班的高峰时段，这已经结合了一些拥堵收费的性质了。不过，这里要讨论的是一种专门用于拥堵管理的收费，由联邦政府 HOV 车道转变为 HOT 动态收费车道。HOV 指的是 high-occupancy vehicle。HOV 车道也就是高载车辆专用道，只允许两人(或更多)以上乘客的车辆使用，意在鼓励拼车减缓拥堵。1991 年以来，美国联邦大力鼓励

① 有关其他市政收费，该州另有一个 Washington Utilities and Transportation Commission，参见网站：http://www.utc.wa.gov/Pages/default.aspx.

② 参见网站：http://www.wstc.wa.gov/AboutUs/Commissioners/default.htm.

③ 信息公开和公开讨论的例子，参见：http://wsdotblog.blogspot.com/2013/03/the-washington-state-transportation.html 和 http://wstc.wa.gov/HighwayTolling/SR520Rates/documents/SR520-TollFact_Sheet_032913.pdf.

HOV 道的建设,为之提供 90%的联邦补助,促成了大量 HOV 车道的建设。HOT 指的是 high-occupancy toll,也就是说允许单人车辆也使用 HOV 道,只要他们缴纳一定的收费。HOT 往往采用动态收费(dynamic pricing)的方案,来确保交通顺畅。

以明尼苏达双城(Twin Cities)的 MnPASS 项目为例。在双城地区,有多条由 HOV 车道转变而成的 HOT 车道。最早启用的 I-394 MnPASS,从西面进入城区中心,大概 10 英里左右。乘坐两人以上的车辆可以继续免费使用该道。单人车辆则通过车上安装的电子感应器收费。价格显示在 HOT 入口,通常在＄0.25～＄8.0,每 3 分钟自动调整,以确保该道上 55mph(mile per hour)的顺畅车流。单人车辆可以根据实时价格决定是否使用 HOT 或者免费车道。[13]MnPASS 项目获得很大成功,提高了原有 HOV 道的使用率,有效降低了其他车道的拥堵程度,而且取得很高的公众支持率。其经验在美国得到了广泛推广,类似做法也开始在其他很多州使用。

3. 用户看不到的间接收费

通过 PPP 运营管理的公路项目,有时也采取间接收费的办法。典型例子之一就是所谓的"影子收费"(shadow toll)。PPP 承包方收费取决于车辆和里程等运营数据,但付费方并不是直接用户,而是特定政府机构。与传统式 PPP 收费相比,影子收费的好处有几个方面。对 PPP 承包方来说,避免了直接收费影响交通流的需求风险,降低了回报的不可预测性。对政府来说,不需要对用户直接收费,绕过了收费公路立项的政治阻力,也避免了收费定价和调控的麻烦。另外,政府付费可能来自一般性财源,或者交通专用款项,增大了资金筹措的灵活度。在英国具体实施的影子收费项目中,付费并不是交通流量和特定价格的简单乘积,而是分区间收取的。交通量较低时,车均付费较高;交通量升到特定范围时,车均付费较低。交通量超过某个高限后的部分,不再计入计费。这样做的目的,避免了承包方人为增加交通量来换取高收费,同时也为政府付费额度设定了一个高限。此外,影子收费的计算,还可能兼顾其他绩效指标,例如减少交通事故率等。[14]

间接收费的例子之二,是美国一些 PPP 项目所采用的"通达付费"(availability payments)。具体做法是根据合同规定,由特定政府机构(如州政府交通部)按照一定的绩效指标(project milestones)向私有承包方付费。指标可能包括项目完工时间、车道维护关闭率、事故管理或者除雪服务等。和影子收费相比,通达付费与实际交通流更为脱钩,进一步降低了 PPP 承包方的市场风险。在美国,通达付费常用于交通需求较小、仅靠收费不足以确保运营持平的项目。资金风险不在于市场需求,而是政府的财政能力。

(三)美国收费公路的一些基本数据

美国现有的高速公路体系中,收费公路占比很低。也许因为这个缘故,有关美国收费公路的系统数据分析不多。以下整理一些相关的基本数据,包括收费公路里程或经费上的依赖度、收费公路的等级和管理、收费公路的大体价格等,希望对中国相关讨论有所参考。主要数据出处包括:美国联邦高速公路委员会(FHA)在 2011 年的一份报告,Toll Facilities in the United States;[16]FHA 在 2009 年发布的一份问卷调查,Current Toll Road Activities in the U.S.:A Survey and Analysis;[15]FHA 的年度数据库 Highway Statistics Series。[16]

1. 收费公路的依赖度

美国现有收费公路占整个路网的比重非常低。从高速公路资金来源看，近 40 年的统计显示，联邦和州政府的汽油税始终是最主要来源，占年度经费的 50%～60%，而收费所占比重一直在 10%以下，2005 年约为 5%。从里程的角度看，2011 年，美国州际高速公路(interstate system)中收费部分有3 149.9英里(见表 1)，与将近50 000英里的整个 Interstate 系统相比，只占 6%左右。如果算上其他州和地方高速公路，总共收费里程也只有将近5 000英里，在总共将近4 000 000英里的 highway system (不一定是全隔离的)中①，仅占千分之一强。从表 1 可以看出，美国收费公路基本上集中于最高等级的 freeways (全隔离高速公路)。较低等级的道路中，城市主干道(arterials)的收费里程仅有1 000英里不到，城市支路(collectors)和其他地方道路的收费就更为少见了。

表 1 美国收费公路里程和等级分布

道路级别	英里	百分比(%)
Interstate	3 149.9	60.3
Other freeways	1 138.3	21.8
Arterials	865.9	16.6
Collectors	11.4	0.2
Local	57.1	1.1
总　计	5 222.5	100.0

2. 收费公路的管理机构

表 2 显示了美国收费高速公路的管理运营机构的分布。不管是在 Interstate 系统或者较低等级，收费公路最常见的运营机构是一些“Authority”。从财务管理角度看，Authority 是一种半独立的公共机构，是与 primary government 相区别的 component unit。这些机构没有独立的民选官员，所以要对政府负责；在财务上和政府虽有联系，但保持独立结算；法律上，它们和政府是彼此独立的个体。这样的机构设置大体反映了美国收费公路的管理特点：一方面，接受政府的财税补贴和监督管理；另一方面，账目和法律责任上都有清楚的分离。从里程看，由公司来运营的收费公路只占 20%不到。

根据笔者另外整理的数据，加上建设中或已经规划确定的所有项目，到 2010 年，美国收费公路总里程约为10 000英里 。其中，公私合营 PPP 的收费公路不到3 000英里，可见私有部门介入在美国公路建设中还处于非常低的程度。美国的这种独特做法，一方面有其历史原因：美国在国际上较早地使用了汽油税专用的交通基金，而且州和地方政府可以发行低成本的市政债券筹资。另一方面，也因为美国的政治气候。总体来说，公众对私有部门介入公共事务持有非常谨慎的态度，至今仍然如此。

① 有关美国高速公路里程参见 http://downloads.transportation.org/Kane-2006-03-10.pdf.

表 2 **美国收费公路的管理运作机构**

州际高速公路系统内的收费路段

管理运营机构	英里	百分比(%)
Authority	1 612.3	51.2
Commission	750.7	23.8
私有公司	529.3	16.8
州交通部	243.7	7.7
地方政府	14.0	0.4
总　计	3 149.9	100.0

其他收费路段

管理运营机构	英里	百分比(%)
Authority	1 066.7	51.5
Commission	571.3	27.6
私有公司	381.9	18.4
州交通部	38.4	1.9
地方政府	14.3	0.7
总　计	2 072.6	100.0

3. 收费价格和收取方式

前面讲过，美国收费公路的定价会考虑很多不同因素。表 3 包含了一些基本的统计指标，希望对中国的有关讨论有所参考。首先，几乎所有的收费公路都对客运车辆和卡车分开定价。载重卡车对路面的影响远大于客运车辆，因此收费较高，通常为 3～4 倍。其次，Interstate 系统的收费要明显低于较低等级的道路。其中的一个重要原因是 Interstate 系统主要依赖于联邦财税，收费仅仅起到补充或调控管理的作用。再次，城市区域的收费大体高于非城区的收费，大概因为城市区域拥堵程度更高的缘故。笼统地看，客运车辆的典型收费在每英里＄0.05～＄0.15。在收取方式上，美国大多数收费道路已经采用电子收费(electronic toll collection systems)，通过安装感应器或者其他手段，从不间断行驶的车辆中自动收取。新的收取方式，降低了收费的管理成本，也提高了交通通行率。

表 3 **美国收费公路的大体价格**

	英里	百分比(%)	客运车辆的收费标准(每英里)			货运车辆的收费标准(每英里)		
			最低值	中位值	最高值	最低值	中位值	最高值
州际高速公路收费路段								
地区	1 055.3	33.5	＄0.03	＄0.06	＄0.46	＄0.09	＄0.20	＄2.62
郊区	2 094.6	66.5	＄0.02	＄0.05	＄0.18	＄0.08	＄0.19	＄0.36
总计	3 149.9	100.0						
其他收费路段								
城区	1 214.7	58.6	＄0.03	＄0.15	＄41.70	＄0.00	＄0.43	＄41.70
郊区	857.9	41.4	＄0.03	＄0.15	＄3.11	＄0.08	＄0.41	＄0.67
总计	2 072.6	100.0						

三、有关中国收费公路的讨论

基于 W5 基础设施收益分析框架以及美国收费公路发展演变的经验，笔者简短地总结若干个问题，希望能抛砖引玉，引发更多相关的讨论。

(一)受益对象:道路系统的公共性

不但是美国,还有世界很多其他国家,早期的公路发展历史往往有过高度依赖道路收费的阶段,但随着现代财税制度的建立,道路收费往往退居补充性地位,只小范围地应用于个别路段。其中的根本原因,是道路系统的公共性。作为使用非常普遍的一种基础设施,道路系统提供的效益,不仅体现在车辆使用者享受了方便,还体现为其他多种方式的间接利益。[17]忽略道路系统的公共性,过度依赖直接用户收费,政府财税投入不足,可能带来多方面的问题。比如说,如果要收取足够道路收费来支付系统的建设和运营费用,就可能造成收费太高,不仅提高了物流成本影响经济发展,其社会公平度也有待考量,实质上是车辆付费者补贴其他间接享受交通便利的社会群体(例如房地产开发商或业主)。另一方面,如果把道路收费控制在合适范围,又不可避免地造成资金的不足。笔者调研发现,这样的情形已经出现。早期建设投入使用的路段,盈利能力较强,足以回收成本。但随着路网的日趋饱和,相对边远地区或交通量较少的路段,单靠收费就有可能入不敷出。其实,从美国和其他国际的经验来看,都有过很多次收费公路投资失败的例子。这也是道路系统公共性的一个佐证。尽管文章的主题是收费定价,笔者认为在国内应当降低收费公路的依赖度,同时加大政府直接投入。

(二)受益范围:政府间财政责任分工

从政府间财政关系的角度看,各级政府的财政责任也要和道路系统的收益范围相对应。全国性高等级的路网系统有高度的网络外部经济性(network externalities),同时有区域经济平衡发展的政策职能,应该是中央政府的职责。各省份①之内的城市间道路网络,受益范围主要在各省份之内,应由省级政府主要承担;这些网络在不同程度上也方便了跨省份交通,因此可以考虑适当的中央或区域间补贴。城市里的道路系统,受益群体主要是当地居民,适合用恰当的地方财税手段来支撑。对于某些特殊路段,例如机场连接高速路,主要使用群体明确,比较适合于考虑直接道路收费。

(三)收益时机:道路融资的依赖度

道路设施有长期效益,某些情况下可以考虑债务或私有融资,然后长期偿还。但是,正因为道路系统有很强的公共性,除了个别路段和个别设施,不宜单独依赖直接收费作为偿债务或投资回报。在一定条件下,政府可以通过发行债券等手段筹措初始建设资金,但不能以借债来代替政府投入。因为借债并没有创造新的政府资金,只是资金在不同时间段的再分配。当道路收费不足以完全承担设施的建设和运营时,设施借债归根结底还需要用未来的财税资金来偿还。同样的道理,政府可以鼓励民资投入设施建设,但对设施回报要有现实合理的预期。为了规范收费或者其他考量,也许需要政府贴补或者偿还民资。中国的地方政府在基础设施融资方面有很多制度尝试,有很多成功经验,也带来很多隐忧。关键的一点,是理性预期未来收益,并为必要的偿债或财政补贴早做筹划。

(四)受益回收机制:综合财税手段的使用

道路直接收费只是交通设施资金筹措的办法之一,应该和其他交通财税手段结合起

① 此处“省份”是指省级行政区划,具体包括省、自治区、直辖市,下同。

来。笼统地说,世界各国的交通资金来源包括三大途径。[17]一是直接或间接的用户收费(user-pay principle)。国内现有的收费公路可以归入这一类。值得指出的是,根据交通用户使用道路的不同衡量方式,还可以有里程计费、拥堵收费、燃油税、排放税等其他做法。二是通过一般性财税资金(general revenues)的划拨。从国际经验来看,这是国内最亟待补充的。中央政府的一般性投入不足,地方政府缺乏类似房产税这样的稳定税源,这都是目前收费公路过度依赖的原因。三是国际上新近研究较热的溢价归公。中国的土地批租和很多相关制度尝试其实都带有溢价归公的特点,可以寻求合适的路径作为交通资金的补充,进一步减少收费公路的依赖度。

(五)收益定价:道路收费的收取和使用

道路收费的收取和使用,不但是个技术问题,也涉及相关决策程序和特定的契约关系。最近引发很多关注的节假日免费政策,提供了一个很有意思的案例。从技术上分析,这一举措是希望通过合理的设施定价,调控道路使用行为,提高道路系统的使用效率。收费设施在重大节假日免费,可能带来设施的大规模拥堵,如何权衡利弊?从管理的角度,不管是收费对象、收费期限、收费价格,还是收费资金的使用,相应决策的制定和调整,都需要一套合适完善的程序。节假日免费政策或类似决定的出台,如何听取民众的意见?最后,从法律的角度看,中国的收费公路大多涉及私有运营机构,带有复杂的 PPP 合约关系。由政府单方面决定设施免费或者其他收费更改,法律上是否合宜,对私有运营方又该如何补偿?对相关种种问题,我们都期待着更多的了解、讨论和思考。

参考文献:

[1]全球 14 万公里公路收费 10 万在中国[N]. 上海证券报,2006-06-28. [2014-11-12]http://news.qq. com/a/20070213/000975. htm.

[2]郭永刚. 世行报告称中国高速路通行费和国际比偏高[N]. 中国青年报,2007-02-13. [2014-11-12]http://www. yn. xinhuanet. com/newscenter/2007-02/13/content_9298525. htm.

[3]揭物流成本:全国有 10 万 KM 收费公路[N]. 中华工商时报,2011-05-16. [2014-11-12]http://finance. huanqiu. com/roll/2011-05/1694379. html.

[4]Zhao Zhirong,Cao Chengxin. Funding China's Urban Infrastructure:Revenue Structure and Financing Approaches[J]. *Public Finance and Management*,2011,11(3). [2014-11-12]http://www. spaef. com/article. php? id=1309.

[5]Klein D B,Majewski J. Turnpikes and Toll Roads in Nineteenth-Century America,2010. [2014-11-12]http://eh. net/encyclopedia/article/klein. majewski. turnpikes.

[6]Toll Facilities in the United States. Federal Highway Administration,2011. Publication No:FHWA-PL-11-032-web only publication. [2014-11-12]http://www. fhwa. dot. gov/policyinformation/tollpage/index. cfm.

[7]Klein D B, Majewski J. Economy, Community and Law:The Turnpike Movement in New York, 1797—1845[J]. *Law & Society Review*,1992,26(3):469—512.

[8]Durrenberger J A. Turnpikes:A Study of the Toll Road Movement in the Middle Atlantic States and Maryland[M]. Valdosta, GA.:Southern Stationery and Printing,1981.

[9]Seely B E. *Building the American Highway System*:Engineers as Policy Makers[M]. Philadel-

phia: Temple University Press, 1987.

[10]Samuel P. Should States Sell Their Toll Roads? Reason Foundation, 2005. [2014-11-12]http://reason. org/files/59b301a5d83b89790d404020d4e4da9c. pdf.

[11]Gómez-Ibáñez J A, Meyer J R. *Going Private: The International Experience with Transport Privatization*[M]. Washington, D. C.: The Brookings Institution, 1993.

[12]Zhao Zhirong, Guo Hai, Coyle D, et al. Revisiting the Fuel Tax-Based Transportation Funding System in the United States[J]. *Public Works Management & Policy*, 2014. doi: 10. 1177/1087724X14539139.

[13]Halvorson R, Nookala M, Buckeye K R. High Occupancy Toll Land Innovations: I-394 MnPASS. 2006, TRB Paper No. 06-1265. [2014-11-12]http://www. trb-pricing. org/docs/06-1265. pdf.

[14]The Selective Use of Shadow Tolls in the United States. Federal Highway Administration, 1999. [2014-11-12]http://www. fhwa. dot. gov/ipd/revenue/road_pricing/resources/selective_use_shadow_tolls. htm.

[15]Perez B, Lockwood S. Current Toll Road Activity in the U. S.: A Survey and Analysis. Federal Highway Administration, 2009. Washington, DC.

[16]Highway Statistic Series. Federal Highway Administration, 2012. [2014-11-12]http://www. fhwa. dot. gov/policyinformation/statistics/.

[17]Zhao Zhirong, Levinson D M. Introduction to the Special Issue on Value Capture for Transportation Finance[J]. *Journal of Transport and Land Use*, 2012, 5(1). [2014-11-12]https://www. jtlu. org/index. php/jtlu/article/view/361.

发达国家对比下日本的财政赤字与财政重建政策

宋　宇*

摘　要： 财政赤字问题并非日本特有的课题。20 世纪 80 年代末到 90 年代初，OECD[①] 的很多国家都先后出现了严重的财政赤字现象，但大多数国家在 90 年代相继实施了有效的财政重建政策，并且到 2000 年基本实现了财政赤字为零或财政收支有余。相比之下，日本的财政赤字问题却时时不能得到解决。其原因除了多年来累积了庞大的债务赤字之外，更主要的是财政重建政策自身存在着很大的弊端，即"不增税"、只靠削减支出作为财政重建的手法。

对此，本文将通过 OECD 相关资料、数据来分析日本财政赤字的问题及特点，并对 OECD 中具有代表性国家的财政重建政策进行类型归纳，从而找出日本财政政策的不同。最后，结合国民负担比率来综合分析日本的财政重建政策及其特点。通过分析得出，日本从 20 世纪 80 年代开始就以实施不增税、只靠削减财政支出来实现财政重建的想法是不切实际的，这也是与其他发达国家相比下最为明显的特征之一。

关键词： 财政重建　不增税的财政重建政策　削减财政支出的财政重建政策　国民负担比率

一、第二次世界大战后日本财政赤字的现状及财政重建政策的概要

（一）日本财政赤字的历史及现状

在日本财政法第 4 条中，虽然明确规定了不准用发行国债的方式来增加财源，但同时又把发行建设性国债[②]列为例外。实际上 1975 年之前，日本是不存在赤字国债的。20 世纪 70 年代初期的石油危机使日本一度陷入税收低迷状态，从而自 1975 年开始正式发行赤字国债。

从图 1 中可以看出，日本从 1975 年开始发行赤字国债，经过 20 世纪 80 年代中期的一

---

* 作者简介：日本横滨国立大学大学院，国际经济专业博士在读，专攻财政学，财政政策。现任教师助理职务，并兼任日本嘉悦大学硕士生论文辅导员的工作。

① OECD 即经济协力开发机构。以欧洲各国为中心，包括日本、美国在内的 34 个国家。OECD 对国际宏观经济动向、贸易、国家开发等进行探讨。近些年把分析领域增加到了国家持续发展和国家统治等新领域。

② 为土木建设、修桥修路等公共事业而发行的国债称为建设性国债。

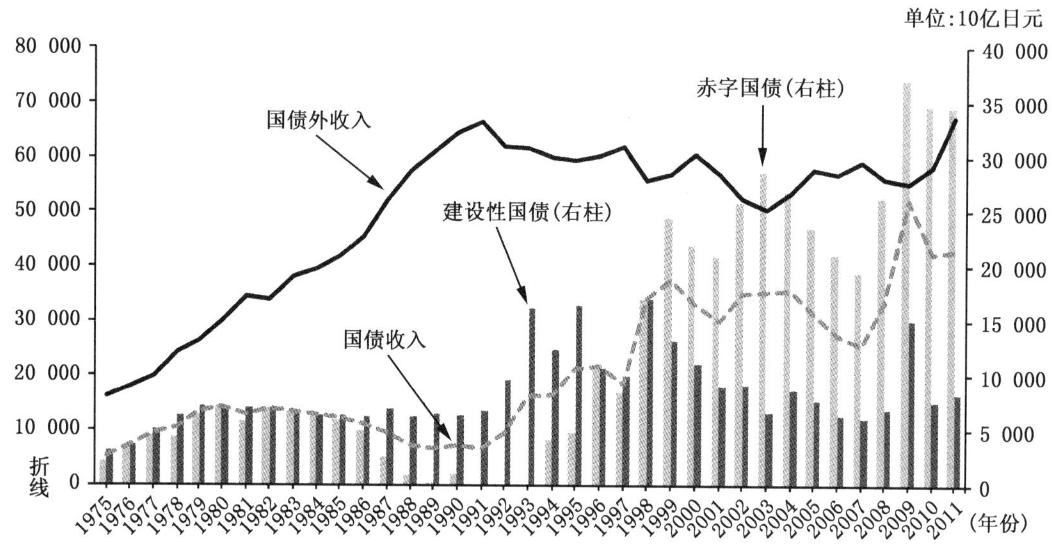

资料来源:日本财务省主页. 作者绘制.

图 1　国债收入和国债外收入的推移

段高峰之后,80 年代末开始有所下滑,并在 90 年代实现了赤字国债为零的目标。但从 1994 年开始,日本又重新开始发行赤字国债,此次发行之后一发不可收拾,直到现在还在继续发行大量的赤字国债。从图 1 中可看出赤字国债的走向大约是在进入 90 年代以后开始恶化的,所以一般认为日本财政赤字的恶化是从 20 世纪 90 年代"失去的 10 年"开始的。如果单从赤字国债本身的变化趋势来看,这种认识似乎有些道理,然而结合建设性国债和国债收入的情况来看就有所不同。日本在赤字国债为零的时期还在发行建设性国债,而且在"失去的 10 年"里发行额突增,这与 20 世纪 90 年代的扩大性经济政策相关。建设性国债和赤字国债的总和为国债收入,从国债收入的走向来看,除去 80 年代末期的泡沫经济以外,依靠国债来支持财政收入似乎成了一种惯性。而国债外收入的绝大部分来源于税收,90 年代之后国债外收入的不断下滑造成了财政收入的减少。这一点结合之后将论述的财政支出的增加,就造成了大量的财政赤字。

(二)日本的财政重建政策

从前文中可以看出日本财政赤字问题的趋势。日本政府早在 20 世纪 80 年代初期就为改善赤字国债问题,一度实施了财政重建政策。当时打着"不增税的财政重建"的旗帜,对财政支出单方面进行了削减。从日本的一般预算①来看,当时财政支出的主要项目部门有大量缩减的趋势,也就是说看上去"不增税的财政重建"政策是成功的。然而,这种削减政策的成功只局限于一般预算的表面,而且在一般预算中减少的部分大多都在特别预算

① 在日本,预算分为一般预算和特别预算。一般预算是指国家和地方的一般支出和收入的预算。它的主要财源有税收和国债资金收入。对一些特别指定的事业及其运作的管理资金是不被记载到一般预算中的,而是通过特别预算来单独编成预算方案。

中得以增加，还表现在了地方财政预算中。[1]尽管如此，因20世纪80年代后期日本出现了泡沫经济，经济的迅速发展使日本的财政赤字得到了缓解[2]，最后在1990年的预算中实现了由“不增税的财政重建”政策时提出的目标，即在1990年度使赤字国债归零。

可到了20世纪90年代，日本进入经济萧条时期。90年代的经济萧条使税收减少，加之日本从20世纪80年代就开始存有老龄化问题，而老龄化问题又在90年代期间不断深化，这让日本政府不断地增加了对社会保障的支出，从而使财政收入和支出出现了严重的不平衡。为了经济复苏，当时的政府又实施了刺激经济的财政政策，最后导致只能依靠发行大量的赤字国债来维持日本的财政预算。图1即显示了日本在1990年以后大量发行赤字国债的事实。

1997年，桥本龙太郎当权执政。桥本在执政初期就提出了财政构造改革的想法，并在此方针下号召实施“全方位削减支出”的财政重建政策，还确定了财政赤字不超过GDP比2%的目标，并将其财政构造改革列入了立法。其中，“全方位削减支出”如表1所示，即在国家预算中对主要支出部门作出了大量的削减计划。

表1　　桥本财政构造改革中国家财政主要经费的削减目标

	1998年度	1999年度·2000年度
社会保障关系费	不超过3 000亿日元的预算	大约不超过102/100的预算
公共事业关系费	不超过93/100的预算	与前一年比不增加
文教预算	与前一年比不增加	
国家防御军事费	与前一年比不增加	
政府开发援助费	不超过9/10的预算	与前一年比不增加
粮食关系费	与前一年比不增加	
科学技术费	大约不超过105/100的预算	抑制增加额
资源对策费	与前一年比不增加	
中小企业对策费	与前一年比不增加	
人件费	极力抑制总额	
其他	与前一年比不增加或抑制增加	
一般的财政支出	与前一年比不增加	到2003年度抑制支出
地方财政计划	国家对地方的补助不超过前一年	到2003年度止国家压缩对地方的补助

资料来源：推进财政构造改革的特别措施法的概要，1997年11月.

然而，1997年的亚洲金融危机，以及日本国内金融市场的动荡①，让日本中断了桥本政权定下的财政重建政策。之后在小渕政权、森政权下，为了缓和对经济的冲击，又重新走上了大量实施土木建设、发行赤字国债的凯恩斯经济政策路线，而在1998年制定的财政构造改革法也随之被冻结。就这样，20世纪90年代的财政重建政策仅存1年就被迫中

① 如三洋证券和山一证券的破产。

断。

经济萧条使日本中断了财政重建政策，然而财政赤字的不断增加又不容忽视，所以在2001—2006年的小泉纯一郎政权下，20世纪90年代中断的财政重建政策重新被提上议题。小泉政权再次倡导财政构造改革，并对解决财政问题确定了明确的目标，即“发行的国债不超过30兆日元”和“到2010年为止基础财政收支盈余”①的目标。而其财政重建政策的手法却与20世纪90年代，更确切地说是从20世纪80年代“不增税的财政重建”政策开始就大同小异。小泉表示在执政期间不采取增税的政策，至于财政重建，要靠“全方位的削减支出”来实现。具体表现为对公共事业关系费的削减，对社会保障关系费的抑制②，以及对地方财政的调控。就这样，日本再次尝试用“全方位的削减支出”政策来解决财政赤字问题。虽然财政收支有所缓解，可还是没有完全解决日本的财政赤字问题，即还有大量的财政债务累积。而且在2008年雷曼危机的影响下，日本无法实现当初定下的财政重建目标。

以上对日本的财政赤字和为解决财政赤字采取的财政重建政策作了简要的介绍。正如图1中所看到的那样，日本的财政赤字问题从1994年开始不断深化，至今还存有庞大的债务累积，虽然在小泉执政期间赤字国债有所减少，但之后又有增加的趋势，并在2008年以后再次深化了这种趋势。当然，2008年的全球性金融危机使各国的财政收支都有所下降，但相比之下，在20世纪90年代成功实施了财政重建的瑞典、加拿大、澳大利亚却保持着较好的财政收支状况。

接下来，本文将具体阐述包括上述三个国家以及美国、英国、法国、德国等发达国家的财政赤字问题，通过发达国家之间的对比来探讨日本财政赤字的特点，并通过解析各个国家实施的财政重建政策来剖析日本财政重建政策的弊端。

二、主要发达国家对比下日本的财政赤字及财政重建政策的特点

（一）日本财政赤字的特点

图2是代表性发达国家财政收支的GDP比和经济增长率推移的示图。各个国家几乎都在20世纪90年代初期出现了财政赤字问题，但到了21世纪初，除日本以外的国家都一度恢复了财政平衡或接近财政平衡。相比之下，在1988年到1993年的日本泡沫经济前后，日本是唯一一个财政收支有余的国家，1991年时日本财政收支的GDP比为2%，良好的财政状况在发达国家中独居首位。但随着经济的衰退，1998年时日本出现了11%的财政赤字，虽在之后的2002年和2003年有所缓解，但财政赤字仍然维持在7%的高纪录。日本的这种趋势同先前介绍的其他发达国家有很大差别，日本并没有像其他发达国家那样因20世纪90年代财政政策的实施使其在进入2000年后出现财政收支有所改善的现

---

① 也就是说，在单年度预算中，除去国债和要偿还的利息，剩余的支出部分都由当年度的税收来承担，即不发行新的国债来充当财政支出。英文为Primary Balance。

② 这里用“抑制”而不是“削减”的意义在于随着时代的变化和日本老龄化问题的深化，社会保障关系费的增加是不可避免的。与其他费用不同，社会保障关系费在数字上是不会明显减少的，但因要抑制其增长的速度，所以这里使用“抑制”而不是“削减”。

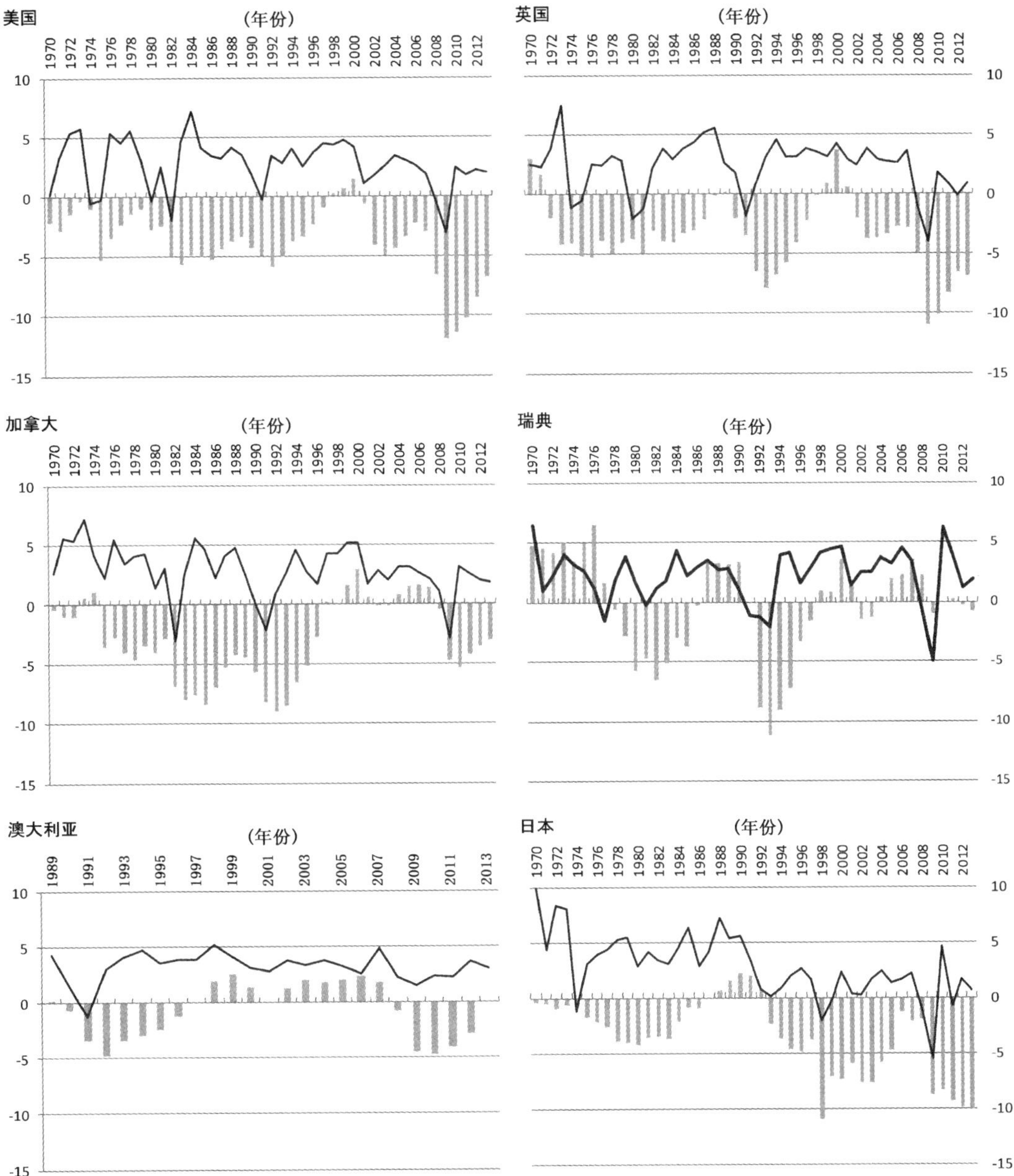

象。在发达国家面临财政危机的20世纪90年代初,日本的经济虽开始走向低潮,但财政收支却呈现出最为良好的状态。这与其他发达国家的情况形成了鲜明的对比。

结合财政收支和经济增长率的关系来看,各个国家都表现出了两者之间的关联性。也就是说,财政收支的状况在一定程度上取决于经济增长率。在经济发展缓慢或进入低潮时,财政收支就会出现不平衡,反之,财政收支会有所改善。因此,1998年日本财政收支的迅速下降说明了日本受当时亚洲经济危机的影响之大。然而,也不是有了经济增长,财政收支就会自然平衡或有所改善的。以日本为例,2002—2007年间,在日本被称为“超越

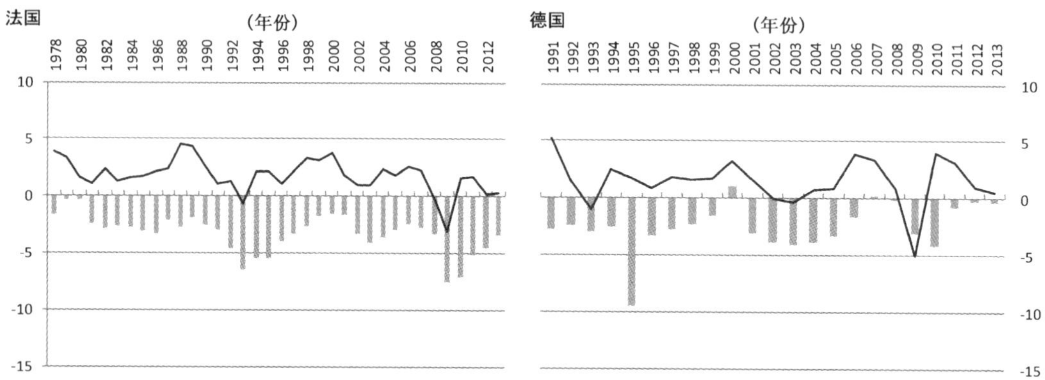

注:折线是实际的GDP增长率,柱状是在一般预算中政府财政收支的GDP比。
资料来源:OECD Stat网页。

图2　各国的财政收支对GDP与经济增长的关系

伊弉诺经济[①]"的经济发展最长期。从图2也可以看到,在此期间,经济增长比在2%~3%,这对发达国家来讲已经是很高的GDP了。但就是在这样经济增长的最长期,恰巧又在小泉政权下实施了财政重建政策,却未能解决一直困扰日本的财政赤字问题。下面的表2能更好地说明这个问题。

从表2中可以看到,日本从1975年正式开始发行赤字国债,除了1988—1991年和2006—2007年以外,国家累计的债务额都是发达国家中最高的。1985年的债务累计占GDP比的70.5%,成为发达国家中债务累计最高的国家。之后在泡沫经济的影响下,这种局面曾一度缓和,但在1993年又再居榜首。这之后,每年的债务累计额都在不断地增加,这样的事态就是在小泉执政期间也没有改变。也就是说,虽然在2001—2006年小泉政权实施了财政重建政策,并且此政策是在日本国内经济相对复苏的情况下进行的,却未能解决日本的财政赤字问题。先前图2虽显示财政收支有所改善,但实际上并没有真正使日本的债务累计减少。从另一个角度来讲,正如前面所论述的那样,经济发展会影响到财政收支的平衡,但并不是在经济高速发展阶段就能顺其自然地实现财政收支平衡。这一点既证明了财政重建的必要性,又验证了财政重建政策自身的方式、方法的重要性。

另外,结合图2和表2可以看出,其他发达国家在20世纪90年代实施的财政重建政策与日本相比是成功的,但这种成功结合2008年雷曼危机之后的走向,可把其他发达国家分为三组。第一组为加拿大、澳大利亚、瑞典。这三个国家在20世纪90年代实施的财政重建政策不仅使各国在21世纪初财政收支得到改善,就是在2008年全球性金融危机的冲击下也相对保持着较好的财政收支状况。第二组为美国、英国、法国。这三个国家虽然在21世纪初一时地恢复了财政收支平衡或财政收支有余,但在2008年以后再次陷入财政赤字的危机之中。最后一组为德国。德国反而是在初进入21世纪以后一度出现了财政

① 日本的经济发展史中,出现了几次经济高速增长时期,分别为1955—1956年的神武经济,1959—1960年的岩户经济,1965—1970年的伊弉诺经济(日语为いざなぎ经济)。

表2

一般政府的债务累计额的GDP比

国家＼年度	1970	1971	与前年比	1972	与前年比	1973	与前年比	1974	与前年比	1975	与前年比	1976	与前年比	1977	与前年比	1978	与前年比	1979	与前年比	1980	与前年比	1981	与前年比
加拿大	53.3	54.3	1.9%	52.6	-3.1%	47.2	-10.3%	45.0	-4.7%	44.4	-1.3%	42.9	-3.4%	44.3	3.3%	47.1	6.3%	44.4	-5.7%	44.8	0.9%	46.2	3.1%
法国	40.6	38.0	-6.4%	35.6	-6.3%	32.8	-7.9%	30.7	-6.4%	31.0	1.0%	29.4	-5.2%	28.9	-1.7%	30.0	3.8%	30.2	0.7%	29.8	-1.3%	28.9	-3.0%
日本	10.7	12.0	**12.1%**	16.0	**33.3%**	15.5	**-3.1%**	12.1	**-21.9%**	19.3	**59.5%**	25.9	**34.2%**	31.1	**20.1%**	39.4	**26.7%**	43.7	**10.9%**	47.9	**9.6%**	53.7	**12.1%**
瑞典	28.9	29.3	1.4%	29.1	-0.7%	28.4	-2.4%	28.8	1.4%	28.0	-2.8%	26.1	-6.8%	28.3	8.4%	32.7	15.5%	37.5	14.7%	46.9	25.1%	55.3	17.9%
英国	69.5	71.9	3.5%	63.2	-12.1%	58.3	-7.8%	54.5	-6.5%	53.8	-1.3%	51.8	-3.7%	58.3	12.5%	51.9	-11.0%	49.4	-4.8%	48.7	-1.4%	46.5	-4.5%
美国	46.4	47.0	1.3%	45.4	-3.4%	42.6	-6.2%	41.4	-2.8%	44.6	7.7%	44.8	0.4%	43.6	-2.7%	42.5	-2.5%	41.2	-3.1%	41.9	1.7%	41.1	-1.9%
OECD平均值	40.4	41.0	1.5%	40.3	-1.7%	38.3	-5.0%	36.9	-3.7%	40.3	9.2%	41.3	2.5%	42.5	2.9%	43.7	2.8%	43.6	-0.2%	44.2	1.4%	45.6	3.2%

国家＼年度	1982	与前年比	1983	与前年比	1984	与前年比	1985	与前年比	1986	与前年比	1987	与前年比	1988	与前年比	1989	与前年比	1990	与前年比	1991	与前年比	1992	与前年比
澳大利亚	–		–		–		–		–		–		–		23.2	–	22.0	-5.2%	23.4	6.4%	27.7	18.4%
加拿大	51.8	12.1%	57.3	10.6%	60.5	5.6%	65.5	8.3%	69.7	6.4%	70.2	0.7%	70.0	-0.3%	71.2	1.7%	74.0	3.9%	81.0	9.5%	88.6	9.4%
法国	32.8	13.5%	33.8	3.0%	35.5	5.0%	37.1	4.5%	37.9	2.2%	39.4	4.0%	39.1	-0.8%	39.0	-0.3%	38.6	-1.0%	39.5	2.3%	43.8	10.9%
德国	–		–		–		–		–		–		–		–		–		37.7	–	40.8	8.2%
日本	59.7	**11.2%**	66.0	**10.6%**	68.1	**3.2%**	70.5	**3.5%**	76.2	**8.1%**	78.0	**2.4%**	73.9	**-5.3%**	67.7	**-8.4%**	64.9	**-4.1%**	64.2	**-1.1%**	68.6	**6.9%**
瑞典	65.5	18.4%	69.5	6.1%	70.8	1.9%	70.3	-0.7%	69.6	-1.0%	61.9	-11.1%	55.5	-10.3%	50.4	-9.2%	46.3	-8.1%	55.0	18.8%	73.4	33.5%
英国	50.8	9.2%	50.5	-0.6%	50.5	0.0%	49.2	-2.6%	48.6	-1.2%	47.7	-1.9%	41.6	-12.8%	35.8	-13.9%	32.1	-10.3%	32.5	1.2%	38.6	18.8%
美国	45.9	11.7%	48.9	6.5%	50.6	3.5%	55.4	9.5%	58.9	6.3%	60.6	2.9%	61.3	1.2%	61.6	0.5%	63.1	2.4%	67.9	7.6%	70.3	3.5%
OECD平均值	50.4	10.5%	52.3	3.8%	54.1	3.4%	57.3	5.9%	60.0	4.7%	61.1	1.8%	59.6	-2.5%	57.9	-2.9%	58.0	0.2%	60.1	3.6%	64.0	6.5%

国家＼年度	1993	与前年比	1994	与前年比	1995	与前年比	1996	与前年比	1997	与前年比	1998	与前年比	1999	与前年比	2000	与前年比	2001	与前年比	2002	与前年比	2003	与前年比
澳大利亚	30.9	11.6%	40.3	30.4%	42.0	4.2%	39.2	-6.7%	37.5	-4.3%	32.4	-13.6%	28.0	-13.6%	25.0	-10.7%	22.1	-11.6%	20.1	-9.0%	18.6	-7.5%
加拿大	94.4	6.5%	96.0	1.7%	99.6	3.7%	99.6	0.0%	94.3	-5.3%	92.9	-1.5%	89.6	-3.6%	80.5	-10.2%	80.7	0.2%	78.6	-2.6%	74.7	-5.0%
法国	50.8	16.0%	60.1	18.3%	62.6	4.2%	66.4	6.1%	68.9	3.8%	70.4	2.2%	66.8	-5.1%	65.7	-1.6%	64.3	-2.1%	67.5	5.0%	71.7	6.2%
德国	46.1	13.0%	46.5	0.9%	55.7	19.8%	58.8	5.6%	60.4	2.7%	62.3	3.1%	61.8	-0.8%	60.8	-1.6%	60.1	-1.2%	62.5	4.0%	65.9	5.4%
日本	75.0	**9.3%**	80.2	**6.9%**	87.7	**9.4%**	95.4	**8.8%**	102.0	**6.9%**	114.9	**12.6%**	129.0	**12.3%**	137.6	**6.7%**	144.7	**5.2%**	153.5	**6.1%**	158.3	**3.1%**
瑞典	78.2	6.5%	82.5	5.5%	81.1	-1.7%	84.4	4.1%	83.0	-1.7%	82.0	-1.2%	73.2	-10.7%	64.3	-12.2%	62.7	-2.5%	60.2	-4.0%	59.3	-1.5%
英国	48.2	24.9%	46.3	-3.9%	51.0	10.2%	50.8	-0.4%	51.7	1.8%	52.3	1.2%	47.4	-9.4%	45.2	-4.6%	40.5	-10.4%	41.1	1.5%	41.6	1.2%
美国	71.9	2.3%	71.1	-1.1%	70.7	-0.6%	69.9	-1.1%	67.4	-3.6%	64.2	-4.7%	60.5	-5.8%	54.5	-9.9%	54.4	-0.2%	56.8	4.4%	60.2	6.0%
OECD平均值	68.7	7.3%	69.9	1.7%	72.5	3.7%	74.1	2.2%	73.8	-0.4%	74.4	0.8%	72.9	-2.0%	70.2	-3.7%	69.9	-0.4%	71.9	2.9%	73.6	2.4%

国家＼年度	2004	与前年比	2005	与前年比	2006	与前年比	2007	与前年比	2008	与前年比	2009	与前年比	2010	与前年比	2011	与前年比	2012	与前年比	2013	与前年比
澳大利亚	16.8	-9.7%	16.3	-3.0%	15.6	-4.3%	14.5	-7.1%	13.8	-4.8%	19.4	40.6%	23.5	21.1%	26.7	13.6%	29.3	9.7%	28.9	-1.4%
加拿大	70.8	-5.2%	69.7	-1.6%	68.6	-1.6%	65.0	-5.2%	69.2	6.5%	81.5	17.8%	83.0	1.8%	83.4	0.5%	85.8	2.9%	85.5	-0.3%
法国	74.1	3.3%	76.0	2.6%	71.2	-6.3%	73.0	2.5%	79.3	8.6%	91.2	15.0%	95.5	4.7%	100.0	4.7%	105.1	5.1%	108.2	2.9%
德国	69.3	5.2%	71.8	3.6%	69.8	-2.8%	65.6	-6.0%	69.9	6.6%	77.5	10.9%	86.3	11.4%	86.4	0.1%	87.6	1.4%	86.2	-1.6%
日本	166.3	**5.1%**	169.5	**1.9%**	166.8	**-1.6%**	162.4	**-2.6%**	171.4	**5.5%**	188.7	**10.1%**	192.7	**2.1%**	205.3	**6.5%**	214.3	**4.4%**	224.3	**4.7%**
瑞典	60.0	1.2%	61.2	2.0%	54.3	-11.3%	49.8	-8.3%	50.0	0.4%	52.2	4.4%	49.3	-5.6%	49.2	-0.2%	48.6	-1.2%	47.9	-1.4%
英国	43.9	5.5%	46.1	5.0%	45.9	-0.4%	47.0	2.4%	57.1	21.5%	72.0	26.1%	85.6	18.9%	99.9	16.7%	105.3	5.4%	110.4	4.8%
美国	67.8	12.6%	67.4	-0.6%	66.1	-1.9%	66.5	0.6%	75.4	13.4%	88.8	17.8%	97.8	10.1%	102.2	4.5%	109.8	7.4%	113	2.9%
OECD平均值	77.6	5.4%	77.9	0.4%	75.8	-2.7%	74.2	-2.1%	80.7	8.8%	92.2	14.3%	98.7	7.0%	102.9	4.3%	108.7	5.6%	111.4	2.5%

资料来源：OECD网页。

赤字严重的现象,而在 2008 年以后却成为了财政状况良好的国家。

结合前两组的不同财政走向①,下文将通过对各个国家在 20 世纪 90 年代财政重建政策的具体介绍来阐明日本财政政策的特点,这也是日本为何不能通过有效的财政重建政策来解决财政赤字问题的关键所在。

(二)其他发达国家的财政重建政策

通过表 3 可以总结出各个国家在实施财政重建政策时的几个相同之处。第一,财政重建政策期间都制定了相应的财政制度或法规;第二,财政重建政策要有长期的前景规划;第三,当财政重建政策的手法行不通时,通过政权交替来实现财政重建手法的转变;第四,从财政重建的手法上来看,各个国家都实施了增加收入与减少开支并举的方法。

结合以上几点来回顾先前介绍的日本的财政重建政策,1997 年日本的确也建立了财政制度,但对预算制度的改革并不明显,而且仅在短短的 1 年之内就冻结了相应的法律。最主要的问题是,日本从 1980 年的财政重建政策到 21 世纪初的小泉财政构造改革,一直都设想以不增税、单靠削减支出来实现财政重建。因 20 世纪 80 年代出现了泡沫经济,这种做法的弊端并不那么明显,而之后长期的经济不景气则让一贯不增税的做法变得不切实际。早在 1979 年日本导入消费税时就运用了"增减税一体化",即为了导入消费税,对所得税进行减税的制度。这种做法的好处在于即便是在经济下降时,也能保证国家整体的税收收入,从国家宏观来看,正负相抵,实际上并没有加大税收。之后在 1994 年,日本又为恢复经济实施了一系列减少所得税的税收改革政策。从前文的图 1 和图 3 中都可以看出,国家的税收在很长一段时间里不仅没有增加反而在不断下降,而支出是在不断上升的,这样就使收入和支出之间出现了严重的不平衡从而导致大量财政赤字的出现。

前面所陈述的三组发达国家之中,可以说只有第一组国家真正地解决了财政赤字问题,提高了财政效率和实现了财政的健全化,从而达到了财政重建的目的。下面将采取两两对比的方式分析前两组发达国家中财政重建政策的不同,从而剖析实现财政重建的最好手段和方法。

1. 英国和澳大利亚

如表 3 所示,虽然在英国和澳大利亚的财政重建政策中,民营化改革和变卖国家资产都给两国一时之间带来了很大的收益,这也是财政重建中的一个重要手段。但澳大利亚与英国不同的是,在导入了附加价值税(GST)的同时又冻结了减税政策。而英国则在增加附加价值税的同时又对直接税进行了减税。这种完全相反的税收政策使英国和澳大利亚在 2000 年以后出现了不同的财政走向,也就是上述第一组和第二组国家的不同之处。

2. 加拿大和法国

在 20 世纪 90 年代的财政重建中,加拿大基本上也采取了削减支出的方法,但加拿大财政重建的成功与 80 年代的税制改革以及和美国的贸易关系密切相关。具体表现为,在实施财政重建的前一个政权时,加拿大就同美国缔结了《美加自由贸易协定》(CUFTA),税收的直接增加是实现财政重建的原因之一。[3]加拿大和澳大利亚的事例似乎会被认为

① 因 20 世纪 90 年代初东西德国统一,德国财政收支的转好存在特殊性,所以本文不把德国列入分析范围之内。

表3 其他发达国家的财政重建政策

		美国	英国	法国	德国	加拿大	澳大利亚	瑞典
财政重建的时期		1990—1996年	1993—1998年	1993—1997年	1993—2000年	1993—1997年	1993—1997年	1994—1998年
GDP百分比		3.0%	3.5%	1.4%	1.6%	3.2%	4.0%	3.3%
目标设定		削减财政赤字5 000亿美元(在预算合意会议中)	通货统合条件	通货统合条件	通货统合条件	到1996年度为止实现削减财政赤字的GDP比3%(1993年时制定的目标)	实现财政收支平衡(1996年时制定的目标)	维持GDP比2%的财政收支(1997年时制定的目标)
财政制度		1990年的包括预算调整法、1993年的包括预算调整法、1997年的包括预算调整法	1993年的总调控制度、1998年的财政安定化制度	1993年的经济·社会重建计划、1994年的财政5年计划法	1993年成长强化·财政紧缩计划	削减支出的“六个基准”	1993年财政重建计划、把削减支出法制化	财政赤字削减法
政权交替		1993年民主党政权执政	1997年民主党政权执政	—	—	1993年重新回到自由党执政	1996年自由·国民党联合执政	1994年社会民主党执政
政权交替下财政重建政策的转换		削减支出→增税+削减支出	民营化+不增税	削减支出→增加收入	—	增税→削减支出	变卖资产→变卖资产+削减支出+增税	减税→增加收入+削减支出
增税	直接税种	把所得税的最高税率从31%上调为36%、法人税率从34%调至35%	把法人税率从33%下调为31%、对所得税进行减税	导入一般社会税并把税率提升(1.1%→2.4%)、法人附加价值税的引进及其税率的提升	—	由前政权的税制改革带来的所得税收入	对所得税进行减税	提高所得税的税率
	间接税种	无	对附加价值税进行增税	把附加价值税率从18.6%提升为20.6%	附加价值税税率的提升	—	导入附加价值税	—
	其他	在社会保障税方面,废除了课税对象的所得上限。对高收入者增税	—	扩大金融资产所得课税标准、废除长期资产税的优惠政策	—	米加自由贸易协定的签订	—	对资本所得税的强化、维持纯资产税、提高不动产税和资金税率
资产变卖、民营化		—	民营化收益大	国有企业的民营化	国营事业的民营化	国有企业的民营化	变卖资产610亿澳洲美元	—
社会保险金		—	—	持续提升社会保障负担	—			抑制养老金的物价提升标准、提高医疗保险中的个人负担
财政支出		削减高收入人群的社会保障费	对公共部门活动的限制	减少国家公务员	国家和地方共计削减500德币	医疗·教育·福祉的资金转移从179亿加拿大美元削减为126亿加拿大美元。削减产业补助金、减少联邦公务员	削减大学和国营媒体的补助金	减少儿童补贴、失业补贴,重申伤病补贴
财政收入与支出的比率		增税和以社会保障为中心的削减支出	有显著的民营化收益	3%改善度之中大约0.2%为削减支出部分	—	增加财政收入约120亿加拿大美元、削减支出790亿加拿大美元	导入民营化和附加价值税	削减支出比为52.7%,增加收入比47.3%
实现财政重建的时期		1998年实现财政收支有余	1998年实现财政收支有余	面向2000年财政收支有所改善,但却没有实现财政收支有余	2000年实现财政收支有余	1997年实现财政收支有余	1997年实现财政收支平衡	1998年实现财政收支有余
21世纪初以后的走向		2001年开始出现财政赤字	2002年开始出现财政赤字	2001年开始出现财政赤字	2001年开始出现财政赤字	仍保持健全的财政收支	仍保持健全的财政收支	仍保持健全的财政收支

资料来源:作者绘制

只要增税就能实现财政重建，而以下法国的事例证明并非如此。

法国受欧洲联盟的影响，先实施了“协调性减税”，又在“竞争性减税”中降低了法人所得税。但之后因面临财政赤字问题，在1991年的预算法案中，作为社会保障财政的第一步，导入了一般社会税（CSG）①。同时在1993年，CSG的税率从1.1%提升到了2.4%。1994年，在巴兰蒂露新政权诞生的同时，法国又设定了“经济·社会再现计划”，并为减少赤字采取了一系列增加税收的方式：把附加价值税的税率从18.6%提升为20.6%；导入法人附加税并在1998年提升税率；废除长期资产税的优惠政策。

虽说增税的财政重建手法使法国在迈入2000年之前财政赤字有所改善，但与第一组发达国家不同，法国并没有完全消除财政赤字，并在2000年以后财政赤字又出现了反复（见图2）。

3. 瑞典和美国

一向以健全财政而闻名的瑞典，虽然和法国一样在财政重建中都实施了增税的措施，但瑞典也采取了彻底的削减支出政策。进入1990年，由于泡沫经济的崩溃、金融机构的不良债务问题和通货危机的接连影响，瑞典出现了前所未有的财政赤字。1993年，瑞典财政赤字的GDP比为11.2%，这比1998年日本最高值的11%还要高（见图2）。财政赤字问题的恶化除了受经济进入停滞期的影响以外，还受到从1990年到1991年税制改革的影响，即降低了法人所得税（从57%到30%）和个人所得税（从73%到51%）。[4]

但是，1994年10月，在新政权巴约翰的领导下，瑞典政府实施了彻底的削减支出和增加税收的财政重建政策。1994年11月，其发表了财政重建计划，提高了医疗保险率和养老金，成立了以社会保障为中心的564亿瑞币的削减支出法案。[5]1995年1月，其又在制定提升医疗保险中个人负担预算案的同时，修改了降低儿童补助的预算案。两项预算案分别实现削减支出193瑞币和36瑞币。在收入方面，除了增加医疗保险中的个人负担之外，还提升了国家所得税的税率、资本所得税、不动产税和资金税，主要针对高收入人群进行增税。[6]税率的增加结合经济复苏的步伐，使瑞典在1995年开始恢复总税收，并且在1998年实现了财政收支有余。即便是在2008年的雷曼事件之后，因为先前的财政重建政策使国家财政恢复了自身的效率，所以经济危机对财政带来的冲击相对来讲并不是很大。这也是第一组发达国家不同于其他国家财政走向的原因。

瑞典实践证明了只有增加税收和削减支出双管齐下的财政重建政策，才有可能彻底改变财政赤字的局面。从这一点上来说，美国也在20世纪90年代实施了同样的财政重建政策，但美国却不在第一组的发达国家之中。以下将对美国不在第一组发达国家中的原因进行详细分析。

众所周知，美国在20世纪80年代就出现了财政赤字与贸易收支赤字的双赤字现象。1981年，在林肯政权下，美国实施了以新自由主义为旗帜的一系列综合经济政策，其中包括减税和财政重建的并举，以及削减社会保障费等。与此同时，大量的军事费用使林肯时期的国家财政不但不能减少赤字，反而恶化了财政赤字问题。②[7-8]

① 对广泛的阶层按比例课税的一种所得税。

② 对此详解参见参考文献[7]和[8]。

而在之后上任的布什、克林顿总统的领导下，美国改变了财政重建政策的方针，从而使美国在 1998 年走出了财政赤字的困境。1990 年 5 月，由美国政府和议会的超党派人员组成了特别工作小组，即“预算会议”。预算会议决定，在 1991－1995 年的五年中削减 5 000亿美元的财政赤字，并延长 GHR 法的目标，在 GHR 法目标之下实施预算的编成制度。同年 11 月份，以预算会议上的决定为基础，又通过增税等增加了财政收入，并通过了 1990 年预算综合调整法。在 1990 年预算综合调整法的指引下，在 1991－1995 年的 5 年中，美国减少财政支出 3 497 亿美元，结合增加税收的 1 466 亿美元，合计削减财政赤字 5 000亿美元。[9]

1993 年，克林顿上台之后，打破了民主党长达 12 年之久未能执政的局面。克林顿高举改变美国的旗帜，力争在扩大雇佣和促进投资的基础上，把削减财政赤字列为最为重要的课题。为了更好地实施财政重建政策，其保留了 1990 年预算综合调整法，并确立了 1993 年预算综合调整法。在财政收入方面，其将所得税的最高界限税率从 31%上升为 36%，又增加了 10%的附加税（为 39.6%），而且把法人税的税率从 34%上调到了 35%；废除了对 Medicare 的课税上限，新增了输送燃料税和延长了自动车燃料税的课税；等等。在财政支出方面，其抑制了对高收入人群的社会保障支出。总体来说，克林顿政府建立了对高收入人群 Medicare 增税，对中等收入人群不增税，对低收入人群减税的增税政策。

就这样，美国通过 20 世纪 90 年代的财政重建政策解决了财政赤字问题。1998 年，美国终于摆脱了长达 28 年的财政赤字，实现了在统合预算下财政收支有余。

但在进入 21 世纪以后，美国又在小布什的领导下，实施了“布什减税政策”，并在 2001 年制定了经济增长减税法，2003 年实施了雇佣减税，其主要内容包括降低个人所得税的税率和长期资产税率，等等。根据 OECD 的调查，美国国内总税收入的 GDP 比在克林顿执政期间尤为突出，进入 2000 年以后呈现直线下降的现象。从 1998 年到 2003 年，美国的总税收比（对 GDP）分别为 29.1%、29.1%、29.5%、28.4%、26.0%、25.5%，同期间个人所得税收比（对 GDP）分别为 11.6%、11.8%、12.3%、11.9%、9.8%、8.9%。

其次，2001 年的“9・11”事件让美国再次增加了军事费用。据美国议会调查局的有关数据，十年战争要花费美国国家费用约 1 兆美元。还有，在美国联邦政府的财政支出之中，仅次于军事费的就是医疗费用。因美国的公共保险很少，这样就致使医疗费用不断升高。医疗费用的不断增加是导致美国再次陷入财政赤字的原因之一。

综上所述，美国同瑞典一样都在 1990 年的财政重建中实施了增税与削减支出并举的政策。但美国在之后的政权中又大量实施了减税政策，换句话说，从国家政策中放弃了财政健全化的目标。这种转变说明美国在预算过程中，小政府方针保守派的财政思想和美国特殊民主主义背后的预算增加主义之间存在着一定的对立关系。[10]

以上用两两国家对比的方式对除德国外的各个国家的财政政策进行了分析。虽然各个发达国家在 21 世纪初的财政收支走向有所不同，但与日本相比，不管是哪组发达国家，20 世纪 90 年代的财政重建政策都取得了一定的成果。从财政重建政策的方式、方法中可以看出，除日本外，各个国家都多少实施了增税政策。然而，像法国那样单靠增税的财政重建方针又存在着很大的局限性。相比之下，瑞典的事例证明了只有很好地兼顾到削减支出和增加税收的平衡，才能达到财政收支的健全化，并从根本上解决财政赤字问题。

三、日本财政重建政策的局限性及其弊端

上面已阐述过日本早在20世纪80年代就采取了以不增税、单靠削减支出来实现财政重建的方针政策。这种“不增税的财政重建”的推行在政府公文中是这样解释的：“从税负担公平的角度，如要明确受益与负担的关系及把握其平衡，与税收负担相比，更应该注重社会保障的负担。”也就是说，日本认为社会保障负担比税负担更能明确受益与负担的关系，当要实施财政重建政策时，如果不得不提高国民负担，就要把重心放在提高社会保障负担上。

其实日本的国民负担率在发达国家之中是处于低水平的，这一点至今也没有改变。正是受20世纪80年代“不增税的财政重建”的影响，日本的国民负担率呈现出如图3所示的变化。

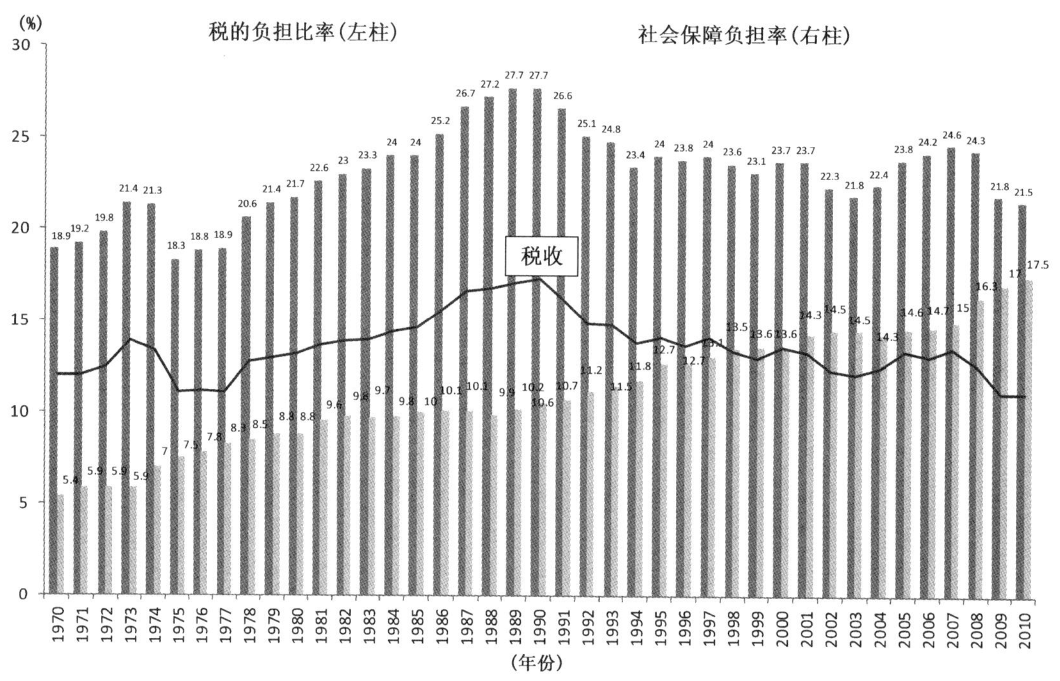

资料来源：日本后生劳动省白皮书(2010年版)，作者绘制。

图3　日本国民负担比率的推移

如图3所示，日本的税负担比率从20世纪90年代初期开始不断下降，20世纪90年代经济的不景气和连续几次的减税政策使日本的税负担不断减少，从1970年到2010年为止，40年的岁月里只增加了2.6个百分点。相比之下，社会保障负担比率在同一期间内增加了12.1个百分点，这与2.6个百分点的税负担增长率形成了鲜明的对比。与此同时，按照当时政府设计的增加社会保障费用能更好地体现受益与负担关系的想法，对增加的社会保障负担必然要提供相应的社会服务。然而，在20世纪80年代、1997年、2001－2006

年，日本相继以削减支出来实施财政重建政策，这与增加的社会保障负担及其理论相悖。加之随着日本老龄化问题的不断深化和雇佣形态的多样化①，人们对社会保障的需求是不断增加的，这样就自然地导致了财政支出的增加。也就是说，如果单从财政收入与支出上来看，现实中社会保障负担的逐年增加与可实施财政重建的财政收入不匹配。换句话说，以日本的情况来看，单靠削减支出的方式是不可能实现财政重建的。这一点在小泉后期的政策转变中可以得到证实。②[11]

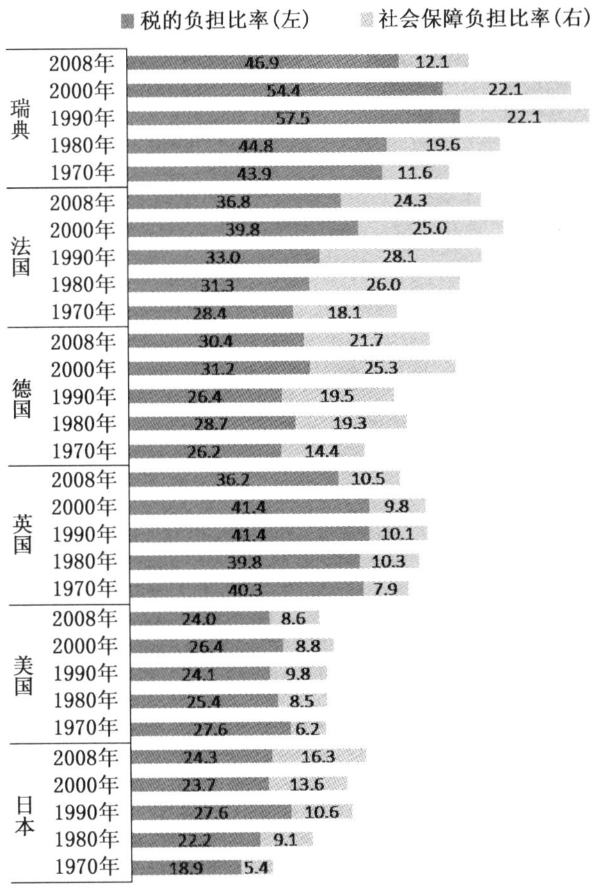

资料来源：OECD National Accounts，Revenue Statistics.

图 4 发达国家对比下国民负担比率的变迁

从图 4 中可以看出，日本与其他国家相比，社会保障负担的逐年增加是很明显的。早在 20 世纪 70 年代，日本的社会保障负担率仅为 5.4%，居发达国家末位。然而，随着年代

① 近几年，在日本，雇佣形态呈现出多样化。一个企业中不仅有正式社员，还有非正式社员、契约社员、自由人、小时工、学生小时工等雇佣形态。

② 因在小泉政权的中期又把政策改成了“财政收入与支出一体化”的财政重建政策，政策方针的转变说明仅靠削减支出来实现财政重建是不切实际的，详见参考文献[11]。

的变迁，社会保障负担率呈现巨大的变化，其中呈显著增加的只有英国和日本。英国与日本在20世纪70—80年代时，社会保障负担率分别增加了0.8和3.4个百分点。从20世纪80年代过渡到90年代时，增加的百分点为0.8和1.8。而从20世纪90年代到2004年时，增加的百分点为0.2和3.8。这一系列数据说明日本社会保障负担的增加速度更高于有显著增加的英国，在发达国家之中居首。其余国家除德国以外，20世纪90年代是社会保障负担幅度变化最大的时期，之后各个国家都呈现了下滑的趋势。

四、结论

本文通过发达国家之间的对比，对日本的财政赤字和财政重建的特点以及财政重建政策的弊端进行了分析。通过对比可以看出，日本是发达国家中持有财政赤字最多的国家，至今还有大量的债务累积。而且早从1980年开始，日本的债务累计额就高于其他国家，之后又以很快的速度不断累积，但泡沫经济的出现暂时解决了日本的财政赤字问题。也就是说，从财政政策的角度来看，20世纪80年代“不增税的财政重建”政策并不是当时解决财政赤字的重要原因。而之后1997年的财政构造改革，以及小泉政权下的财政重建政策，又以20世纪80年代不增税的做法为主轴，再次试图用只靠削减支出的方式来实现财政重建。结果1997年，政策自身的短命和小泉政权时期治标不治本的财政重建政策，让日本至今还面临着庞大的财政赤字问题。

通过与其他发达国家在20世纪90年代财政重建政策的对比可以得出，要想实现财政重建，单靠削减支出是不够的，要与增税相结合。况且日本从20世纪80年代开始就没有实施过真正意义上的增税，反而从国家宏观上来看是减少税收的，特别是在20世纪90年代以后这种趋势尤为显著。即便是在1979年导入消费税和1997年把消费税的税率从3%增加到5%时也是一样①，因为在当时的“增减税一体化”方针下，在导入消费税和增加消费税税率的同时先对个人所得税进行了大量减税。

最后，从财政的受益与负担角度来看，日本在进入21世纪以后一方面对财政支出进行抑制，另一方面又在实施财政重建政策，与税的负担相比，更重视社会保障负担，从而导致现实中国民负担与国家公共服务的失衡，造成受益与负担的失衡，这也是日本增税困难的原因之一。因为受益与负担的不均衡会让国民对税本身产生很大的负担感，[12]又因缴纳的税不能以很好的服务方式回馈于国民，所以导致日本国民对政府的不信任。不信任又导致国民对增税的不理解，从而造成了以不增税的方式来实施财政重建的恶性循环。

参考文献：

[1]宮島洋. 財政再建の研究——歳出削減政策をめぐって[M].有斐閣，1989.

[2]牛嶋正. 財政再建——再生への道[M]. 有斐閣，2001.

[3]岩崎美紀子. 行政改革と財政再建——カナダはなぜ改革に成功したのか[M]. 御茶の水書，2002：90.

① 顺便说明一下，2014年4月，日本把消费税税率由5%提升到8%。这是日本自第二次世界大战以来第一次真正意义上的增税，即宏观上增加税收。

[4]翁百合.スウェーデンの財政再建の教訓——経済成長と両立する財政再建がなぜ可能だったのか[M].独立行政法人経済産業研究所,2013.

[5]日本内閣府政策統括官室編集.世界経済の潮流 財政再建の成功と失敗:過去の教訓と未来への展望[M].内閣府,2010.

[6]伊集守直・古市将人.スウェーデンの財政再建と予算制度改革——96年予算法制定を中心に—[M].井手英策.危機と再建の比較財政史.ミネルヴァ書房,2013:202—220.

[7]待鳥聡史.財政再建と民主主義 アメリカ連邦議会の予算編成改革分析[M].有斐閣,2003.

[8]前田高志.アメリカ——赤字をつくるシステムの改革[M]//林宏昭,永久寿夫.世界はこうした財政を立て直した—9ヵ国の成功事例を徹底研究.PHP研究所,2001.

[9]林宏昭,永久寿夫.世界はこうした財政を立て直した——9ヵ国の成功事例を徹底研究[M].PHP研究所,2001:164.

[10]河音琢郎.アメリカ財政再建とその後——黒字転換以降の財政規律の弛緩と90年代財政再建のインプリケーション[J].経済理論,2005,328(11):27—54.

[11]宋宇.小泉政策における財政再建の政策決定過程——緊縮財政から「歳出・歳入一体改革」へ—[J].横浜国際社会科学研究会,2012,17(3):73—88.

[12]井手英策.財政赤字の淵源 寛容な社会の条件を考える[M].有斐閣,2012.

PUBLIC

GOVERNANCE

公共管理

论干部选任科学化、民主化与制度化的辩证统一*

蒋硕亮**

摘　要： 领导干部选任科学化、民主化、制度化是当前我国干部选用工作改革的大势所趋。干部选任科学化、民主化与制度化是指以党政领导干部选任科学、民主与法治为发展方向，以党政领导干部选任程序为依据，建立健全一整套适应和符合科学、民主与法治要求的制度体系和运行机制，以达到高效的选贤任能的目的。党政领导干部选拔任用制度的科学化、民主化与制度化具有内在的统一联系，是不可分割的，因而要将科学性、民主性与法治性贯穿于党政领导干部选任的全过程。

关键词： 领导干部　选拔任用　科学化、民主化与制度化

自改革开放以来，我国党政领导干部选拔任用制度改革的理论与实践处于不断的探索之中。中共“十六大”明确提出领导干部选任科学化、民主化、制度化的目标，为我国党政领导干部选拔任用机制提出了明确要求，也指明了清晰的改革方向，这也为党政领导干部的实践和理论研究创造了有利的政治条件。在实践层面上，科学化、民主化与制度化往往融合在党政领导干部选拔任用的改革过程中，成为不可或缺的要素；在理论层次上，三者更是相互联系、互为补充的，将任何一个概念单独拿出来，都不足以把握其真正的内涵和价值，更无法透析党政领导干部选拔任用的改革面貌。因此，对于科学化、民主化和制度化的理解，不仅要把握它们各自的主旨，更要结合三者之间的串联关系，从而对党政领导干部选拔任用制度改革过程有更全面、透彻的理解。

一、干部选任科学化、民主化与制度化的内涵

清晰的概念是分析任何问题的逻辑起点，模糊的或者错误的概念必然会导致分析进入误区。对于我国党政领导干部选拔制度的改革来说，如何厘清和把握其具体要求，即科学化、民主化和制度化三个概念的内涵，直接决定了下一步改革的具体方向和方案措施。

(一)党政领导干部选拔任用科学化

马克思强调，科学理论必须满足四个原则：一是求真性原则，即所建构的知识、体系必

* 本文为国家社科基金项目“领导干部选用科学化、民主化、制度化研究”(批准号：12BZZ048)的阶段性研究成果。

** 作者简介：蒋硕亮，上海财经大学公共经济与管理学院教授。

须反映客观事物存在形态和相互关系;二是逻辑一致原则,即不能存在内在的逻辑矛盾;三是普遍性原则,即必须能够解释已知经验;四是可检验性原则,即必须经得起实践和历史的检验。也就是说,科学化的本质在于认识和把握规律。[1]

国内学者对科学化的实质进行了分析,并在此基础上对党政领导干部选任如何实现科学化提出了相关见解。丁俊萍认为,科学化的实质就是要符合规律,自觉运用规律,按规律办事。刘红凛认为,把握科学化,关键是不断提高对客观规律和自身需求的合理认识,按照人类进步标准、社会发展标准办事,以人民标准为最高标准。商红日认为,科学的本质在于求真务实,制度建设的科学化在于理顺党政关系和政社关系,在于加强党内民主假设和廉政建设,在于维护党的执政合法性。唐晓清认为,党政领导干部选任科学化是深化规律性认识的动态范畴,是体现先进科学思想的方法运用,是党内完备制度体系的固化形态。董莲翔认为,科学化必须包括理论和实践两个层面:从理论层面上看,要把握的问题在于坚持科学的价值导向和执政机构的形象塑造;从实践层面上看,必须着力解决和完善干群关系,建立健全干群之间的利益冲突规范体系。[2]

学者对科学化的把握,在一定程度上勾勒出我国党政领导干部选拔任用科学化的含义:第一,科学的理想信念,把握人类发展的一般规律和马克思主义政党建设规律,加强党内的自我约束和反腐倡廉假设,不断吸收先进的理念来改善自身的执政水平和执政理念,提高决策水平和决策效率。第二,科学的制度建设,秉持党管干部原则、民主推荐原则与人才选拔原则,不断完善干部任用制度和选举机制,明确干群之间的权力授受关系,加强干部选任过程的透明化程度和监督体制建设,完善干部政绩考核标准和评价机制。第三,科学的法制体系,民主执政、依法执政是干部选任和政党建设科学化的最高境界,不断完善其宪法基础、制度基础和社会基础,坚持用法律手段而非专制手段巩固自己,实现党的领导、人民当家作主和依法治国的有机统一。

上述科学化要求具体到如何提高党政领导干部选任科学化水平的实践过程中,必须进行三方面的改革活动:第一,贯彻落实具有中国特色的符合中国共产党发展规律和执政规律的科学化理论,关注马克思主义学习型政党建设问题、党管干部的科学化水平问题、党的基层组织建设科学化水平问题;第二,建立一套政党结构及其相关的政治结构的组织和制度安排,同时必须强化制度供给,推进基层党建工作创新,发展基层协商民主,以提高选人用人公信度为重点,健全和完善干部管理制度;第三,积极推进反腐倡廉制度创新、完善领导干部问责制、廉政承诺制、行政执法责任制,健全经济责任审计、完善干部选拔认同监督机制和干部选拔任用责任追究制度、坚决整治跑官要官、买官卖官、拉票贿选现象。

(二)党政领导干部选拔任用的民主化

"民主"的词源学定义即人民的统治或权力。也就是说,民主按其纯粹的和最充分的状态来说,要求"一切权力属于人民"。古希腊民主是这种理论指导下的实践。卢梭的人民主权学说是其近代范例,现代西方各种左派民主理论都或多或少渊源于此,参与民主、公民表决式民主和电子选举民主是其最新主张。干部选用民主化是指建立健全一整套适应和符合民主要求的制度体系,以便更好地实施和完善干部民主选用机制,使民主选拔具有可操作性,选拔结果与民意一致。干部选用民主化,要求以扩大民主为导向,以干部选拔任用程序为根据，建立和完善一整套适应和符合民主要求的体制机制，进而将实质民主与形式民主有机结合。

党政领导干部选拔任用的民主化内容主要包括群众参与、党委集体讨论决定和对干部选拔任用的监督三个方面。扩大干部选拔任用中的民主必须遵循扩大民主的整体性、民主参与的程序性、实质民主和程序民主相统一、干部选拔任用工作的公开性、民主参与行为的约束性和扩大民主渐进性和协调性相结合六项基本原则。要形成民主推荐、民主提名、民主任命和民主监督“四位一体”工作机制，必须坚持科学化、制度化和民主化的辩证统一。民主推荐，就是积极推行后备干部民主推选制度，确保把德才素质好、有培养前途和发展潜力的优秀干部选拔出来。在后备干部选拔时，由各相关单位全体党员干部进行无记名投票表决，得到绝大多数党员干部认可、符合《干部选拔任用条例》相关规定的，才能被确认为后备干部人选，进行重点培养。民主提名，就是根据知情度、代表性和利益相关性原则，由党员干部进行民主投票，决定干部初始提名，逐步改变单纯靠组织或领导干部进行提名的通常做法，使干部选任视野更加宽广。在乡镇党委书记、乡镇长等重要岗位干部选拔中，召开专门会议，由县委委员和不是县委委员的县级领导干部进行投票，广开举贤荐能之路。民主决定，就是在副科级以上领导干部任命时，坚持事前酝酿和会议表决相结合，由县委常委会议集体决定，不搞个人或少数人说了算。在干部任命前，由组织部门向县委主要领导和熟悉拟任干部情况、熟悉拟任岗位的领导介绍相关情况、征求意见，并结合组织掌握情况，全面系统地综合分析，最终提出最佳选人方案。民主监督，主要是做好干部日常监督和任前监督两个方面。日常监督，就是全面推行党务政务公开，定期把单位主要工作情况和财务、人事等各项事务向单位全体党员干部公开，接受监督。任前监督就是在严格落实干部任前公示制的基础上，坚持凭实绩选人用人的导向，增加被公示干部近 3 年履行岗位责任制情况和主要工作实绩，接受干部群众的监督评判。[3]

（三）党政领导干部选拔任用制度化

诺斯·斯科特认为，“制度是由一系列规则构成的，一个制度安排就是一套具体规则的统一体；制度化则是指组织开始具有超出完成任务的技术需要的价值及这种价值稳定化的过程”[4]。亨廷顿认为，制度是稳定的、受到尊重的和不断重复的行为模式，制度化是组织和程序获得价值和稳定的过程。对于制度化的水平和程度，亨廷顿提出了四个标准，即适应性、复杂性、自立性和凝聚性。适应性指组织和程序对环境和挑战的应对能力；复杂性指结构上和功能上的组织分化；自立性指政治组织和程序独立于其他社会集团和其他行为方面的程度；凝聚性则指一个集团的团结程度。应该说，上述学者对制度化的定义在一定程度上客观反映了制度化的本质要求，但总的来说存在着较多缺陷，以至于在实践过程中无法真正达到制度化的本质要求。首先，对制度化的定义没有强调法制在权力转移和交接过程中的规范和监督作用；其次，没有阐明权力为谁服务、谁可以参与权力转移过程的问题；再次，没有具体阐述权力由谁掌握以及发生机制的问题；最后，没有涉及为何会发生权力转移、如何对权力进行评价的问题。

领导干部选任制度化具有如下几层含义：一是用人路线、选拔原则、发展方向、选拔方式方法等宏观层面有明文规定，以此明确选人用人的整体格局和大政方针。二是选人用人的各个具体环节，如提名、推荐、考察、决定、公示、监督都有可操作性的细则，确保整个选用流程顺利进行，以此避免干部选任的宏观层面制度不至落空。三是不仅要有文字化、明确的制度表述，更要有制度的落实，而且是不折不扣的实施，特别要警惕正式制度被架空或被替代。制度的落实是制度化的实质和关键。四是对违反干部选任制度的人和事绝不轻易放过，要依照规定追究当事者、哪怕是领导干部的责任，以此维护制度的严肃性和权威性。

结合上文对制度化、民主化、科学化的界定，本文认为，党政领导干部选任科学化、民主化与制度化是指以党政领导干部选任科学、民主与法治为发展方向，以党政领导干部选任程序为依据，建立健全一整套适应和符合科学、民主与法治要求的制度体系和运行机制，进而将科学性、民主性与法治性贯穿于党政领导干部选任的全过程，以达到高效的选贤任能的目的。科学化解决“选任谁”的问题，民主化解决“谁选任”的问题，制度化解决“怎么选”的问题。如果仅仅考虑其中一方的作用，那么可能无法很好地解决上述问题。

二、干部选任科学化、民主化、制度化的提出

中国党政领导干部选任制度的科学化、民主化与制度化并不是凭空产生的，而是在历史发展和具体实践过程中逐步密切联系起来的。自十一届三中全会以来，中国政治体制改革的价值侧重依次经历了民主化、科学化和制度化，却没有将三者一同提出。1978 年以后，中央针对当时干部队伍年龄偏大、文化偏低的情况，制定了干部队伍“革命化、年轻化、知识化、专业化”的方针。1982 年中央作出了《关于建立老干部退休制度的决定》，废除了新中国成立以来一直存在的干部领导职务终身制，使一大批德才兼备的优秀年轻干部走上了各级领导岗位，为社会流动和选贤任能提供了机会，在实现新老干部合作与交替方面迈出了重要步伐，此为党政领导干部选任民主化的尝试。1984 年以后，到中共“十三大”之前，这段时间中央的改革重点放在干部管理体制上，主要内容是调整干部管理权限，本着“管少、管好、管活”的原则，实行“下管一级”的干部管理体制，开始探索分类管理体制，旨在提高干部办事效率，此为党政领导干部选拔科学化的尝试。1991 年中共“十四大”以来，法治化建设成为政治体制改革的重点。公务员管理(1993)、党政领导干部选拔任用(1995)、国有企业领导干部管理(1995)、司法人事管理(1995)等重要的人事管理制度逐步纳入了法治化轨道。1997 年中共“十五大”提出了建立高素质专业化干部队伍的要求。2000 年，中央制定了《深化干部人事制度改革纲要》，作为未来 10 年干部人事制度改革的行动指南。2001 年，中央组织部抓干部人事制度改革试点，重在以创新的精神突破难点，带动干部人事制度改革的总体推进。中共“十六大”以来，中央又将干部人事制度改革作为政治体制改革的一个重点，此为党政干部领导选任的制度化尝试。改革明确领导干部选拔任用要走科学化、民主化、制度化之路。加强党政领导干部选任的科学化，是提高公共部门的经济性、效率性、效能性的必然要求，能降低社会的管理成本，提高社会管理的经济性。科学化与民主化相结合，有利于创造充满活力的用人机制，开发干部的工作潜能，以较小的投入获得较大的产出，提高公共管理的效率性。同时，竞争上岗、选贤任能、绩效考核等措施有利于切实加强公务人员的危机感和责任感，提高人民对干部队伍的满意程

度，从而提高公共管理的效能性。加强党政领导干部选任的民主化，是提高社会主义民主实现程度的直接要求，扩大人民群众的知情权、参与权、监督权与选择权，是提高人民对党和政府制约力度的重要方面，是以权力制约权力的具体体现。加强党政领导干部选任的制度化，有利于促进社会、政治稳定，有利于法制体系的完善，有助于改变党的一元领导体制，解决党政不分、以党代政等问题，同时有助于减少和预防官员腐败，使政府在经济调节、市场监管、社会管理与公共服务等方面更好地发挥职能。

2014 年 1 月，中共中央把修订后的《党政领导干部选拔任用工作条例》印发给各级党组织。这个条例吸收了干部人事制度改革的新经验、新成果，根据新形势、新任务，对干部选拔任用制度进行了改进完善。修订后的条例对干部选拔任用科学化、民主化、制度化进行了改进完善，清晰体现了中央对干部工作的新要求。新条例是做好党政领导干部选拔任用工作应遵循的基本规定，也是从源头上预防和治理选人用人不正之风的有力武器。认真贯彻落实好这个条例，必将有力保证建设一支信念坚定、为民服务、勤政务实、敢于担当、清政廉洁的高素质党政领导干部队伍，真正把那些想干事、会干事、干成事、好共事、不出事这样的“五事干部”，大量选拔到我们党和国家各级领导岗位上来。

前中央组织部部长李源潮指出，近年来中国干部人事制度不断向纵深推进、向广度拓展，主要表现在：第一，干部选拔任用的民主化程度明显提高。民主推荐、民主测评、考察预告、任前公示成为干部选拔任用的必经程序，民意调查广泛运用全委会票决制，任职试用期制普遍推行。公开选拔竞争上岗成为干部选拔任用的重要方式。第二，促进科学发展的干部考核评价机制正在形成。通过试行和总结经验，制定并实施了促进科学发展的党政领导班子和领导干部考核评价机制——“一个意见、三个办法”。第三，干部管理监督不断加强。党政领导干部职务任期制积极推行，中央颁布了《中国共产党党内监督条例（试行）》。中央和省级党委建立了巡视制度，诫勉谈话和函询、述职述廉、领导干部个人有关事项报告、问责等制度普遍推行。加强对干部选拔任用工作的监督检查，建立了组织工作满意度民意调查、“一报告两评议”和违规用人立项督查等制度。逐步形成干部人事工作制度体系。《公务员法》《干部任用条例》颁布实施，配套制定了干部考核、任用、交流、培训、监督、管理等一系列法规性文件。本文认为，我国对干部领导选任制度和工作体系的研究和实践都在朝着科学化、民主化与制度化三位一体的方向发展，并从中可以得到有规律的认识：一是明确党政领导干部选任的政治方向；二是坚持党管干部原则；三是坚持选贤任能的用人标准；四是坚持民主、公开、竞争、择优的改革方针；五是建立和完善干部管理和评价机制。[5]

努力实现党政领导干部选任的科学化、民主化、制度化，就要遵循干部成长规律和干部管理工作规律，大力推进干部人事工作的理论创新、制度创新、方法创新；要扩大民主范围、拓宽民主渠道、提高民主质量；要加强制度建设，既注重实体性制度，又注重程序性制度，既注重制度的制定，又注重制度的落实，逐步形成内容完备、结构合理、功能健全、科学管用的中国特色社会主义干部人事制度体系。

三、干部选任科学化、民主化与制度化的辩证关系

党政领导干部选拔任用制度的科学化、民主化与制度化具有内在联系，不可分割，必

须要坚持科学化、民主化和制度化的有机统一。然而,在具体的改革过程中,三者的功能不可能完全一致,因此,切不可把三者混为一谈。那么,科学化、民主化与制度化又该具体扮演什么角色呢,即三者的定位是什么?从三者内部关系来看,科学化是精髓,是其他二者的目标;民主化是宗旨,是其他二者的前提条件;制度化是根本,是另外两者的保障。科学化强调遵循人事规律,破除现有人事选拔过程中的弊端,优化我国党政领导干部选拔任用制度,达到改革的最优目标函数;民主化强调群众参与以及多数人的赞成,我国党政领导干部选拔任用制度改革的最终目的是为了最广大人民的根本利益,民主化必须成为改革的前提条件,任何不利于民主发展、人民参与的改革措施都应摒弃;制度化强调干部选用规范的合法,同时强调一切改革措施必须紧紧围绕宪法和整个法律体系而展开。因此,在我国党政领导干部选拔任用制度的改革过程中,既要将科学化、民主化与制度化统一于改革的整体框架中,又要在改革框架中明确三者的具体角色,以此做到整体统一、角色分位的改革效能,使三个齿轮协调一致地运转并带动整个改革机器的良性运作,取得最佳的改革产出。

(一)干部选任科学化、民主化、制度化统一于党政领导干部选任过程

科学化、民主化、制度化作为党政领导干部选任工作的基本目标定位,对于干部选任工作具有重大的指导意义。干部选任既要符合人民意愿,发挥民主参与的优势,又要对干部管理体系、权限进行科学划分,缓解不同条块干部职能重叠的问题,同时确保管理体制和人事制度的规范化、法治化。改革开放后,我国政治体制改革的逻辑起点是克服权力高度集中的体制弊端,改革传统一元化的领导方式和职务终身化的任用方式,解决党政不分、以党代政等问题。权力过分集中,民主化就无从谈起;缺乏对干部职能的科学划分,就无法充分发挥领导干部的工作积极性,增强流动性;缺乏干部职能、职位的规范化、制度化界定,失去法律体制的制约和监督,对于干部工作的激励机制、监督机制、考核机制也会产生消极影响。因此,三者在干部选任工作中必须全部得到体现、缺一不可,否则我国党政领导干部选拔任用制度改革会出现片面化,甚至于形式化后果。

(二)干部选任科学化、民主化、制度化共存在于选贤任能之中

胡锦涛同志在"七一讲话"中指出,90 年来党的发展历程告诉我们,政治路线确定之后,干部就是决定因素。搞好党政领导干部选任工作的前提是科学的识人察人、选贤任能以及绩效评价。我们党和政府在长期的干部管理工作中存在许多问题,如盲目追求政绩带来的负面效应、干部考察形式主义严重、竞争择优机制不公平、责任追究制度不完善等,这些问题的根源在于干部考察、选任、竞争工作缺乏制度化规定、缺乏民主化监督以及缺乏科学化管理。将党政领导干部选任的科学化、民主化、制度化结合起来,统一安排和协调,要做到:首先,干部既要加强政治理论学习,自觉加强理论修养,又要加强业务知识学习,对《党政领导干部选拔任用工作条例》、四项监督制度及上级重要精神文件都要认真学习,同时还要广泛涉猎经济、法律等多门类知识,不断拓宽知识面,提高自身的综合能力和业务处理能力。其次,严格执行民主推荐、组织考察、讨论决定三个关键程序,从根本上预防和减少失察失误现象的发生。在民主推荐环节,实行谁推荐谁负责,进一步规范推荐程序,明确规定组织个人推荐的责任;在组织考察环节,要明确组织人事部门在制订考察方

案、组织考察提出拟任人选等环节的责任，考察组成员在考察每个环节的责任，以及考察对象所在单位如实反映考察对象德才表现和有关情况的责任；在讨论决定环节，要严格落实组织部门及其主要负责人酝酿干部任免方案党委及其主要负责人研究决定干部任免等方面的责任。总之，只有处理好干部选任工作的科学化、民主化和制度化的关系，才能促进选贤任能工作的开展。

（三）干部选任科学化、民主化、制度化统一于重大人事决策理论

党和政府的重大人事决策归根结底仍然是探讨如何推进和增强干部选任工作的民主化、如何提高选人用人的公信度以及科学合理地选择正确的人做正确的事，提高用人效率，减少运行成本。党和政府在干部人事制度改革中出现的问题和矛盾主要有扩大民主与强化集中的矛盾、减少成本与提高效益的矛盾、制度推进与局部试点的矛盾、责任明确与职能重叠的矛盾等。这些矛盾之所以产生，很大程度上是因为：第一，主体不明，谁来推荐、谁来提名没有明确的制度规定；第二，客体不明，对于候选人或推荐人并没有一个全面的认识和了解，也没有明确的选拔进入标准；第三，程序缺漏，缺少可操作性和规范性；第四，监督缺漏，在干部提名、选拔、决定等环节中监督主体、监督方法、追究办法等没有明确，导致监督不到位或失位。这些问题的根源在于没有正确认识干部选拔过程中科学化、民主化、制度化三者缺一不可的辩证关系，重视其中之一或片面地看待其他要素的重要性，都会使党和政府在重大人事决策问题上出现问题。坚持三者的统一，就必须要坚持民主推荐、坚持程序科学、坚持责任明确、坚持民主监督，力争实现隐性权力显性化，显性权力规范化。

（四）干部选任科学化、民主化、制度化统一于干部“对上负责”与“对下负责”的紧密结合之中

干部在人民意志和国家意志之间实际上扮演着一种协调性的角色，因此，干部选拔任用如何能使国家权力与人民意愿有效结合在一起，对于我国干部人事制度建设具有重要意义。推进党政干部选拔任用制度改革，上级部门的宏观指导和下级部门的探索实践都非常重要，既要充分尊重群众的首创精神和集体意愿，积极发动民主参与和民主推荐工作的开展，鼓励和支持各地各部门积极探索，大胆实践，又要加强检查指导，及时发现和纠正改革中出现的偏差和问题，认真总结推广各地改革的成功经验和做法，及时把成功的实践上升为制度和政策，以推动全局工作和党政领导干部队伍的发展壮大。20 世纪 80 年代我国进行的干部制度改革，推动了干部队伍由政治官僚向技术官僚转变。缺乏良好教育和专业知识的老一辈领导干部以及凭借激进的意识形态和革命热情步入领导岗位的政治精英退出历史舞台，代之而起的是新型的受过良好教育和具有专业知识的知识技术性官僚，在极大程度上提高了党政干部的工作能力和工作水平。同时，官僚结构的转变推动了传统干部人事制度的改革，推动了公务员制度的发展，为社会流动、基层人员进入政府部门、干部管理制度的理性化以及民主监督创造了空间。与此同时，1978 年后新精英政策要求的革命化（政治标准）、年轻化（年龄标准）、知识化（受教育程度的标准）和专业化（职业标准）虽然改变了过去单一政治标准的精英准入规则，但政治标准仍然是首要的。[6]在新政策提出的同时，党的领导人就明确指出政治标准的重要性，并将政治标准指定为在政治上

与新的党中央保持一致，并能"坚决拥护党的三中全会以来的路线、方针和政策"。根据这些标准，新精英不但需要比老精英更年轻、更有文化和更具有专业知识，而且还必须要具有对改革领导人及其政策的政治忠诚。文化教育和专业知识并不能单独成为精英准入的条件。按照政治忠诚优先的要求，只有在政治从属关系相同的条件下，受过良好的教育和具有专业知识才能成为新精英挑选中胜出的有利条件。因此，在 20 世纪 80 年代开始出现、90 年代已经真正进入各级党和政府的权力中心、如今发展越来越壮大的技术官僚队伍，其依附性特征似乎并没有太大的改变。究其原因，在于党政领导干部选任体系并没有处理好科学化、民主化和制度化的关系，甚至忽视科学化和制度化，这样的结果便是行政单位和干部队伍难以处理向上负责和向下负责的关系，甚至为了自身利益和阿谀奉承做出一系列违背人民意愿的事情，这些都是不允许的。

（五）干部选任科学化、民主化、制度化统一于党的领导、人民民主、依法治国的政治架构中

坚持党的领导、人民当家作主和依法治国的有机统一，发展社会主义民主政治，就要正确处理党管干部原则、扩大民主、依法办事三者之间的关系。在干部工作中坚持党的领导，最重要的就是要坚持党管干部原则，这是实现党的思想领导、政治领导和组织领导，巩固党的执政地位的重要保证，任何情况下都不能动摇。在干部工作中扩大民主，就是要进一步落实党员和群众对干部选拔任用工作的知情权、参与权、选择权和监督权，提高干部工作的透明度。在干部工作中坚持依法治国的原则，就是要加强干部人事工作制度化、规范化建设，与国家法律法规和党内其他法规相衔接，逐步形成相互配套、约束有力的制度体系，使干部人事工作有法可依、有章可循。要在坚持党管干部原则的前提下，不断改进党管干部的方式、方法，根据新形势、新任务的需要，不断扩大民主的渠道，改进群众参与的方式，进一步落实党员和群众对干部选拔任用工作的知情权、参与权、选择权和监督权；不断推进用人决策的科学化、民主化、制度化，防止在干部问题上个人说了算或少数人说了算；认真贯彻党员权利保障条例，逐步推进党务公开，增强党组织工作的透明度，使党员更好地了解和参与党内事务；改革和规范党政机构设置，改进领导方式和工作方式，提高工作效率；建立健全常委会向全委会负责、报告工作和接受监督的制度，进一步发挥党的委员会全体会议的作用；积极探索党的代表大会闭会期间发挥代表作用的途径和形式，建立代表提议的处理和回复制度；扩大在市、县实行党代会常任制的试点；完善党内选举制度，改进候选人提名方式，适当扩大差额推荐和差额选举的范围和比例；逐步扩大基层党组织领导班子成员直接选举的范围等。

（六）干部选任科学化、民主化、制度化统一于提升干部选任公信度之中

干部选任公信度是群众对于干部选拔任用工作的价值取向、认知评价和情感表现。干部选任公信度主要表现为对制度的公信度、对运行状态的公信度、对选人用人的公信度等。选人用人是否公开、民主、透明，是否存在规范化的选拔、录用、考核、审查机制，干部管理和职能分配是否科学、合理等，将影响公众对于干部选任程序和结果的评价。正确处理干部选任工作的科学化、民主化、制度化之间的关系，必须要大力推进人才选拔机制建设、坚持和完善党的执政方式和领导方式、加强社会建设和文化建设、提高公众参与水平

等。[7]近年来各级党委及其组织部门积极推进干部工作的科学化、民主化、制度化建设，逐步由“伯乐选人”向“制度选人”转变、由少数人在少数人中选人向多数人在多数人中选人转变、由封闭神秘化向公开透明化转变、由单一委任制向多种方式选人转变等。[8]因此，需要更加注重民主推荐环节，注重规范用人权，保证人民有能力和机会推荐自己相信的人进入干部队伍中；更加注重讨论决定环节，防止拉票、贿票等腐败行为产生，加强民主监督，在初始提名、候选人酝酿等关键环节防止出现灰色区域和盲区，提高群众公认效果，同时，考察干部的知识水平和业务能力，提高干部队伍的整体素质和执行能力；更加注重制度建设环节，选贤任能，制度是根本，各级紧紧围绕扩大干部工作民主，以改革创新为动力，以制度建设为根本，着力健全覆盖干部选拔任用各个环节的制度体系和选任程序。

参考文献：

[1]吴建国.科学知识社会学视野下的马克思主义科学性与科学化问题[J].南京社会科学，2005(12)：22－26.

[2]刘红凛，刘宗洪.提高党的建设科学化水平：上海论坛会议综述[J].当代世界与社会主义，2010(4)：190－193.

[3]姚幸福.提高干部选拔任用科学化水平[N].光明日报，2012－12－27.

[4]罗纳德·科斯，道格拉斯·诺斯等.制度、契约与组织[M].刘刚，译.北京：经济科学出版社，2003：105.

[5]李源潮.全面落实《规划纲要》毫不动摇地推进干部人事制度改革[J].党建研究，2010(3)：4－11.

[6]徐湘林.后毛时代的精英转化和依附性技术官僚的兴起[J].战略与管理，2001(6)：65－76.

[7]李烈满.选人用人公信度的形成机理[J].中共中央党校学报，2011(3)：45－50.

[8]中组部党建研究所课题组.深化干部人事制度改革，提高干部工作民主的科学性和真实性.

政府在购买公共服务中的行为研究与对策分析

王彦樑*

摘　要： 随着政府职能转型和社会管理创新的不断深入，作为一种全新的政府治理工具，政府购买公共服务日益成为理论研究和实践改革的重点和热点。无论是中央政府还是地方政府，都在各自层面研究部署、探索实施。但实践中发现，政府对购买公共服务这一政策工具的认识存在一定误区，致使在实践中出现了不同程度的偏差。本文以政府购买拖车服务和政府购买科普服务为典型案例，深入分析了政府在购买公共服务过程中对包括服务定价、预算安排、资源整合、市场构建等关键问题的认识和行为，剖析了此种认识、行为的根源及其局限性，并在此基础上提出了政府在购买公共服务中的职责定位和未来需要努力的方向。

关键词： 公共服务　购买　市场　社会组织

一、引言

所谓政府购买公共服务，是指政府对于某些设立的特定的公共服务目标，不是自己使用财政资金生产运作完成，而是通过各种模式建立契约关系，由非营利组织或营利组织等其他主体来生产公共服务，而政府支付相应资金的模式。

我国政府购买公共服务是在国际、国内两大因素综合作用下发生的。一方面，西方发达国家在一些公共服务领域推行政府购买公共服务取得了良好的效果，积累了丰富的经验，这些都对国内改革起到了示范效应；另一方面，传统计划经济体制遗留下来的问题短时间内仍然无法解决，政府仍然习惯于包办所有公共服务，社会空间被不断压缩，造成了公共服务供给不足和效率低下，引起了社会公众的强烈不满。国内主流学者认为，要改变目前的状况，必须果断转变政府职能，加快行政体制改革步伐，重新审视政府边界，摒弃全能政府理念，构建有限政府。

在上述背景下，国务院办公厅于 2013 年发布《关于政府向社会力量购买服务的指导意见》，明确要求各级政府进一步转变政府职能，更多地利用社会力量，加大政府购买服务力度，改善公共服务质量。其实早在国务院办公厅的指导意见公布之前，一些地方政府主动寻求突破，在部分公共服务领域探索尝试政府购买模式，经过近 20 年的摸索，取得了令

---

* 作者简介：王彦樑，现任职于浙江省绍兴市财政局。

人瞩目的成绩。以广东为例，早在20世纪90年代，就开始试点在部分领域购买公共服务。从2011年开始，广东更是把政府购买公共服务推向了一个新的高度，出台了一系列简政放权、转移政府职能、购买公共服务、培育社会组织的政策组合拳，其改革之力度、广度和深度可谓开风气之先，为我国政府全面推行政府购买公共服务改革提供了绝佳的样板。绍兴市则从2003年开始，按照“政府主导、市场运作、社会参与”的原则，逐步开展了政府购买公共服务工作，支持事业单位和社会组织等部门承接政府转移职能，取得了一定成效，积累了一定经验。但由于种种原因，政府在购买公共服务中的认识存在误区，行为有所不当，致使政策在执行时出现偏差，甚至背离了初衷，产生了一系列问题。我们应该认识到，政府购买公共服务是行政体制和公共财政体制改革中的大胆突破和有益尝试，是一个相对系统化的工程，事关全局，牵一发而动全身，如果不能以更高的视角和更宽的视界来认识把握，如果不能将其纳入较长的时间周期内统筹谋划，必然会在改革进程中陷入零敲碎打、舍本逐末的境地，这就要求我们对政府购买公共服务加以重新审视，深刻剖析原因，厘清概念头绪，查找问题所在，进而提出针对性的对策思路。

本文以政府购买拖车服务和政府购买科普服务为典型案例，深入分析了政府对其中包括服务定价、预算安排、资源整合、市场构建等关键问题的认识和行为，剖析了此种认识、行为产生的根源及其固有局限性，并在此基础上提出了政府在购买公共服务中的职责定位和未来需要努力的方向。

二、政府购买拖车服务案例

(一)背景介绍

1.浙江五年治堵计划

城市道路交通的拥堵是世界各国普遍面临的社会问题之一。我国自20世纪90年代以来，城市化水平空前加快，大中城市交通拥堵问题日益突出，交通阻塞已由点到线、由局部向大范围蔓延。这不仅影响了城市生活的效率和质量，而且带来了环境污染、能源紧张等一系列经济社会问题，严重制约了城市的发展。针对这一城市治理顽疾，浙江启动了5年治堵的持久战，计划以5年时间，有效解决城市道路拥堵问题，从根本上改变目前城市道路拥堵的现象。

2.绍兴城市交通总体情况

(1)主城区规模小。绍兴主城区面积498平方公里，人口98万，人口密度0.19万人/平方公里。

(2)功能区集中。政府部门、学校、医院、商场等基本都集中在以胜利路、人民路、解放路、中兴路为井字型架构的老城区内。

(3)公共交通形式单一。绍兴是历史文化名城，老城区保留了诸多文物古迹，为维持古城的历史形态，老城区基本以保护为主，这就使得立体交通，如高架、立交、地铁等现代交通模式无法在老城区大规模铺开，老城区公共交通基本以公交、公共自行车为主。

(4)截至2013年底，绍兴市本级机动车保有量达到16.65万辆，同比增长17.27%，按此增速计算，预计2020年绍兴市本级机动车保有量将达到50万辆。

(5)公共停车场少。绍兴主城区公共停车场只有 31 个,所有停车位5 781个,相比于机动车保有量,数量偏少。

(二)购买拖车服务的合理性分析

1.内部变革动力

交警部门处置违章停车大致有三种方式:贴罚单、锁车、拖车。前两种方式由于仅仅作出了处罚行为,违章停放车辆仍然占据了交通要道,无法有效缓解城市道路的拥堵问题,所以目前交警部门多采用第三种方法。而拖车方式却面临以下几方面的制约。

(1)"三公"经费压缩控制。从 2014 年开始,浙江省省市县各级政府"三公"经费预算支出削减 30%,其中之一的公务用车运行维护费也要相应削减 30%,而据测算,拖车车辆要占用 1/3 的公务用车运行维护费。

(2)人员编制限制。为规范市级机关事业单位编外用工管理,控制编外用工数量,有效控制政府运行成本,减少财政供养人员,绍兴市委办、市府办印发《关于规范市级机关事业单位编外用工管理的意见》,要求各单位的编外用工要严控总量、只减不增,并通过两年的集中清理,使现有编外用工总数减少 10%以上。交警部门目前参与拖曳违章车辆的协辅警有 60 名,按照清理比例需减少 6 名协辅警。

2.市场空间

(1)被拖曳违章停车数量占违章停车的比例低。据交警部门预测统计,目前拖曳车辆仅占违章停放车辆的 10%,市区拥堵并没有从本质上得到缓解。

(2)拖车服务辐射区域扩大。按照交警部门道路交通违法行为整治计划,拖车区域将向老城区以外地区辐射,违法行为处置力度的加大与人员配置精简发生了冲突。

3.成本—收益分析

从后续的分析可以看出,在当前的拖车基数下,测算得出的成本约为 50 元/辆,而按一辆违章停车处罚款 150 元计算,每辆车净收益 100 元,拖车服务外包并不会造成财政压力。①

事实上,萨瓦斯在《民营化与公私部门的伙伴关系》中提到,特定政府机构通过合同承包形式实施民营化必须满足 6 个条件:领导者掌握新观念,倡议行动并提供激励;有效管理者乐于将这一倡议付诸行动;财政拮据或其他原因迫使机构重新审视其履行职能的方式;合同承包有可能带来资金节省和其他收益,同时不降低服务水平和质量;合同承包具有政治可行性,即充分考虑公共雇员和受益人的影响力;特定事件使得机构无法维持现状,于是变革不可避免。[1]目前交警部门拖车正好面临着类似的困境,这使得拖车服务外包方案具备一定的合理性。

(三)政府在购买拖车服务中的行为分析

1.成立拖车服务公司

为加大违法行为处置力度,强化市区道路违法停车清障工作,确保市区道路畅通,绍

---

① 按照国家有关规定,对具有执收执罚职能的单位,根据国家法律、法规和规章收取的行政事业性收费和罚没收入,实行收支两条线管理,即收费实行收缴分离,罚没实行罚缴分离,支出由财政部门按该执收执罚单位履行职能的需要核定。这里只是借用成本—收益方法进行分析。

兴市政府经研究后决定成立市道路交通保障服务中心，主要提供在市区二环以内的道路（含人行道）清障拖车、设施维护等服务，实行公司化运作。

2.测算拖车服务成本

拖车服务的成本一般包括车辆折旧、车辆运行费用（包括燃油费、保险费、维修费等）、人力成本（工资、福利）、场地租费、管理成本、税收等，由于交警部门拖车业务已开展一段时间，经验数据不难获取（成本明细详见表 1）。交警部门目前拥有拖车 18 辆，按每辆拖车日均拖曳违章车辆 22 辆，全年运行 365 天测算，全年可拖曳违章车辆144 540辆，按现行成本计算，每辆车的拖车成本约为 625.7 万元/14.45 万辆＝43.3 元，考虑到拖车公司运营过程中产生的管理成本和税负，预计每辆车的拖车成本在 50 元上下。

表 1　　拖车服务成本测算

序号	类别	项　目	单价	数量	金额	说　明
1	车辆折旧	折旧费	5.4	18	97.2	现有拖车 18 辆，每辆单价 27 万元，折旧年限按 5 年计算
2	车辆运行维护	燃油费	7.2	18	129.6	经验数据
3		保险费	0.5	18	9	经验数据
4		维修费	0.15	18	2.7	经验数据
5		耗材费	1	18	18	包括配件更换等
6	人员成本	工资（含五金）	4.1	60	246	目前共有拖车相关人员 60 人
7		绩效考核奖	0.72	60	43.2	绩效考核奖人均 0.72 万元
8	其他	场地租费	70	1	70	
9		赔偿	10	1	10	拖车过程中可能出现的意外
10	小计				625.7	现行成本 43.3 元
11	管理费				31.3	按 5%计提
12	税收				62.6	按公用事业及居民服务业平均税负 10%估算
13	合计				719.6	预测成本 50 元

资料来源：相关成本信息来源于交警部门财务报表、财务决算、预算报告等资料。

3. 签订拖车服务外包合同

交警部门与拖车服务公司签订拖车服务外包合同，合同中明确拖车服务外包相关条款，包括服务目标、购买价格、结算方式、考核标准等内容。

4. 安排购买拖车服务预算

财政部门将拖车服务外包所需经费纳入交警部门年度预算，年终根据拖车服务完成情况调整结算。

（四）购买服务过程中政府行为的局限性

1. 形式性购买

从以上拖车服务外包案例中政府的行为可以看出，政府仍然未能完全脱离传统的预算模式，以往拖车服务提供的主体——交警部门在拖车服务外包后只是简单充当了“二传手”的角色，即从财政部门—交警部门的两级预算架构变成了财政部门—交警部门—拖车服务公司的三级预算架构，经费安排的落脚点转移到了拖车服务公司。尽管交警部门作为具体的拖车服务购买主体，需要与拖车服务公司就相关条款明确双方权责，但由于拖车服务公司从成立之初就带有强烈的"官办"色彩，其主体独立性仍然有待商榷。在行政体制改革和公共财政体制改革不断深入的背景下，很多地方政府迫于上级和外部压力勉强推行公共服务外包，实践中出现了形形色色的所谓"形式性购买"现象。此种现象具有一定代表性，集中反映了政府在公共服务外包过程中陷入的窘境，且以政府向事业单位购买服务为甚。购买服务更像是给传统的预算管理穿上了一件新潮的外衣。在实际操作中，有的事业单位为了"配合"政府主管部门的购买服务工作，变更预算项目的名称，将其冠以"购买服务"字样；有的事业单位在编委办的批复文件中被定性为自收自支事业单位，但自身缺乏市场竞争能力，以购买服务名义向财政争取资金以维持机构运转和安置编制人员；有的购买服务项目看似有标准，但其实是以原初预算反推标准、定额，即所谓"倒轧"，标准的测算和制定缺乏科学合理性。实践中也发现，购买主体和承接主体很少签订购买服务委托合同，即便有，合同也未载明提供服务的目标、效果、标准等要素，由于没有在程序上对购买环节进行规范，购买服务大多流于形式，与传统预算管理模式无异，有些购买甚至造成了很大的浪费。

2.定价困局

从整个拖车服务成本的测算过程来看，基本上是将交警部门的原初预算原封不动地"嫁接"给拖车服务公司，甚至还要考虑其税负和合理利润。在实践中发现，交警部门甚至代拖车公司申报预算，交警部门在公共服务购买过程中的购买主体角色已经分化成购买、承接双重主体角色。由于拖车公司的非独立属性和垄断的地位，这种结果是必然的。所以，缺乏足够的市场竞争，公共服务定价难成了困扰很多地方政府的普遍性难题。

3.短视

政府在对公共服务市场的判断上容易陷入两个误区，即政府囿于短期决策的思维模式，易对公共服务市场的空间属性（延展性）和时间属性（持续性）形成短视判断。

（1）市场的延展性。政府购买公共服务是一个系统性的工程，随之而来的是一系列公共服务市场相关要素的变化。最明显的是公共服务承接主体的转变，即从政府转移到了社会组织或私营机构。这点毋庸置疑，没有太多疑问。但在实践中，政府往往认为在公共服务购买的过程中市场本身没有变化，而这恰恰成为政府相关决策判断失误的根源所在。为了说明这个问题，需要对比分析公共服务购买前后不同承接主体对同一成本信息的不同反应，表 2 反映了拖车服务购买前后交警部门和拖车公司对同一成本信息截然不同的应对方式。

表 2　　不同主体对拖车服务成本的应对方式

相关成本	购买前（交警部门）	购买后（拖车公司）
1.拖车设施设备	直接购买	向设备租用商租用或采用融资租赁回购
2.拖车运行维护	拖车场地的选择和调度系统直接决定了此项成本	
3.拖车工作人员	招聘协（辅）警	向人力资源市场购买，整合人员配置
4.拖车停放场地	租用固定场地	根据违章车辆分布情况就近分散租用场地或与附近停车场、酒店等协商临时停车事宜

从表2可以看出，拖车服务的外包不仅仅影响了拖车市场，与之相关的一系列外延市场，如设备租赁市场、人力资源市场、场地租用市场等都发生了变化。在市场机制的作用下，相关资源自然而然地参与到了公共服务市场的配置过程中，极大地扩展了公共服务的原始边界，丰富了公共服务的内涵。但是，政府在面对一项公共服务外包的选择时，受制于传统思维的路径依赖，往往只是就事论事，即把一项公共服务看作孤立于外界的单一市场，忽略了与其相联系的周边外延市场。实践中，政府的短视之处还体现在将服务外包成本作为是否进行服务外包决策的唯一依据。诚然，购买成本是决策时需要考虑的众多因素之一，但不是全部，政府更应该注重有意识地培育公共服务市场，处理好局部市场与整体市场的关系，对公共服务购买后市场的关联变动提前作出预判，并放宽视界，谋篇布局，而不是舍本逐末，纠缠于细枝末节。

(2)市场的持续性。与市场的空间属性相对的，是市场的时间属性，即一个市场是否能在较长时间内稳定、持续地发展。这个特征在拖车服务市场中体现得尤为突出。显然，在拖车服务市场最初的发展阶段，随着私营拖车公司的不断介入，整个拖车服务市场的规模和范围是不断扩大的，但可以预见，随着公共停车场的不断增辟、市民的遵纪守法、城市功能区分布趋于合理，违章停车现象会逐渐减少，这时市场趋于饱和并开始逐渐衰退。实践中，政府对某公共服务市场的关注通常限于当前的市场境况，缺少从一个更长的时间轴上观察公共服务市场的视角，从而无法对公共服务进行长远规划，对一些有可能影响市场规模的外界因素缺乏足够的应对能力。

三、政府购买科普服务案例

(一)相关背景

科学普及简称科普，又称大众科学或者普及科学，是指利用各种传媒以浅显的方式向普通大众普及科学技术知识，倡导科学方法、传播科学思想、弘扬科学精神。近年来，在实施《全民科学素质行动计划纲要》的推动下，我国科普事业发展迅速，公民科学素质建设成效显著。但同时，我国科普事业发展还存在着诸多亟待解决的问题，尤其是科普主体、科普投入、科普资源共建共享方面存在的问题更是制约了科普事业的持续健康发展。

(二)购买科普服务的合理性分析

1.资源局限

(1)科普主体单一。在现行的科普工作体制下，科协承担了大部分的科普工作，虽然建立了科普工作联席会议制度，但事实上其他联席会议成员单位由于自身职能定位等种种原因并没有真正参与到科普工作中来，各联席成员单位的编办批复方案也没有明确载明其科普职能，因此科普工作的主要重心仍然在科协。而目前，绍兴市科协系统仅有正式在编人员24名，其中科技馆12名，且基本没有专业、优秀的科普志愿者，要靠这些人员承担全市的科普工作，难度可想而知。

(2)科普场所单一。科技馆作为科协下属事业单位，是科普工作的主要场所，虽然科协也会定期组织科技大篷车活动，但由于科普人员少、大篷车辐射范围受限、设备陈旧等诸多原因，科普效果并不好。

(3)科普无法常态化。科普与每个人的日常生活密切相关,尤其是青少年,但限于人力、物力、财力等因素,目前科普多集中在全国科普日、科技活动周等几个特定的日期,非常态化的科普工作也制约了全民素质的提高。

2.重复建设和低效运转并存

(1)科普设备投入耗资巨大。科普设备多为大型仪器设备,动辄耗资上千万元,日常运行维护成本高,且需定期更新,非一般市县财力所能承担。以绍兴市科技馆新馆(筹建中)为例,仅展教工程初步设计预算即达到1.26亿元,这还不包括前期的场馆建设投入。场馆投入运营后预计每年日常维护运行经费需2 000万元,主要包括人员经费、水电物业、设施设备运行维护费等。

(2)事业单位专业设备使用效率低下。以绍兴市本级为例,现有事业单位256家,其中财政补助事业单位223家,涵盖教育、卫生、文化等各个领域,其中高校、科研院所、医院、气象、地震、环境、质检、农业等类型事业单位由于其承担的职能,往往购置了大量的专业仪器和设备,这部分仪器设备除了用于日常工作外,部分时间处于闲置状态,资产使用效率堪忧。而事实上,这些仪器设备又是绝佳的科普素材,对其进行深度挖掘利用很有必要。

(三)政府在购买科普服务中的行为分析

1.整合资源

基于之前探讨的现有科普体制的弊端,如事业单位科普职能不明确、科普资源分散、设备闲置浪费、科技馆耗资巨大等因素,这里考虑引入第三方即社会组织,参与科普服务的供给。具体模式为:社会组织租用事业单位设备,并在其基础上生产定制科普内容;青少年用政府发放的凭单(科普券)选择适合自己且服务满意的社会组织进行科普体验;社会组织回收凭单(科普券)定期到政府部门兑换购买科普服务经费。

2. 管理凭单

(1)发放凭单。政府将凭单发放给有资格领取或使用凭单的特定对象。由于在政府购买科普服务的案例中,受益者主要是青少年,所以凭单的发放对象自然以青少年为主。

(2)监督凭单。凭单制和其他购买服务方式不同,它是由凭单发放、凭单使用、凭单兑现等若干环节前后衔接而成的,这几个环节构成了完整的凭单制链条。不难发现,如果没有充分的监督机制,凭单制的各个环节都有可能存在"寻租"等现象。在凭单发放环节,如果没有监督机制,很容易出现凭单的超额发放,即发放超过特定受益群体数量的凭单数量;在凭单使用环节,如果没有监督机制,容易出现社会组织"非法"争夺凭单的现象,即通过种种非正常途径获取凭单却不提供相应公共服务或降低服务质量;在凭单兑现环节,如果没有监督机制,也很容易出现凭单的超额兑现等问题。所以政府需要建立起一整套针对凭单制的监督体系,确保各个环节不出现纰漏。

(3)兑现凭单。社会组织凭借回收的凭单,定期向政府部门申请兑现资金。政府部门对相关信息进行审核后,根据实际回收的凭单数量兑现拨付相应的政府购买科普服务经费。

3.定价

凭单定价是整个科普服务购买方案的重点。为了简化问题,且考虑到大型设备租用可能占到整个科普服务成本的大部分，这里把关注焦点放在了设备租用成本上。假设目前共有 m 个社会组织和 n 个事业单位参与科普服务，用 $A_i(1\leqslant i\leqslant m)$ 表示第 i 个社会组织，用 $B_j(1\leqslant j\leqslant n)$ 表示第 j 个事业单位，用 $A_iB_j(1\leqslant i\leqslant m,1\leqslant j\leqslant n)$ 表示第 i 个社会组织租用第 j 个事业单位大型设备的频次，由此可以得到如下矩阵：

$$AB=\begin{vmatrix} A_1B_1 & A_1B_2 & \cdots & A_1B_n \\ A_2B_1 & A_2B_2 & \cdots & A_2B_n \\ \cdots & \cdots & \cdots & \cdots \\ A_mB_1 & A_mB_2 & \cdots & A_mB_n \end{vmatrix}$$

很自然地，$\sum_{i=1}^{m}A_iB_j$ 即表示所有社会组织向第 j 个事业单位租用大型设备的总频次，而 $\sum_{i=1}^{m}\sum_{j=1}^{n}A_iB_j$ 即表示所有社会组织向所有事业单位租用大型设备的总频次。由于事业单位需在不影响自身职能开展的情况下才会租借闲置设备，所以大型设备的实用频次可以分为自用频次和租用频次，这里用 $C_k(1\leqslant k\leqslant n)$ 表示第 k 个事业单位大型设备的自用频次，那么 $\sum_{i=1}^{m}A_iB_k/(C_k+\sum_{i=1}^{m}A_iB_k)$ 就表示第 k 个事业单位大型设备的租用频率，租用频率的意义在于确定社会组织租用设备所需承担的折旧分摊部分，进而为凭单定价。以甲、乙两个事业单位为例，两者均向社会组织出租其专业设备供其提供科普服务，甲出租设备原值为1 000万元，折旧年限为 10 年，租用频率为 30%，乙出租设备原值为 800 万元，折旧年限为 8 年，租用频率为 20%，凭单制覆盖的青少年有 10 万人，则每张凭单的参考定价应为(1 000/10×30%+800/8×20%)/10=5(元)。①

(四)购买服务过程中政府行为的局限性

1.主体不对等

(1)购买主体和承接主体。在政府购买公共服务的过程中，服务承接主体多集中在事业单位和部分社会组织，事业单位由于和行政部门的隶属关系自不必提，社会组织很大程度上由于其出资主体是事业单位，又和行政部门有着千丝万缕的关系。如图 1 左半部分所示，公共服务外包前，政府机构、事业单位、社会组织更多的是一种传统的官僚层级结构，上级机构通过行政权力顺箭头所示方向对下级机构产生影响，这种影响或渗透在一定程度上干扰了服务承接主体的独立正常运作，行政意向突破了合同契约，产生了很多不良的负效应。服务承接主体对上级机构的行政依附性，使其不得已被纳入了“体制内”，他们和购买主体的关系事实上是非独立、不平等的，主体地位的不平等很难形成真正的契约关系，即一种双方建立的平等、自愿、互利的民事关系，直接催生了政府单向主导、低成本购买、职权介入等一系列问题。[2]而政府购买公共服务中相关主体间的关系，如图 1 右半图所示，政府与事业单位也好，与社会组织也好，是一种完全对等的主体关系，他们通过合同契约明确双方的责权利，服务承接主体按照政府的要求提供公共服务，同样的，政府要按

---

① 需要注意的是，这里仅仅考虑了社会组织提供科普服务成本中的一部分，还有诸如人员成本、管理成本，甚至合理利润都未被考虑在内，但由于设备租用成本占总成本的比例较大，以此测算出的凭单定价仍然具有一定参考价值。

照公共服务的市场价格兑现购买服务资金，在这里，市场精神起主导作用，双方都必须在合同契约的框架范围内行使权利，履行义务。

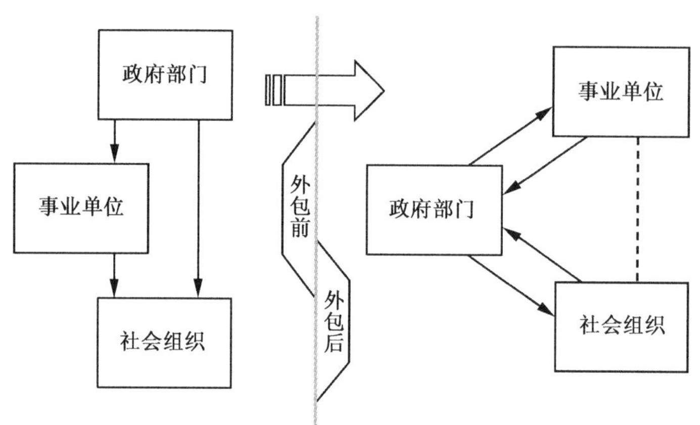

图1　公共服务外包前后相关主体间的关系

(2)承接主体间关系。在政府购买科普服务案例中呈现了一组比较复杂的关系，如图2所示，在政府向社会购买科普服务中，有两种不同类型的承接主体——事业单位和社会组织。事业单位即隶属于科协部门的科技馆，社会组织是指那些利用其他事业单位或社会资源生产提供科普服务的组织。在这种新型的公共服务供给体系下，科技馆和社会组织都承担了为公众提供科普服务的功能，在主体地位上，他们两者是对等的关系，且某种意义上两者处于相互竞争的关系。在传统的公共服务供给格局下，事业单位垄断了各个公共服务领域内的绝大部分资源，不存在彼此之间的竞争关系。而在政府向社会购买公共服务的格局下，传统的按行政权力划分公共服务领域的格局被打破，同一公共服务领域允许存在多个不同的承接主体，这势必对政府的管理方式提出全新的要求。从图2也可以看出，传统官僚层级结构逐渐趋于扁平化、网络化，各主体间的关系不再是自上而下的单向传递，而是变得你中有我、我中有你，在这种相对复杂的公共服务体系架构下，起作用的不再是行政指令、上级意志，而是无形的手——市场。

2.“黑盒”政府

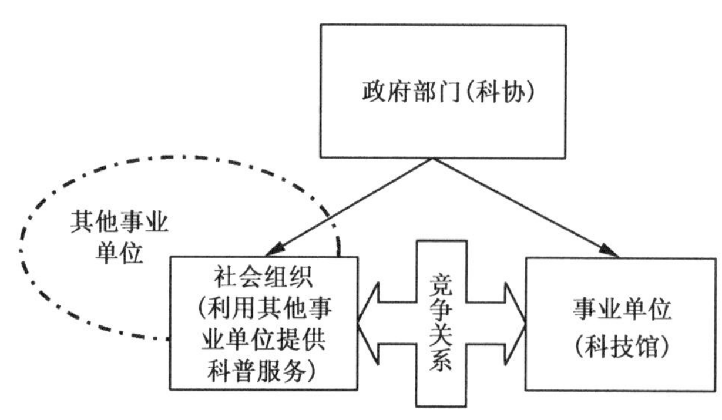

图2　不同承接主体在科普服务市场中的相互关系

在传统的公共服务供给模式下，政府和与其相关联的公共服务机构类似于一个“黑盒”①。以科技馆为例，政府通过公共财政预算和收费，购买相应的科普仪器设备，向公众提供科普服务。至于公共财政预算安排给科技馆用于科普服务的预算金额、收费定价的标准和测算过程、科普服务的效果，公众是无从知晓和反馈的。即便在预算信息公开不断深入的今天，相关信息的获取仍是一个艰难的过程。

但当同一类型或领域的公共服务市场中出现了竞争者时，既定的格局被打破了，在图3中可以清楚地看到这种可预见的趋势。科技馆和社会组织分别在各自的投入机制下，利用社会资源生产科普服务，公众接受这两种生产过程截然不同的科普服务。因为有了比较，公众必然会对两种科普服务的性价比进行评价，包括投入、收费合理性、科普服务效果等一系列问题。在公开的社会评价氛围下，政府及其隶属的公共服务机构必然要对公众评价作出回应，公共服务投入产出的内部生产机制势必要接受公众的监督，这时，传统的“黑盒”政府已经无法适应新形势的要求，在竞争机制的作用下，传统的公共服务机构有可能要作出重大的改组、调整，甚至淘汰。

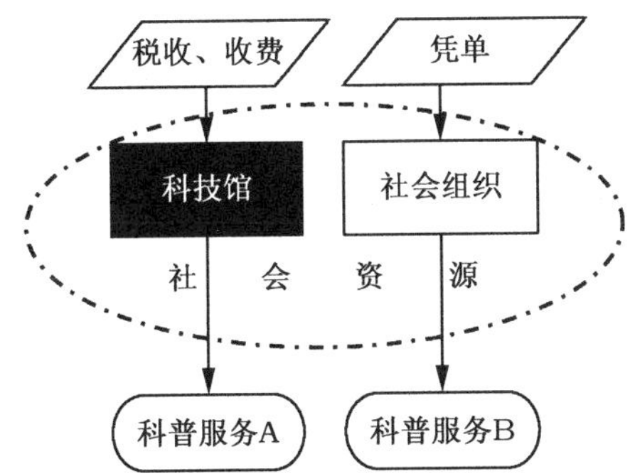

图3　科普服务市场中不同承接主体的生产方式和相互关系

3.弱化的社会组织

政府购买公共服务作为一种公共服务提供的新方式，目前地方政府比较注重将某项公共服务交给社会组织去实施完成。从理论上说，作为政府购买公共服务的市场主体，社会组织的成本意识更强，反应更灵活，管理更严格，能够打破现有公共服务供给的格局，促进整体公共服务质量的提高，但是在实践中，由于历史的原因，我国长期处于计划经济时代，即便改革在不断向纵深推进，但习惯于政府包揽一切的思维并没有彻底扭转，这种先天不足导致目前我国的社会组织发育迟缓，市场主体还没有完全形成。以绍兴市为例，截至2013年底，市本级共有社会组织613个，其中社会团体412个，民办非企业单位201个。在这些社会组织中，结构也不尽合理，“官办”的居多，真正民办的偏少，而具备承接公共服

① “黑盒”测试是计算机软件测试中的一个术语，也称功能测试，它是通过测试来检测每个功能是否都能正常使用。在测试中，程序被看作一个不能打开的黑盒子，在完全不考虑程序内部结构和内部特性的情况下，在程序接口进行测试，只检查程序功能是否按照需求规格说明书的规定正常使用，程序是否能适当地接收输入数据而产生正确的输出信息。区别于白盒测试，黑盒测试着眼于程序外部结构，不考虑内部逻辑结构。这里，“黑盒”喻指与外界缺少互动交流的封闭运作系统。

务能力的社会组织则是少之又少。社会组织绝对数量的贫乏，最直接的后果是影响了公共服务定价机制的形成，政府无从比较传统供给模式和购买服务模式的优劣，难以确定购买服务是否在服务成本方面会超越传统模式，这也在一定程度上阻碍了政府购买公共服务的进一步发展。另外，社会组织数量上的劣势对其自身能力也有很大影响，由于缺乏竞争，社会组织更像温室中的花朵，这种能力劣势集中体现在动用社会资源的能力比较弱，社会公信力不足，专业化水准有待提高，与现实的服务需求仍存在较大差距。

四、政府应该做些什么

（一）构建竞争性的市场平台

缺乏足够的市场竞争主体是催生政府购买公共服务中一系列问题的根源，所以政府的任务是致力于构建竞争性的市场平台，维护公平有序的市场环境，而让市场来决定市场主体的进入、退出。以拖车服务为例，交警部门可以通过车辆实时动态监控平台定位违章停车，发布违章停车信息，拖车公司根据违章信息在一定时间内竞争性抢单，实现充分竞争。由于交警部门已经掌握了一定的拖车成本信息，可以制定一个指导价格，相对来说价格是可控的，能在一定程度上降解垄断带来的问题。当然，我们必须看到，拖车市场的竞争环境相对容易形成，而在更多的公共服务领域，由于进入门槛、初始投入、平均利润等因素，未必能自发形成公共服务市场，或者说市场形成的过程比较漫长，这就需要政府去加以引导、培育、扶持，需要政府用一系列整体政策刺激去加速公共服务市场的形成过程。

（二）“规划”市场

由于市场具有空间上的延展性和时间上的持续性，因此不能孤立、割裂地看待某一公共服务市场，要将公共服务上升到规划高度，纳入到城市经济、社会发展的总体部署中来。在空间上，要注意某一公共服务市场可能直接或间接影响的其他相关行业或领域，如拖车服务市场会直接或间接影响租赁市场、劳务市场等；在时间上，要预判某一公共服务市场随时间坐标的演变趋势，如拖车服务市场在竞争主体参与和外界因素作用下的市场饱和度变化趋势。尽管市场的形成是自发的，但政府若能科学分析，提早谋划，就能在政策端有意识地进行正向的激励从而促进公共服务市场的发展繁荣。

（三）赋予社会组织主体地位

长期以来，政府一直扮演公共服务生产者的角色，随着社会转型的深入，越来越多的公共服务会通过政府购买的形式交由社会组织去完成。政府要充分认识到，自己并不是公共服务的唯一生产者，公共服务的边界和提供方式并不是一成不变的，将一些公共服务推向市场，政府可以从繁重琐碎的公共服务生产过程中解脱出来，转而去做好“购买者”和“监督者”的角色。同时，政府要转变对社会组织的认识，政府购买公共服务，通过签订公共服务委托合同与社会组织建立一种平等的合作关系，而不是一种上下级之间的层级隶属关系，也不是一种居高临下的行政管理关系。虽然我国目前“大政府，小社会”的格局还没有彻底改变，很多社会组织得以成立也源自政府的间接指令，使他们难以摆脱行政附属性，这直接影响了社会组织在公共服务提供过程中的主体地位，要改变这种状况，政府要摒除传统的行政思维，将社会组织视为平等的市场主体，赋予其真正的独立性，与其通力合作，优势互补，更有效地提供公共服务，满足公众的公共服务需求。

（四）适度试错

在政府购买公共服务中需要考虑的一个重要因素就是成本，即比较原由政府自身提供公共服务的成本和由市场提供公共服务的成本。实践中，很多地方政府也把成本因素作为是否实施公共服务外包首要考虑的因素。应该说，这是值得肯定的，说明政府的成本意识在加强。但政府由于长期垄断了公共服务，在服务外包后，必定有一个过渡期，过渡期内，市场主体会以一个理性的经济人身份去考察市场环境，包括预期回报率、经营可持续性、市场环境等因素，并最终决定是否进入市场。私营机构一定是逐利的，所以包含合理利润后的购买服务成本有可能大于政府自身提供的服务成本，尤其是在购买服务初期，市场中没有足够的竞争者，服务外包竞争不充分，政府会面临改革困境，即政府能够承受多长时期的市场试探，这里政府需要做三件事：一要培育市场，营造良好的竞争市场环境；二要通过一定时间的市场观察判断某一公共服务是否适合外包；三要在公共服务购买成本和公共服务质量上进行权衡，即在服务外包带来的更高的购买成本和更好的服务质量中去加以综合评判，以决定是否购买该项公共服务。

参考文献：

[1]萨瓦斯·E S.民营化与公私部门的伙伴关系[M]. 北京：中国人民大学出版社，2002：68.
[2]苏明，贾西津，孙洁，韩俊魁. 中国政府购买公共服务研究[J]. 财政研究，2010(1).

城乡居民大病医疗保险制度筹资水平研究
——以新型农村合作医疗为例

曾 益*

摘 要： 2012年8月24日，我国出台城乡居民大病保险制度，但并未对筹资水平予以明确规定。本文采用精算模型和两部分模型，以新农合为例，测算了历年大病保险所需的总筹资额，结果显示：当大病保险的起付线为农民人均纯收入除以新农合的自付比例时，目前新农合的累计结余不足以支付1年的大病医疗保险费用；当大病保险的起付线为新农合的封顶线时，新农合的累计结余只能用于支付2～3年的大病医疗保险费用；即使每年从新农合的筹资额中划出一定比例作为大病医疗保险资金，也会影响农民基本医疗费用的支付，更别说用于支付大病医疗费用。如果考虑由政府、农民等多方共同筹资，当人均筹资水平为农民人均纯收入的1%～4.5%时，就可以保证资金来源的稳定性。

关键词： 大病保险 新农合 精算模型 两部分模型

一、引言

我国基本医疗保险体系包括城镇职工基本医疗保险、城镇居民基本医疗保险和新型农村合作医疗（以下分别简称“职工医保”“居民医保”和“新农合”），2011年三大基本医疗保险参保人数合计达到了13.05亿人①，覆盖了总人口的96.89%。[1]然而，我国基本医疗保险制度设置最高支付限额（即“封顶线”），以新农合为例，2011年上海和武汉住院费用的封顶线分别为10万元和5万元，超过封顶线的医疗费用部分甚至全部由参保（合）人员自己承担②，使得参保人员的大病医疗费用得不到较好的保障。一旦患大病，花费动辄几十万元甚至几百万元是司空见惯的现象。虽然大病仅涉及少数人，但是患大病的风险人人都有，因而一些学者提出了构建大病医疗保险制度。Thomas建议政府应提供大病医疗保险以提高社会福利[2]；王俊华认为，大病保险是有效阻断因病致贫和因病返贫的重要途径之一[3]；丛树海提出了构建以大病保障为核心的医疗保障制度[4]。

2012年8月24日，国家发展和改革委员会等六部门联合出台《关于开展城乡居民大

---

* 作者简介：曾益，西南财经大学保险学院讲师。

① 参加城镇医疗保险的人数为47 343万人，参加新农合的人数为8.32亿人。

② 目前，有些地方已经建立了城镇职工大病医疗保险制度或补充医疗保险，因而部分参加职工医保的人员的大病医疗费用能够得到保障，不过有些地方对大病医疗保险制度还会再设置一道封顶线。而对于参加居民医保和新农合的人员，因其筹资水平有限，少有地方（如江苏省太仓市）建立大病医疗保险制度。

病保险工作的指导意见》(以下简称《意见》),标志着我国医疗保险事业的进一步发展。城乡居民大病医疗保险是对大病患者发生的高额医疗费用给予进一步保障[①]的一项制度性安排,城乡居民大病医疗保险的保障人群为参加居民医保和新农合的人员,职工医保的参保人员并不在大病医疗保险的保障人群范围之内。《意见》指出,从城镇居民医保基金、新农合基金中划出一定比例或额度作为大病保险资金;有结余的地区,利用结余筹集大病保险资金,不另行增加个人的负担。但是,居民医保和新农合的筹资水平偏低(2011 年居民医保和新农合筹资水平分别为 268.7 元和 246.2 元),基金累计结余额偏少(2011 年居民医保和新农合基金累计结余分别为 496.8 亿元和 768.99 亿元,累计结余率分别为 83.61%和 37.56%),且使用率[②]较高(2011 年居民医保和新农合使用率分别为 69.52%和 83.52%),所以未来新农合和居民医保基金的累计结余额能否承担城乡居民大病医疗保险制度的运行是值得探讨的问题。本文的研究目的是回答以下两个问题:第一,未来城乡居民大病医疗保险所需的总筹资额和人均筹资额;第二,基本医疗保险基金的结余额能否足额支付城乡居民大病医疗保险费用。

由于卫生部并未公布历年各省份新农合基金的支出情况和累计结余情况,因而本文暂以全国为研究单位。虽然本文并未考虑地区差异,但其结论仍可以适用于经济发展水平、新农合筹资水平和医疗费用水平与全国类似或相近的地区,可以为这些地区提供一定的参考。同时,本文也提出了一套测算大病医疗保险筹资水平的方法,有利于政策的完善。

二、研究方法

(一)精算模型

本文通过建立精算模型测算未来大病医疗保险的总筹资水平和人均筹资水平。假设 F_t 和 AF_t 为 t 年的总筹资水平和人均筹资水平,N_t 为 t 年参加新农合的人数,p_t 为 t 年的患病概率(或人均患病次数)[③],随机变量 m_t 为 t 年的医疗费用,$E(m_t)$ 为 m_t 的期望值(或平均值),即 t 年平均医疗费用(或次均医疗费用)[④],$F(m_t)$ 为 t 年医疗费用的分布函数,$f(m_t)$ 为 t 年医疗费用的概率密度函数,其中 $m_t>0$,d_t 为 t 年大病医疗保险的起付线[⑤],$e_{m_t}(d_t)$ 表示随机变量 m_t 比 d_t 高出的平均水平,即在 $m_t>d_t$ 的条件下,m_t-d_t 的期望值。$N_t \times p_t$ 用于确定 t 年的患病人数(或患病人次数),$1-F(d_t)$ 为医疗费用超过大病医疗保险起付线的概率,那么 $N_t \times p_t \times [1-F(d_t)]$ 即超过大病医疗保险起付线的总人

---

① 根据《意见》,城乡居民大病医疗保险的实际补偿比例不低于 50%。

② 医疗保险基金使用率=医疗保险基金支出/医疗保险基金收入×100%。

③ 这源于统计口径的不一致,参保人员一年的患病情况可以按"是否患病"和"患病次数"来统计。如果按"是否患病"统计,不管个人一年患病多少次,均只认为是患病,赋值为 1,否则赋值为 0,那么 p_t 就是患病概率,且 $p_t<1$,个人一年的医疗费用等于每次患病时医疗费用的加总;如果按"患病次数"统计,则 p_t 为人均患病次数,且 p_t 有可能大于 1,个人的医疗费用按次数统计。

④ 当 p_t 为患病概率时,$E(m_t)$ 为平均医疗费用;当 p_t 为人均患病次数时,$E(m_t)$ 为次均医疗费用,$p_t \times E(m_t)$ 即为人均医疗费用,即将总医疗费用分摊至每一个参保人。

⑤ 大病医疗保险的起付线类似于基本医疗保险的起付线,当医疗费用达到某一标准时(一般为基本医疗保险的封顶线或者当地人均收入的一定倍数),才能享受大病医疗保险,即获得一定的补偿。

数，即能够享受大病医疗保险的人数，$e_{m_t}(d_t)$即超过大病医疗保险起付线部分的医疗费用的平均值，50%为大病医疗保险的最低补偿水平，因而$N_t \times p_t \times [1-F(d_t)] \times e_{m_t}(d_t) \times 50\%$即为$t$年大病医疗保险的实际支出的最低值，根据“以支定收”原则，其也是t年大病医疗保险所需的筹资水平的最低值。以下为精算模型的具体表达式，公式(1)为基准模型，公式(2)为公式(1)的求解形式，公式(3)为公式(2)的简化形式，即令$E(m_t \wedge d_t) = \int_0^{d_t}(1-F(m_t))dm_t$，其为一个有限期望函数，公式(4)为人均筹资水平的精算表达式。

$$F_t \geqslant N_t \times p_t \times [1-F(d_t)] \times e_{m_t}(d_t) \times 50\% \tag{1}$$

$$\begin{aligned} F_t &\geqslant N_t \times p_t \times [1-F(d_t)] \times \int_{d_t}^{\infty}(m_t-d_t) \times f(m_t-d_t \mid m_t > d_t)dm_t \times 50\% \\ &= N_t \times p_t \times [1-F(d_t)] \times \int_{d_t}^{\infty}(m_t-d_t) \times \frac{f(m_t)}{1-F(d_t)}dm_t \times 50\% \\ &= N_t \times p_t \times \int_{d_t}^{\infty}(m_t-d_t) \times f(m_t)dm_t \times 50\% \\ &= N_t \times p_t \times \left[\int_0^{\infty} m_t \times f(m_t)dm_t - \int_0^{d_t}(1-F(m_t))dm_t\right] \times 50\% \end{aligned} \tag{2}$$

$$F_t \geqslant N_t \times p_t \times [E(m_t) - E(m_t \wedge d_t)] \times 50\% \tag{3}$$

$$AF_t \geqslant p_t \times [E(m_t) - E(m_t \wedge d_t)] \times 50\% \tag{4}$$

(二)两部分模型

本文采用 Duan 等提出的两部分模型(two-part model)来估计p_t和m_t的具体函数，再以此函数来估计未来的p_t和m_t。两部分模型的具体形式如下[5-6]：

$$pr(MED_i > 0) = x_i\delta_{1i} + \eta_{1i} \tag{5}$$

$$\log(MED_i \mid MED_i > 0) = x_i\delta_{2i} + \eta_{2i} \tag{6}$$

其中，$i=1,2,3,\cdots,N$，N是样本大小。MED_i表示个人i的总的医疗费用，x_i为解释变量向量，δ_{1i}和δ_{2i}为待估计参数，η_{1i}和η_{2i}为方程(5)和方程(6)的误差项，η_{1i}服从均值为0、方差为1的正态分布，η_{2i}服从均值为0、方差为σ_η^2的正态分布。

方程(5)是用来判断是否发生医疗支出的 Probit 模型，即刻画个人是否患病的计量模型，因此，其可以用来预测精算模型中所需要的患病概率p_t。方程(6)描述当医疗费用大于0时，个人医疗支出的函数形式，本文采用 OLS 模型来进行估计。

由于方程(6)为对数形式，因而平均医疗费用$E(MED_i \mid MED_i > 0) = \phi \times \exp(x_i\delta_2)$，其中$\phi$为 Duan 等提出的再转换因子(retransformation factor)[7]，且$\phi = E[\exp(\eta_{2i}) \mid x_i] = \exp(\sigma_\eta^2/2)$，由计量经济学理论可知，$\sigma_\eta^2 = VAR[\log(MED_i \mid MED_i > 0)] = E[\log(MED_i \mid MED_i > 0) - x_i\delta_1]^2$，也即$\sigma_\eta^2$为$\log(MED_i \mid MED_i > 0)$(对数医疗支出)的方差。代入$x_i$的未来预测值，即可得到未来的对数平均医疗费用和方差的预测值，从而可以得到平均医疗费用的预测值，即$E(m_t) = E(MED_i \mid MED_i > 0)$。本文将通过统计检验来拟合$m_t$的分布函数，一般来说医疗费用服从对数正态分布、帕累托分布、韦伯分布和指数分布。

三、数据拟合结果

(一)两部分模型回归结果

本文的数据来源于中国营养与健康调查数据(China Nutrition and Health Survey,CHNS)。该数据是美国北卡罗来纳州大学人口中心、食物卫生营养组织和中国医学预防研究院组织的一项长期调查项目,始于1989年,之后在1991年、1993年、1997年、2000年、2004年、2006年和2009年分别进行了调查。该调研采用多阶段随机分层抽样方法,调研对象覆盖了中国东、中、西部地区的9个省份,由于新农合制度始于2003年,因而本文采用2004年、2006年和2009年共3年的数据。剔除无效样本①后,3年的有效样本共计5 437个,与经济有关的变量(收入和医疗费用)均按2009年的价格进行调整。

本文两部分模型的因变量为4周内是否发生医疗支出和医疗支出(>0),自变量包括东部哑变量、中部哑变量、城镇哑变量、收入、性别、受教育年限和年龄等。表1汇报了各变量的描述性统计,可以看出,有8.42%的个体4周内会发生医疗支出(即患病);4周内人均医疗支出为87.04元(2009年价格),那么年人均医疗支出为1 131.52元(87.04×13);39%的个体居住在东部省份,38%的个体生活在中部省份,另有23%的个体生活在中部省份;有12%的个体生活在城镇,因而这部分个体可能是农民工;样本人均收入为11 083.58元(2009年价格);样本中男性比例为49%,样本的平均受教育年限为6.48年,样本的平均年龄为47.1岁。

表1 变量的描述性统计

变 量	样本数	均值	标准差	最小值	最大值
4周内发生医疗支出的比例	5 437	0.084 2	0.28	0	1
4周内人均医疗支出	5 437	87.04	1 930.12	0	90 000
东部哑变量(=1,东部)	5 437	0.39	0.49	0	1
中部哑变量(=1,中部)	5 437	0.38	0.49	0	1
城镇哑变量(=1,城镇)	5 437	0.12	0.33	0	1
收入	5 437	11 083.58	21 095.38	0.45	600 000
性别(=1,男性)	5 437	0.49	0.50	0	1
受教育年限	5 437	6.48	3.62	0	16
年龄	5 437	47.10	13.90	6.29	88.6

说明:表中医疗支出和收入都是以2009年价格为基准;表中的平均数是2004年、2006年和2009年3年的平均;数据根据CHNS的样本情况进行处理后计算。

表2展示了两部分模型的估计结果,除变量外,前两列是对方程(5)的Probit估计,第三列是对方程(6)的OLS估计。Probit估计中,第一列为估计系数(括号内为标准差),第

① 无效样本包括收入回答为"不知道"、年龄不详、性别不详、医疗费用回答为"不知道"等。

二列为发生医疗支出概率对变量求导的结果，即表示每个变量变动对时间发生概率的影响。

在对方程(5)的 Probit 估计中，我们看到，生活在东部和中部的个体其发生医疗支出的概率要小于生活在西部的个体，特别是生活在中部的个体发生医疗支出的概率要小于生活在东部的个体；同样地，生活在城镇的个体发生医疗支出的个体发生医疗支出的概率也小于生活在农村的个体，但其系数并不显著；收入对是否发生医疗支出并没有影响；男性发生医疗支出的概率比女性小 2.34%；同样地，受教育年限对是否发生医疗支出也没有影响；随着年龄的增加，发生医疗支出的概率也会增加。

在对方程(6)的 OLS 估计中，我们看到，生活在东部和中部对医疗支出是正影响，这源于东部和中部的物价水平要高于西部地区；与 Probit 估计结果类似，是否居住在城镇、收入和受教育程度对医疗支出没有影响，但性别对医疗支出同样没有影响；年龄对医疗支出存在着正影响，也就是说随着年龄的增加，医疗支出是会增加的；新农合的补偿水平对医疗支出存在着正影响，这是符合医疗保险的理论，因为新农合补偿水平的提高使得农民承担的医疗服务价格相对下降，使得农民增加了医疗服务的消费，那么医疗支出会增加。

表 2 **两部分模型估计结果**

	Probit		Ols
	是否发生医疗支出	边际效应	医疗支出的对数
东部哑变量	−0.133** (0.063 2)	−0.0194** (0.009 05)	0.445** (0.194)
中部哑变量	−0.292*** (0.064 7)	−0.0416*** (0.008 81)	0.568*** (0.208)
城镇哑变量	−0.030 3 (0.078 3)	−0.004 45 (0.011 3)	−0.097 (0.253)
收入的对数	0.001 67 (0.019 5)	0.000 25 (0.002 9)	−0.061 3 (0.063 9)
性别(=1,男性)	−0.157*** (0.052 7)	−0.023 4*** (0.007 84)	0.230 (0.175)
受教育年限	−0.012 4 (0.007 91)	−0.001 8 (0.001 2)	0.03 (0.025 3)
年龄	0.012 1*** (0.002 05)	0.001 81*** (0.000 3)	0.012* (0.006 71)
新农合补偿比			0.012 2*** (0.012 7)
常数项	−1.665*** (0.233)	— —	3.868*** (0.71)
样本数	5 437	—	458
R^2	0.030 5	—	0.073
预测准确度	91.36%	—	—

说明：①括号内为标准差；②* $p<0.1$，** $p<0.05$，*** $p<0.01$。

(二)医疗费用分布拟合结果

图 1 绘制了对数医疗支出的直方图。我们从中可以看出,对数医疗支出大致服从正态分布,也就是说,医疗支出服从对数正态分布。许玲丽、龚关、周亚虹使用昆山市 2005—2007 年职工医疗保险数据分析老年人健康波动时,同样发现医疗支出服从对数正态分布。因此,本文假设医疗支出服从对数正态分布[8]。所以,医疗支出(m_t)的密度函数为 $f(m_t)=\frac{1}{\sqrt{2\pi}\sigma m_t}e^{-\frac{(\ln m_t-\mu_t)^2}{2\sigma^2}}$,那么(3)式改写为:

$$F_t=N_t\times p_t\times\left\{e^{\mu_t+\frac{\sigma_t^2}{2}}\times\left[1-\phi\left(\frac{\ln d_t-\mu_t-\sigma_t^2}{\sigma_t}\right)\right]-d_t\times\phi\left(\frac{\ln d_t-\mu_t}{\sigma_t}\right)\right\}\times 50\% \quad (7)$$

(4)式改写为:

$$AF_t=p_t\times\left\{e^{\mu_t+\frac{\sigma_t^2}{2}}\times\left[1-\phi\left(\frac{\ln d_t-\mu_t-\sigma_t^2}{\sigma_t}\right)\right]-d_t\times\phi\left(\frac{\ln d_t-\mu_t}{\sigma_t}\right)\right\}\times 50\% \quad (8)$$

本文将采用(7)式和(8)式测算大病医疗保险的总筹资水平和人均筹资水平。其中,u_t 和 σ_t 为对数医疗支出的平均值和标准差。

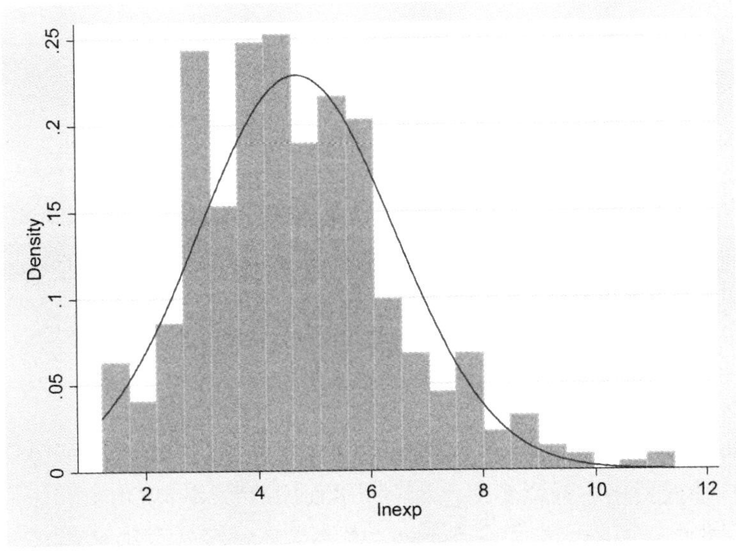

图 1 医疗支出(对数)的直方图

四、相关参数测算与说明

(一)参合人口

本文采用成分法,以 2010 年为基年对中国未来 40 年(2011—2050 年)分年龄、性别的城乡人口进行预测。本文采用 2010 年第六次人口普查数据作为预测的基础数据。根据成分法,可以用每一年分年龄、性别的人口数和死亡率得到下一年分年龄、性别的人口数,用育龄妇女的人口结构和生育率获得新生儿的数量。最后考虑农村人口向城镇迁移的情况，即城镇化的情况。这里假定未来城镇和农村妇女总和生育为 0.98 和 1.44①，城市化率每年增加 1%②。

然而，以上测算出来的城镇和农村人口数量为城镇和农村常住人口数量，并非城镇和农村户籍人口数量，根据 2010 年第六次人口普查数据，2010 年我国农村常住人口数量为 6.628 亿人，而农村户籍人口数量为 8.8568 亿人。[9] 由于参加新农合的人口为农村户籍人口，因而本文使用的人口数据应为农村户籍人口而非农村常住人口，由于缺乏详细的农村户籍人口资料，本文很难直接进行测算，但自 1952 年开始，农村户籍人口占总人口比重年均下降 0.34%（详见图 2），因此本文按此趋势进行估算，假定农村户籍人口占总人口比重每年下降 0.34%，那么农村户籍人口等于总人口乘以预期的农村户籍人口占比，总人口数据来源于前一步的测算。同时，本文假定未来参合率一直稳定在 95%③。

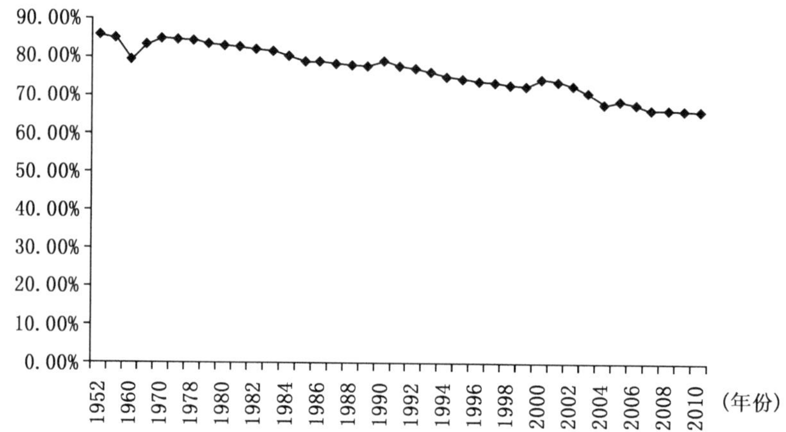

图 2　农村户籍人口占总人口比重的变化趋势（1952—2010 年）

（二）新农合的补偿水平

2003 年新农合刚出台时是以保大病为主，即实行的是住院统筹，但补偿水平一直不高，2006 年全国住院费用的补偿率约为 28%[10]，而门诊费用一般由家庭账户支付，即使有些地方实行门诊统筹，但补偿水平一直不高。截至 2012 年底，全国已有 99.4%④的地区开展了门诊统筹，因而在计算新农合补偿水平时不仅要考虑住院费用，还需要考虑门诊费用。虽然，新农合的人均筹资水平每年都在提高，但实际补偿水平一直为 30%左右（见表 3）。2012 年，新农合的人均筹资水平已提高至 300 元每人每年，且我国政策规定 2015

① 本文根据第六次人口普查长表数据计算得到城镇妇女总和生育率为 0.98，农村妇女总和生育率为 1.44。

② 城市化率等于城镇人口除以总人口，2011 年我国城市化率为 51.3%，比 2010 年增加了 1%。

③ 根据《国务院办公厅关于印发深化医药卫生体制改革 2012 年主要工作安排的通知》（国办发〔2012〕20 号），职工医保、居民医保和新农合三项基本医疗保险参保率稳定在 95%。

④ 2012 年 11 月 24 日，厦门举办的第六届中国医院院长论坛会议上，卫生部政策法规司副司长陈宁姗报告，截至 2012 年底，全国已有 95.3%和 99.4%的地区开展居民医保和新农合门诊统筹。

年政府补贴标准不低于每人每年 360 元①[11]，因而新农合的人均筹资水平有着每年递增 50 元的趋势，但农民的人均医疗费用每年也在递增，所以本文在此假设新农合的实际补偿水平每年递增 4%，直至达到 70%②。

表 3　新农合的实际补偿水平（2008—2011 年）

年份	人均筹资水平（元）	住院率（%）	次均住院费用（元）	人均门诊费用（元）	人均医疗费用（元）	补偿水平（%）
2008	96.3	6.50	3 412.00	236.00	457.78	21.04
2009	113.4	7.40	3 575.78	257.71	522.30	21.71
2010	156.6	8.42	3 747.41	281.42	597.08	26.23
2011	246.2	9.59	3 927.29	307.31	683.90	36.00

说明：以上数据的测算均以《第四次卫生服务调查》和历年《中国卫生统计年鉴》为基础，人均医疗费用＝均次住院费用×住院率＋人均门诊费用。

（三）患病概率和医疗费用预测结果

代入 Probit 模型和 OLS 模型中各自变量的未来值即可得到未来的患病情况和医疗费用，除年份外，第一列为四周内患病概率，第二列为年均患病次数，其等于四周内患病概率乘以 13③，第三列为历年对数医疗费用的期望值，根据 OLS 模型的估计值预测得到，第四列为 σ_η 的预测值，即历年对数医疗费用的标准差，第五列为次均医疗费用，其等于 $\exp(\mu_t+\sigma_t^2/2)$。

表 4　相关参数估计结果

年份	四周内患病概率	年均患病次数	u_t	σ_t	次均医疗费用
2012	0.066	0.860 4	5.150 0	1.907 4	1 063.20
2013	0.066 6	0.868 2	5.204 1	1.927 4	1 166.28
2014	0.067 2	0.876 0	5.258 0	1.947 4	1 279.35
2015	0.067 8	0.883 8	5.311 7	1.967 2	1 403.41
2016	0.068 3	0.890 3	5.365 1	1.987 0	1 539.59
2017	0.068 9	0.898 2	5.418 4	2.006 8	1 689.14
2018	0.069 4	0.904 7	5.471 5	2.026 4	1 853.40
2019	0.069 9	0.911 2	5.524 5	2.046 1	2 033.89
2020	0.070 5	0.919 0	5.553 0	2.056 6	2 138.42

① 近年来，新农合人均筹资额在政府与个人之间的分担比例基本维持在 4∶1，因而 2015 年的人均筹资水平为 450 元。

② 理论界和世界卫生组织（WHO）均认为 70%的综合补偿比可以有效地抑制道德风险。

③ 该计算方法假设剩余的每一个四周内的患病情况与该四周内一致，有可能高估人均患病次数，但对本文的估算结果影响不大。虽然本文的 p_t 指的是人均患病次数，但一般只有门诊疾病才会出现一年患病多次的概率，住院疾病很难出现一年患病多次的概率，而且个人的门诊费用很难超过大病医疗保险的起付线，一般只有个人的住院费用才会超过大病医疗保险的起付线，所以无论使用哪种概念的 p_t 对本文的结果均无影响。

续表

年份	四周内患病概率	年均患病次数	u_t	σ_t	次均医疗费用
2021	0.071	0.925 5	5.557 0	2.058 1	2 153.43
2022	0.071 6	0.933 4	5.560 8	2.059 5	2 168.11
2023	0.072 1	0.939 9	5.564 6	2.060 9	2 182.46
2024	0.072 6	0.946 4	5.568 2	2.062 2	2 196.44
2025	0.073 1	0.952 9	5.571 7	2.063 5	2 210.05
2026	0.073 6	0.959 4	5.575 1	2.064 8	2 223.27
2027	0.074	0.964 6	5.578 3	2.066 0	2 236.06
2028	0.074 5	0.971 2	5.581 4	2.067 1	2 248.40
2029	0.074 9	0.976 4	5.584 4	2.068 2	2 260.28
2030	0.075 4	0.982 9	5.587 3	2.069 3	2 271.68
2031	0.075 6	0.985 5	5.588 7	2.069 8	2 277.49
2032	0.076	0.990 7	5.591 5	2.070 9	2 288.61
2033	0.076 4	0.995 9	5.594 1	2.071 8	2 299.23
2034	0.076 8	1.001 1	5.596 6	2.072 7	2 309.32
2035	0.077 1	1.005 1	5.598 9	2.073 6	2 318.88
2036	0.077 5	1.010 3	5.601 1	2.074 4	2 327.89
2037	0.077 8	1.014 2	5.603 2	2.075 2	2 336.34
2038	0.078 1	1.018 1	5.605 1	2.075 9	2 344.24
2039	0.078 3	1.020 7	5.606 8	2.076 5	2 351.59
2040	0.078 4	1.022 0	5.607 2	2.076 7	2 353.05
2041	0.078 7	1.025 9	5.608 9	2.077 3	2 360.17
2042	0.078 9	1.028 5	5.610 5	2.077 9	2 366.78
2043	0.079 2	1.032 4	5.611 9	2.078 4	2 372.90
2044	0.079 4	1.035 0	5.613 3	2.078 9	2 378.53
2045	0.079 6	1.037 6	5.614 5	2.079 4	2 383.67
2046	0.079 8	1.040 3	5.615 6	2.079 8	2 388.36
2047	0.08	1.042 9	5.616 6	2.080 2	2 392.60
2048	0.080 2	1.045 5	5.617 5	2.080 5	2 396.42
2049	0.080 1	1.044 2	5.617 0	2.080 3	2 394.36
2050	0.080 3	1.046 8	5.617 9	2.080 7	2 398.30

说明：此处的均次医疗费用为2009年价格。

五、筹资水平预测结果

将以上数据代入公式(7)和公式(8)即可得到大病医疗保险所需的总筹资额和人均筹资水平，但这里需要对大病医疗保险的起付线(即 d_t)进行界定。国务院医改办主任孙志刚于2012年8月30日指出，当个人负担（自付）的医疗费用超过当地农村居民人均纯收入时，即可认定为大病[①]。但是现如今新农合的实际补偿水平仍很低，农民的自付比例很高，当医疗费用超过1万多元时，就达到了大病医疗保险的补偿标准，即可享受大病医疗保险，但这有部分费用是在新农合的报销范围之内的，会导致重复报销，资金使用效率低，因而本文在分析时还会考虑当大病医疗保险的起付标准为新农合的封顶线时的筹资水平。

（一）大病保险起付线为收入除以自付比例

本文假设未来我国农民人均纯收入的年增长率为8%，由于之前假设新农合的实际补偿水平从2011年的36%一直增加至70%，年增加4%，那么2020年可达到70%，所以个人的自付比例从2011年的64%一直下降至30%，年降低4%，那么2020年可降至30%，所以每年大病医疗保险的起付线等于预期的农民人均纯收入除以新农合的自付比例。表5汇报了大病医疗保险的总筹资额，可以看出2012年所需的大病医疗保险资金为1 765.03亿元，而2011年新农合仅累计结余768.99亿元，也就是说新农合的累计结余还不够支付1年的大病医疗保险资金，此后大病医疗保险所需的资金逐年增加，2050年需要8 683.67亿元，由于新农合资金的使用率较高，少有结余，可以说新农合的资金正好用于支付农民的基本医疗保险费用，所以即使从历年新农合的筹资额中划出一定的比例作为大病医疗保险资金，农民的基本医疗保险费用的支付可能会存在危机，更别说用于支付农民的大病保险医疗费用。

既然新农合的自身筹资体系难以解决大病医疗保险的筹资问题，那么可以考虑由政府、个人、村集体等多方共同负担大病医疗保险费用，表5同样汇报了大病医疗保险的人均筹资水平，2012年所需的人均筹资额为201.83元，占农民人均纯收入的2.92%，之后所需的人均筹资额也仅占农民人均纯收入的1%～4.5%。

表5　大病医疗保险的总筹资额和人均筹资额：情况1（2012—2050年）

年份	总筹资额（亿元）	人均筹资额（元）	年份	总筹资额（亿元）	人均筹资额（元）
2012	1 765.03	201.83	2032	7 239.92	939.90
2013	2 056.21	235.57	2033	7 403.30	971.92
2014	2 387.89	274.18	2034	7 562.07	1 004.41
2015	2 763.74	318.16	2035	7 705.75	1 036.01
2016	3 182.33	367.45	2036	7 853.73	1 069.31
2017	3 654.57	423.42	2037	7 985.44	1 101.57
2018	4 170.84	485.10	2038	8 110.57	1 134.08
2019	4 732.84	552.85	2039	8 218.26	1 165.32
2020	5 126.49	601.93	2040	8 273.29	1 190.18
2021	5 310.08	627.04	2041	8 386.38	1 223.82

① http://www.sdpc.gov.cn/xwfb/t20120830_502860.htm.

续表

年份	总筹资额(亿元)	人均筹资额(元)	年份	总筹资额(亿元)	人均筹资额(元)
2022	5 502.50	653.78	2042	8 481.06	1 256.06
2023	5 688.20	680.37	2043	8 578.53	1 290.01
2024	5 874.24	707.69	2044	8 657.07	1 322.42
2025	6 060.19	735.72	2045	8 727.31	1 354.85
2026	6 245.60	764.45	2046	8 789.22	1 387.27
2027	6 421.29	792.80	2047	8 842.77	1 419.66
2028	6 603.95	822.85	2048	8 887.75	1 451.99
2029	6 775.53	852.41	2049	8 852.06	1 472.17
2030	6 953.43	883.69	2050	8 683.67	1 469.63
2031	7 072.44	908.39	—	—	—

说明:总筹资额和人均筹资额已转化为当年价格,假设通货膨胀率为4%。

(二)大病保险的起付线为新农合的封顶线

如前文所述,当大病医疗保险的起付线为农村居民人均村收入除以自付比例时,农民是很容易达到起付标准的,即医疗费用超过1万多元时即可享受大病医疗保险。该起付线至新农合封顶线之间的费用,新农合是会予以保障的,因而出现了重复报销问题。假定未来大病医疗保险的起付线为新农合的封顶线,本文重新计算了大病医疗保险的总筹资额和人均筹资额(详见表6)。目前,新农合的封顶线为当地农村居民人均纯收入的6倍且不低于6万元, 2016年及以前,大病医疗保险的起付标准为6万元,之后为农村居民人均纯收入的6倍,可以看出,2012年、2013年和2014年所需的大病医疗保险资金为295.32亿元、407.32亿元和555.19亿元,前两年所需的资金合计为702.64亿元,前3年所需的资金合计为1 257.83亿元,因而2011年新农合的累计结余只够支付2～3年的大病医疗保险费用;即使从每年新农合的筹资额中划出一定比例作为大病医疗保险资金,同样会影响农民基本医疗保险费用的支付,也不够支付大病医疗保险费用。

如果由多方共同负担大病医疗保险费用,那么2012年所需的人均筹资水平仅为33.77元,仅占农民人均纯收入的0.49%左右,2015年及以前的人均筹资水平也不超过100元,虽然之后的人均筹资水平逐年上升,但该人均筹资水平仅占农民人均纯收入的2%不到,因而相较于前一种情况,农民更能承受得起这一保费。

表6　　大病医疗保险的总筹资额和人均筹资额:情况2(2012—2050年)

年份	总筹资额(亿元)	人均筹资额(元)	年份	总筹资额(亿元)	人均筹资额(元)
2012	295.32	33.77	2032	2 976.50	386.41
2013	407.32	46.66	2033	3 025.43	397.18
2014	555.19	63.75	2034	3 071.49	407.96

续表

年份	总筹资额(亿元)	人均筹资额(元)	年份	总筹资额(亿元)	人均筹资额(元)
2015	748.41	86.16	2035	3 110.47	418.19
2016	996.94	115.11	2036	3 150.25	428.92
2017	1 303.46	151.02	2037	3 182.59	439.03
2018	1 616.55	188.02	2038	3 211.45	449.05
2019	1 997.29	233.31	2039	3 232.61	458.37
2020	2 254.49	264.71	2040	3 229.38	464.57
2021	2 323.34	274.35	2041	3 251.75	474.53
2022	2 395.10	284.57	2042	3 266.28	483.74
2023	2 462.97	294.60	2043	3 281.23	493.42
2024	2 530.01	304.80	2044	3 288.33	502.31
2025	2 596.02	315.16	2045	3 291.75	511.02
2026	2 660.80	325.68	2046	3 291.55	519.53
2027	2 720.44	335.88	2047	3 287.80	527.84
2028	2 782.02	346.64	2048	3 280.51	535.94
2029	2 837.92	357.03	2049	3 240.15	538.86
2030	2 895.44	367.97	2050	3 231.75	546.94
2031	2 924.89	375.67	—	—	—

六、结论与启示

通过以上测算与分析,本文可以得出以下结论:

第一,当大病医疗保险的起付线为农村居民人均纯收入除以新农合的自付比例时,新农合的累计结余不足以支付1年的大病医疗保险费用;当大病医疗保险的起付线为新农合的封顶线时,新农合的累计结余只能够用于支付2—3年的大病医疗保险费用。第二,即使从新农合每年的筹资额中划出一定比例作为大病医疗保险资金,也不够支付大病医疗保险费用,农民的基本医疗保险费用的支付会存在危机。第三,如果考虑由政府、个人、村集体等多方共同分担大病医疗保险费用,所需的保费仅占农民人均纯收入的1%~4.5%,可以保证保险资金的稳定性。

虽然我国已经出台了大病医疗保险制度,但在制度模式和筹资方式上还存在着很多不完善的地方,政府只是以金额来判定何谓大病,但并未对清晰地界定大病的概念;大病医疗保险的筹资不应依赖于现有的基本医疗保险基金,毕竟两者之间所承担的职能不一样,既然基本医疗保险“保基本”,大病医疗保险“保大病”,那么两者之间就应该分开筹资,政府应承担大病医疗保险制度的筹资。同时,在大病医疗保险方面,中央、省级、市级与县级政府之间的职能并未完全清晰界定，因而，各级政府需进一步明确自身在大病医疗保险制度方面的职能，促进大病医疗保险制度的完善。

参考文献：

[1]中华人民共和国人力资源和社会保障部. 2011 年人力资源和社会事业统计公报；中华人民共和国卫生部. 2011 年我国卫生事业发展统计公报.

[2]Thomas S M. Should the government provide catastrophic insurance[J]. *Journal of Public Economics*, 1993, 51(2):241—247.

[3]王俊华. 农村大病医疗保险中的政府责任[J]. 中国卫生事业管理，2003(7):429—431.

[4]丛树海. 论构建以大病保障为核心的医疗保障制度[J]. 上海财经大学学报，2006(1):52—59.

[5]Duan Naihua, Manning W G Jr., Morris C N, et al. Newhouse. A comparison of alternative models for the demand for medical care[J]. *Journal of Business and Economic Statistics*, 1983(2):115—126.

[6]Duan Naihua, Manning W G Jr., Morris C N, et al. Choosing between the sample-selection model and the multi-part model[J]. *Journal of Business and Economic Statistics*, 1984(3):283—289.

[7]Duan Naihua. Smearing estimate: a nonparametric retransformation method [J]. *Journal of the American Statistical Association*, 1983(383):605—610.

[8]许玲丽，龚关，周亚虹. 老年居民健康波动、医疗支出风险与医疗保险风险分担[J]. 财经研究，2012(10):68—78.

[9]中华人民共和国卫生部. 2011 中国卫生统计年鉴[M]. 北京：中国协和医科大学出版社，2011.

[10]封进，李珍珍. 中国农村医疗保障制度的补偿模式研究[J]. 2009(4):103—115.

[11]http://www.gov.cn/ldhd/2012—02/22/content_2074072.htm.

《公共治理评论》稿约

1.《公共治理评论》是由上海财经大学公共政策与治理研究院公共治理研究中心主办的学术文集，每年出版 1～2 辑。《公共治理评论》坚持兼容并蓄的原则，体现公共治理主体多元性、视角多面性的特色，并注重社会研究方法的科学性和前沿性。欢迎海内外学者赐稿。

2.《公共治理评论》设“专题讨论”“公共财政”“理论与方法”等栏目。每辑“专题讨论”的主题由编辑委员会确定；“公共财政”是固定特色专栏；而“理论与方法”则是一个开放式栏目，既可收录有关每辑特定专题及公共财政以外的学术论文，也可在该栏目中介绍有关公共管理领域中的学术研究动向。

3. 论文篇幅一般以 1 万～1.5 万字(包括注解、图表和文献)为宜。

4. 来稿可为打印稿，也可为电子文本，但需要符合《公共治理评论》文稿体例(见附件)。

5. 凡在《公共治理评论》上发表的文字并不代表《公共治理评论》的观点，作者文责自负。

6.《公共治理评论》编辑部有权对来稿按稿例进行修改。不同意修改者请在投稿时注明。每辑执行主编负责具体工作。

7. 凡在《公共治理评论》上发表的文字，著作权归上海财经大学公共政策与治理研究院所有。

8. 来稿请附作者署名、真实姓名、所属机构、职称学位、学术简介、通讯地址、电话、电子邮箱地址，以便联络。

9. 打印稿请寄：上海财经大学公共政策与治理研究院(邮编：200433，地址：上海市国定路 777 号)。电子文本请寄：publicgovernance@sina.com。

附件：

《公共治理评论》文稿体例

1. 文稿由文章名、作者署名、摘要、关键词、正文、参考文献、脚注组成。

2. 作者署名右上方以＊标注，在对应脚注中注明作者简介，至少包括姓名、所在单位及所属院系或部门、职称等内容。作者简介的脚注格式如下：

＊ 作者简介：姓名，××大学××学院副教授。

3. 摘要是对论文内容的简短陈述，一般是用极简要的语言将论文的主要研究途径、主要观点和结论加以概括和提炼。字数在 200 字左右。

4. 关键词又称主题词。选取原则是最能表达论文中心内容、标志论文主题的若干单词、词组或术语。关键词一般选择 3～5 个，按检索范围趋大的顺序排写。

5. 正文要求结构合理、条理清晰、观点明确、文字流畅。正文需分层次叙述的，可设置如下目(根据需要，可以越层)：

一、××××	(无标点)
(一)××××	(无标点)
1. ××××××。	(有标点)
(1)××××××。	(有标点)
①××××××。	(有标点)

6. 脚注(页末注)是对论文正文文句的注释，一般设置在需注释部分的当页页脚。脚注以数字加圆圈(如①)作为序号依次排列。每页脚注序号均从①开始排列。对于引用、参考、借鉴其他文献之处，不反映在脚注中，一律以文后参考文献注明。

7. 参考文献是写作论文时所引用、参考、借鉴的文献书目。

参考文献在正文中的标注方法采用顺序编码制，即按正文中引用的文献出现的先后顺序连续编码，并将序号置于方括号中。同一处引用多篇文献时，只须将各篇文献的序号在方括号内全部列出，各序号间用“，”。多次引用同一著者的同一文献时，在正文中标注首次引用的文献序号，并在序号的“[ ]”外著录引文页码。

示例：主编靠编辑思想指挥全局已是编辑界的共识[1]，然而对编辑思想至今没有一个明确的界定，故不妨提出一个构架参与讨论。由于“思想”的内涵是“客观存在反映在人的意识中经过思维活动而产生的结果”[2]1194，所以“编辑思想”的内涵就是编辑实践反映在编辑工作者的意识中，“经过思维活动而产生的结果”。《中国青年》杂志创办人追求的高格调——理性的成熟与热点的凝聚[1,3]，表明其读者群的文化的品位的高层次。

文后参考文献的著录格式应符合国家有关标准：

(1)专著：

著录格式：[序号]主要责任者．题名：其他题名信息[文献类型标志]．其他责任者．版本项．出版地：出版者，出版年：引文页码[引用日期]．获取和访问路径．

示例：

[1]余敏．出版集体研究[M]．北京：中国书籍出版社，2001：179—193.

[2]昂温 G，昂温 P S．外国出版史[M]．陈生铮，译．北京：中国书籍出版社，1988.

[3]辛希孟．信息技术与信息服务国际研讨会论文集：A 集[C]．北京：中国社会科学出版社，1994.

[4]PEEBLES P Z, Jr. *Probability, random variable, and random signal principles*[M]. 4th ed. New York: McGraw Hill, 2001.

(2)专著中析出的文献：

著录格式：[序号]析出文献主要责任者．析出文献题名[文献类型标志]．析出文献其他责任者//专著主要责任者．专著题名：其他题名信息．版本项．出版地：出版者，出版年：析出文献的页码[引用日期]．获取和访问路径．

示例：

[1]陈晋镳，张惠敏，朱士兴，等．蓟县震旦亚界研究[M]//中国地质科学院天津地质矿产研究所．中国震旦亚界．天津：天津科学技术出版社，1980：56—114.

[2]WEINSTEIN L, SWERTZ M N. Pathogenic properties of invading microorganism[M]//SODEMAN W A, Jr., SODEMAN W A. Pathologic physiology: mechanisms of disease. Philadelphia: Saunders, 1974: 745—772.

(3)连续出版物：

著录格式：[序号]主要责任者．题名：其他题名信息[文献类型标志]．年，卷(期)—年，卷(期)．出版地：出版者，出版年[引用日期]．获取和访问路径．

示例：

[1]中国地质学会．地质论评[J]．1936，1(1)—．北京：地质出版社，1936—.

(4)连续出版物中析出的文献：

著录格式：[序号]析出文献主要责任者．析出文献题名[文献类型标志]．连续出版物题名：其他题名信息，年，卷(期)：页码[引用日期]．获取或访问路径．

示例：

[1]李晓东，张庆红，叶瑾琳．气候研究的若干理论问题[J]．北京大学学报：自然科学版，1999，35(1)：101—106.

[2]傅刚，赵承，李佳路．大风沙过后的思考[N/OL]．北京青年报，2004-04-12(14)．[2005-07-12]．http://www.bjyouth.com.cn/Bqb/20000412/GB/4216%5ED0412B1401.htm.

[3]CAPLAN P. Cataloging internet resources [J]. The Public Access Computer Systems Review，1993，4(2)：61—66.

(5)专利文献：

著录格式:[序号]专利申请者或所有者．专利题名:专利国别,专利号[文献类型标志]．公告日期或公开日期[引用日期]．获取和访问路径．

示例:

[1]西安电子科技大学．光折变自适应光外差探测方法:中国,01128777.2 [P/OL]. 2002-03-06[2002-05-28]. http://211.152.9.47/sipoasp/zljs/hyjs－yx－new.asp? recid＝01128777.2&leixin＝0.

(6)电子文献:

著录格式:[序号]主要责任者．题名:其他题名信息 [文献类型标志/文献载体标志]．出版地:出版者,出版年(更新或修改日期)[引用日期]．获取和访问路径．

示例:

[1]PACS－L: the public－access computer systems forum[EB/OL]. Houston, Tex: University of Houston Libraries, 1989[1995－05－17]. http://info.lib.uh.edu/pacsl.html.

文献类型和标志代码:普通图书(M) 会议录(C) 汇编(G) 报纸(N) 期刊(J) 学位论文(D) 报告(R) 标准(S) 专利(P) 数据库(DB) 计算机程序(CP) 电子公告(EB)

电子文献载体和标志代码:磁带(MT) 磁盘(DK) 光盘(CD) 联机网络(OL)